温首盛獨創「黃綠紅海撈操作法」

揭開股價
漲不停的祕密

温首盛◎著

【目錄】

【第 3 章】

觀察籌碼變化　跟對主力蹤跡

【第4章】

看量價與指標 抓對轉折訊號

【第 5 章】

整合各項資訊 把握布局良機

學會黃綠紅海撈操作法
跟上股價「主噴段」

自序

　　此刻心情無法言語。難以想像，多少個夜晚的奮筆、多少個假日的撰寫，最終成就本書《溫首盛獨創「黃綠紅海撈操作法」——揭開股價漲不停的祕密》！本書將我的第 1 本著作《漲不停的力量——黃綠紅海撈操作法》闡述的方法，進行更完整的說明。於籌碼分析上，新增主力籌碼辨識；於 K 線轉折中，新增實塔線及平均 K 線的應用；於指標轉折中，則新增 KD 指標的應用。

　　投資首重「順勢而為」，能在多頭趨勢中買低賣高，自能輕鬆獲利。然而要辨認股價的多頭趨勢，最直接的方式就是讓 K 線圖中的均線告訴我們答案。當股價處在上揚的趨勢，較短期的均線會呈現在較長期的均線之上，本書範例在呈現長期趨勢時，一律將季線設定為黃色實線，半年線設定為綠色實線，年線設定為紅色實線，稱為「大黃綠紅」；因此 1 檔多頭趨勢的個股，技術分析圖就會呈現黃色實線＞綠色實線

＞紅色實線，也就是所謂「黃綠紅海撈操作法」的由來。

黃綠紅海撈操作法最主要的核心觀念，即為「籌碼決定量價，量價決定 K 線、指標（KD、MACD），K 線、指標決定均線漲不停的力量」。只要能夠找到上升趨勢的「主噴段」，就有機會獲利 50% 以上。在這之中，無論是均線、籌碼、量價、K 線及指標，都有明確的定義和說明，本書亦是按照上述順序進行書寫，希望能夠讓讀者更加了解此方法。全書共分 5 章：

第 1 章對於投資人的投資策略、投資情緒變化及投資分析模式，有著明確性的整合說明。

第 2 章詳細分析均線 5 大特性及其應用，加強分析均線助漲利器──敏感帶差額的應用，且透過「葛蘭碧 8 大法則」應用，精確辨識「整理」與「股價噴出」，同時強調長期均線排列趨勢仍是選股必要條件之一。

第 3 章透過主力籌碼有效性分析方法，交叉比對分析出「海撈 4 大主力」──外資、融資、借券賣出和權證主力；且透過各種案例進行分析，說明在「整理」與「股價噴出」的運作模式中，主力籌碼同時具備安定性，也是選股邏輯的必要條件。

　第 4 章主要介紹進出場訊號，透過量價關鍵、K 線轉折及乖離指標轉折之共振同步或陸續發生，形成有效性進場訊號。於量價關鍵中，詳細說明整理區與噴出區的量價觀察重點；在 K 線轉折中，則對「實塔線」（參數定義為 5 日）及「平均 K 線」的應用，有深入分析；另於乖離指標轉折中，選定 MACD 指標（參數定義為 12,26,9）和 KD 指標（參數定義為 12,3,3）等 2 大常用乖離指標，深入分析其設計原理及相關配合應用。

　第 5 章則綜合前述 4 章的論述，結論出「波段操作策略」及「短線操作策略」的選股邏輯以及進出場訊號，並指出「多方短期主噴段」與「空方短期主跌段」的各項訊號。

　本書是作者多年教學經驗結晶及實務操作精華，書中利用各式圖表、多空圖例說明，使投資人於閱讀上較無障礙，進而深入淺出學習，於實際投資上可快速上手操作。期待翻閱本書的你，能夠有所收穫！最後，僅以本書獻給我最愛的家人。

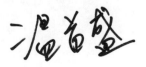

於高雄 2020.07.31

【第 **1** 章】

確立投資策略
作為獲利基石

1-1 以籌碼面＋技術面分析 獲取波段與短線操作報酬

買進股票的瞬間，你是否曾經問過自己，為何要買進這檔股票？要進行波段、短線操作或當沖（當日沖銷交易）？何時要賣出？何時要停損？我想多數人都能夠了解，這些問題都是為了讓你能夠找出最適合自己的投資策略。

一般而言，若以投資期間區分，由長而短可分為長線操作、波段操作、短線操作、隔日沖操作、當沖操作這 5 種投資策略，並可分別利用基本面、題材面、籌碼面、技術面等 4 種投資分析模式的搭配（詳見表 1），進行一次完整性的投資循環過程，包括選股、進場布局買進、加減碼、完全賣出手中庫存等。

不過，在投資過程中，投資人常會因為大盤下殺、公司的題材消息，或是其他資訊的接收，而提早賣在起漲點或延後出場，形成套牢局面。

表1 長線操作以基本面為主、技術面為輔
　　——5種投資策略比較

投資策略	投資期間	累積報酬率	報酬來源	投資勝率	投資分析模式	技術分析圖週期頻率
長線操作	以「年」為單位，常見為數年	常見倍數利潤	股利與價差	最高	基本面為主、技術面為輔	月線為主、週線為輔
波段操作	以「月」為單位，常見為3個月～8個月	常見50%～100%	價差	次高	技術面為主、基本面與籌碼面為輔	週線為主、日線為輔
短線操作	以「週」為單位，常見為3週～8週	常見20%左右	價差	高	技術面與籌碼面為主、基本面與題材面為輔	日線為主、週線為輔
隔日沖操作	以「日」為單位，為「今日買進，隔日賣出」	常見5%以內	價差	次低	技術面與籌碼面為主、題材面為輔	日線為主、分線圖為輔
當沖操作	以「分鐘」為單位，為「當日買進，當日賣出」	常見3%以內	價差	最低	技術面與題材面為主、籌碼面為輔	盤中江波圖為主、分線圖為輔

註：盤中江波圖即當日股價走勢圖，搭配即時委買賣資訊，可藉此評估當日買賣力道強弱

這種投資策略的改變，容易招致敗果，也恐怕難以積累豐厚的獲利。

操作期間由長至短可分為5種投資策略

　　若已經依據所選擇的投資策略進行選股、執行買進，務必按照同一套策略執行加減碼及進出場。

如此一來，方能找出最適合自己的策略，進而反覆運用、穩定獲利。上述 5 種投資策略分別說明如下：

策略1》長線操作：手中有股票，心中無股價

長線操作的投資期間以「年」為單位，常見為數年以上，主要是為獲取股利與價差為主的倍數以上利潤，目前以「價值型投資」與「定存股投資」為主流：前者是選在價格低於價值時買進，等價格高於價值時賣出賺取價差，或是在基本面未惡化前都繼續持有領取股利；後者則是於合理股價買進，長期持有領取股利。

長線操作因投資天期長，最重視基本面，包括深入分析全球總經趨勢、產業成長性、個別公司財報基本面，以及經營者特質等，也要關注公司歷年的獲利相關指標及股利政策。

不過，即使是採取長線操作策略，若完全不重視技術面，恐會在股價相對高點買進，一旦持有成本太高，恐怕會賺了股利，賠了價差，需要很長的時間才能損益兩平。

因此為了提升價差獲利，若能搭配技術面，選在股價相對低估時進場，就能同時享有價差獲利的機會。

策略2》波段操作：須忍受數次短期整理的煎熬

　　波段操作的投資期間以「月」為單位，常見為 3 個月～ 8 個月，主要是為獲取價差利潤。

　　操作上，應重視技術面中、長期均線所形成的股價趨勢，同時配合產業成長或公司基本面的獲利性，才能有效率達成波段操作目標，通常會將獲利目標設定在 50% 到 100% 以上。

　　中期波段行情最主要會經歷 2 次以上的短期噴出（指股價大幅上漲），因此過程中會遇到數次短線的回檔整理；投資人常因為忍受不了一次又一次的短期整理期，而中斷波段操作。若決定採取此種策略，就應調整好投資心態，否則容易不斷重複失敗的循環。

策略3》短線操作：辨識「主噴段」是最高指導原則

　　短線操作的投資期間以「週」為單位，常見為 3 週～ 8 週（或更短），主要是為獲取短線價差為主的投資利潤。

　　操作上，為了有效率達成短線操作目標，應重視技術面短期指標整理結束及起漲訊號，同時配合籌碼面的主力籌碼進場，獲取股價短期噴出的利潤；其中又以辨識短期噴出中的「主噴段」為最高指導原則，

通常會將獲利目標設定在 20% 左右。

　　因為是短期噴出行情的投資，投資人對於短期整理與噴出的辨識是必要的；掌握整理與噴出的臨界點，將左右獲利的多寡。

　　短線投資人十分常見，卻也最常犯錯，常見錯誤有 3 種：

　　1. **提早進場，股價還沒漲就認賠出場**：股價整理未結束時，提早買進；遇到再次下殺時，因為短期虧損壓力而停損出場。

　　2. **提早進場，卻賣在短線起漲點**：太早進場，因為持有時間太久，帳上未實現損益時賺時賠，當遇到真正噴出時，卻因為想先入袋為安，而提早賣在短線起漲點。

　　3. **追高買進，獲利不理想**：在股價噴出過程中進場，致使獲利不夠理想；若該次噴出並非主噴段，而是末噴段時，易造成追高套牢的窘境。因此當短線噴出結束後，股價再次回落整理，常會選擇停損出場。

　　短線操作策略應重視股價短期整理即將結束的訊號，以及每次短線噴出時是否處於主噴段，如此才容易買在相對低點、賣在相對高點，

完成高獲利的短線操作。

　　由於中期波段行情是由數個短期整理與噴出的交替組合，而 1 次完美的短線交易，應經歷 2 次的整理與噴出：於第 1 次股價整理的末端買進，經歷第 1 次噴出與第 2 次整理後，最後賣在第 2 次噴出的相對高點。實務上的短線交易可能更短，僅操作 1 次噴出，不忍整理。

策略4》隔日沖操作：「量價俱揚」是致勝關鍵

　　隔日沖操作的投資期間以「日」為單位，且今日買進、明日賣出，主要是為獲取「當日盤中轉強」到「隔日盤中高點」的 2 日投資利潤，是短線操作最短的週期，或者說是當沖操作的延伸。操作上，應確認主力籌碼已於近期進場，且重視技術面短線噴出過程與當日盤中轉強訊號。

　　隔日沖的買進時間，應建立在短線噴出過程中，因為短線噴出的 K線容易「今日高點高過昨日高點（簡稱高過高）」。當日「量價俱揚」時，表示主力今日明確進場，適合於盤中轉強時買進；尾盤最後一盤買進，則為中立買法。

　　而隔日開盤時，於股價開盤當下或開盤前 1 小時內，或是盤中相對

高點賣出，依此完成隔日沖操作。

　隔日沖操作的勝率較短線操作低，主要因為買進、賣出的投資循環太短，僅有 2 日的期間。若當日買太高或隔日股價未以紅盤開出，易造成隔日沖操作失敗，因此停損、停利的紀律格外重要。

　投資人常因缺乏停損、停利的決心而游移不定，因此隔日沖操作應採取機械式操作。選股方面，選擇短線噴出過程中「當日量價俱揚」的標的為主，量價俱揚尤以收盤接近漲停價為最佳選擇；在買進時，以當日最後一盤進場，而賣出時以隔日開盤價賣出，最為中立且最為機械化。

策略5》當沖操作：難度高，須嚴守進出場紀律

　當沖操作的投資期間以「分鐘」為單位，今日買進、今日賣出，主要是為獲取當日盤中價差的投資利潤。當沖操作策略的困難度極高，其主要原因，除了當日股價要有波動，且盤中應確認主力有明確進場及多空方向之外，投資人自身的交易成本考量及判斷進出場點，都是需要一氣呵成的，故當沖操作勝率極低。因此，當沖操作在選股上應重視「近期具有題材消息」或「當沖率高」的熱門股，因為這類股票的波動會較大。

在盤中江波圖（即當日股價走勢圖，搭配即時委買賣資訊，可藉此評估當日買賣力道強弱）的分析，除了輔以昨日主力籌碼明確進場外，應重視盤中主力進場多空方向，其中常以內外盤成交比及盤中均價線走勢為主要判斷。

而技術分析部分，則以「分鐘線」為主要看盤頻率，常見 1 分鐘～5 分鐘技術分析圖，配合所選擇的指標出現明確訊號時進出，並且嚴守進出場紀律。做多者若是追高買進、貪心不賣出，或是做空者追跌、貪心不回補，都容易造成當沖虧損。

當沖操作為當日結算買進及賣出的差額，屬於無本金交易模式，頗受投資人喜愛。然而當沖技巧在選股、盤中江波圖分析、分鐘線技術分析及進出場決心上，缺一不可。當日沖銷交易稍有差池，易造成虧損，勝率於所有操作策略中是最低的，投資人應謹慎評估自己是否適合此種交易模式。

運用4種投資分析模式建構投資策略

一般來説，投資人在分析股票時，常運用基本面、題材面、籌碼面、技術面等 4 種投資分析模式（詳見表 2）。有些投資人會重視籌碼面

分析,如法人買賣超、主力進出等;有些投資人著重技術面分析,其中包含量價、K線、指標及均線等,作為進出場依據;有些投資人則是以基本面分析為投資聖經,考量公司營收成長或每股盈餘(EPS)成長等;也有投資人重視題材面的利多、利空消息或網路散布的明牌等,進行股票投資。

　　但實際上,無論是基本面、題材面、籌碼面或技術面的分析,其實都會影響股價波動,且相互關聯,缺一不可。以下來看看投資分析模式的個別說明,以及相關投資決策過程:

分析模式1》基本面

　　基本面涵蓋總經面的全球經濟數據變化、產業發展訊息、個別公司財務報表、公司經營團隊變化,以及生產商品的技術水準等,常為投資循環中選股重要基礎;因為財報佳的股票,易為主力或法人所喜愛,易造成籌碼集中買進,而造成股價上漲發酵。

　　由於財報公布以季為頻率,營收以月為頻率,且資訊公布時間雖有最後公告日,公告時間並無一定,與股價每日變化並不同步。

　　在財報及營收數據取得方面,具備資訊不對稱性(參與投資者所取

表2 技術面適合作為選股及判斷進出場時機的依據
──4種投資分析模式優點及缺點

投資分析模式	優點	缺點
基本面	1. 為股價上漲基石 2. 基本面佳的股票較具抗跌性 3. 常為選股重要依據	1. 財報分析相關數據多，學習門檻高 2. 產業趨勢不易明確掌控 3. 財報及營收公布內容與股價每日變化不同步 4. 財報及營收數據取得有資訊不對稱性 5. 依基本面分析，較難判斷明確進場點
題材面	1. 為股價波動引爆點 2. 公司財報及產業相關題材常為選股依據	1. 題材公布有資訊不對稱性 2. 題材公布頻率與股價每日變化不同步 3. 題材公布常與股價呈反向走勢，主力易預期散戶動向，使得散戶不易靠題材獲利 4. 題材面消息涵蓋基本、籌碼及技術面，較無法成為投資主要分析主軸 5. 題材發酵期間較不易掌控
籌碼面	1. 籌碼資訊與股價每日變化同步 2. 籌碼資訊取得無資訊不對稱性 3. 籌碼安定性常為選股依據	1. 依籌碼面分析，較難判斷明確進場點 2. 有些股票主力籌碼變化快，不易掌握安定性
技術面	1. 技術指標與股價即時變化同步變動 2. 技術指標資訊取得無資訊不對稱性 3. 易明確指出投資進出場點，適合作為選股及進出場時機的依據	1. 技術指標轉強，有時不易造成股價噴出 2. 易有「假突破真拉回」或「破底翻」的騙線行為 3. 投資人易對技術指標不了解而誤用

得的資訊量不一致）；也就是説，公司內部會先知道相關財務資訊，法人（如外資券商、國內投信公司等）經常拜訪公司，自然較能掌握公司營運相關訊息，所培養的研究團隊也較有能力去推估財務數據。

對於一般單打獨鬥的散戶而言，面對繁雜的財報數據，不僅學習門檻較高；更重要的是，因為散戶大多只能取得公開資訊，處在資訊不對稱的另一端，時常難以掌握公司營運的真實面貌，因此較難對公司進行全面且深入的分析。

綜上所述，基本面分析雖能作為各種投資策略的選股基礎，但是因為營收與財報資訊相對落後，且與股價變化不同步，不易用來挑選適合的進出場點。

分析模式2》題材面

題材面包含了所有可能造成股價波動的任何消息，如基本面、籌碼面、技術面，甚至非經濟因素（如天災、戰爭等），以及任何媒體的相關消息（如分析師分析標的、市場明牌）等。

對於題材面的消息，應重視基本面題材發酵期間長短、判斷是利多或利空等，容易成為股價上漲或下跌的起始點，可當作各種投資策略

選股時參考。

　不過，消息公布時間與股價變化不同步、且資訊取得具資訊不對稱性，較難作為明確決策，加上題材消息常為主力或公司所發布，易有「利多不漲」或「利空不跌」的現象，投資人若要使用題材面挑選進出場點，需要格外謹慎。

分析模式3》籌碼面

　籌碼面包含主力、法人、散戶、公司派買賣狀況等相關資訊。籌碼資訊與股價每日變化同步，且籌碼資訊取得並無資訊不對稱性，故籌碼安定性常為選股依據。

　籌碼面與技術分析也有高度連動性，為技術指標的前導指標。不過，有些股票主力籌碼變化快，投資人不易掌握籌碼的安定性；或是主力籌碼常有多個人頭帳戶，實際分布狀況不易察覺，因此籌碼面分析也不太適合用來判斷明確的進出場點。

分析模式4》技術面

　技術面分析工具包含量、價、K線、指標、均線，與股價即時變化同步，且取得技術分析相關資訊並沒有資訊不對稱性，可作為各種投

資策略的選股依據，可用於判斷明確的進出場點。

美國經濟學家尤金‧法瑪（Eugene Fama）曾提出「效率市場假說」（Efficient Markets Hypothesis）。所謂的效率市場，須符合 3 種條件：1. 所有資訊是公開而免費，資訊取得具對稱性；2. 投資人都是專業分析師，具備理性分析能力；3. 投資人皆能密切注意股價，並隨時適當地調節所持有的證券，理性進行停損及停利。

效率市場依市場價格所能反映的資訊種類來區分，可分為「弱式效率市場假說」、「半強式效率市場假說」與「強式效率市場假說」。以下分別說明 3 種型態：

1. 弱式效率市場假說：該假說認為，當弱式效率市場成立，那麼過去的價格變化、交易量及其他資訊，都已經充分反映於價格上，那麼奠基於歷史資料的技術分析，無法獲得超額利潤。也就是說，技術面是無效的。

2. 半強式效率市場假說：該假說認為，股價已完全充分地反映所有市場上已經公開的資訊。因此，投資者無法因為分析這些情報而獲得超額利潤。也就是說，技術面及基本面分析是無效的。

3. 強式效率市場假說：該假說認為，股價完全充分反映已公開及未公開的所有資訊。也就是説，技術面、基本面及內線消息是無效的。

不過，在現實的投資市場，並不符合上述任一種「效率市場」的條件，因為市場當中的資訊並非公開且免費，也並非人人都是專業分析師，更別説是人人都能即時對手中股票做出正確反應。

因此，想要運用技術分析投資股票市場，確實是有效的。只要用對策略及方法，想要獲得超額報酬，絕不是難事。本書使用的投資策略，以波段操作與短線操作為主，分析模式則主要透過籌碼面及技術面分析，從 1-2 開始，將正式進入本書重頭戲──「黃綠紅海撈操作法」，帶你找到波段操作與短線操作的致勝關鍵。

1-2 靠「黃綠紅海撈操作法」參與飆股上漲行情

　　有時我們會發現，運用基本面分析的投資人，買進 1 檔財報數據很優、季報顯示每股盈餘（EPS）成長的股票，但股價卻沒有產生明顯上漲力道；而運用籌碼面分析的投資人看到外資連續多日買進某檔股票，也跟著買進，但股價卻未如預期噴出。

　　運用技術面分析的投資人，則是看到股價突破整理區間後連忙買進，沒想到股價形成「假突破」，不漲反跌，只好停損出場。運用題材面分析的投資人，看到報紙財經頭版大篇幅報導某檔標的，跟風買進後，卻是利多出盡，套在短線高檔……。諸如此類情況，相信投資人內心常會出現疑問──「我使用的股票分析方式是對的嗎？」「我是不是該考慮其他分析模式？」

　　其實，各種股票分析方法都有它的優缺點，只是許多投資人缺乏了

一套理性且完整邏輯的分析架構。

一般投資人經常出現「過度自信偏誤」，這是一種投資行為學的心理認知偏誤型態。也就是説，針對某一投資訊息的決策判斷，經常過度相信自身有足夠的知識與判斷力，且覺得自己能精準預測股價高低點。此種過度自信的投資行為，常使投資人高估自己的投資能力，以及誇大自己控制股價波動的能力，從而低估可能存在的投資風險。例如：當投資標的不斷創新高時，投資人的自信心更隨之增強，於是就更有信心買進股票，無視追高風險的增加，結果套牢在短線高點。

當過度自信傾向明顯時，常會忽略其他分析面向及後續資訊變化。一旦股價走勢與自己預測方向相左，常因無法承認自己的錯誤而導致套牢，陷入心理學中的「風險不相對稱」狀態。

什麼是風險不相對稱？心理學家丹尼爾‧康納曼（Daniel Kahneman）與阿摩司‧特沃斯基（Amos Nathan Tversky）共同提出的「展望理論」（Prospect Theory）當中指出，投資人面對獲利與損失的風險態度，是不相對稱的。

意思是説，面對獲利時，投資人常是風險趨避者，擔心股價會下跌、

未實現獲利減少，因此提早賣出股票；不過，面對損失時，卻常是風險愛好者，也就是當投資發生虧損時，覺得沒賣就沒賠，甚至使用槓桿工具（如融資或股票期貨等）加碼攤平。

後果就是當損失持續擴大時，因心理壓力、融資斷頭或保證金追繳等原因，終究認賠殺出在股價相對低點的虧損窘境。

股價漲不停，起始關鍵點在「籌碼」的帶動

為了避免因分析過程產生「過度自信偏誤」造成誤判，導致投資損失，本書利用「黃綠紅海撈操作法」，整合 4 大分析面向：透過「籌碼決定量價，量價決定 K 線、指標（KD 指標、MACD 指標和寶塔線），K 線、指標決定均線漲不停的力量」的理性分析邏輯，以籌碼面及技術面為分析主軸，輔以基本面及題材面，完成「選股、進場、持有、出場」投資循環，進行投資分析過程的融會貫通，降低投資過度自信偏誤，提高投資獲利的勝率（詳見圖 1）。

1 檔股票的噴出過程，起始於籌碼結構的安定沉澱，接著是「量價俱揚」的發動訊號，同時形成 K 線及指標的轉折；再由 K 線及指標的持續轉強，讓均線形成「追蹤趨勢、運行穩定、助漲性」等 3 大噴出

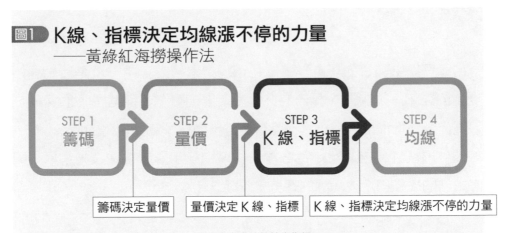

圖1 **K線、指標決定均線漲不停的力量**
──黃綠紅海撈操作法

STEP 1
籌碼

STEP 2
量價

STEP 3
K線、指標

STEP 4
均線

籌碼決定量價　量價決定K線、指標　K線、指標決定均線漲不停的力量

註：指標指的是 KD 指標、MACD 指標和寶塔線等技術指標

特性，最後形成「漲不停的力量」。

　　同樣地，股價的向下修正，也起始於籌碼結構的不穩定，造成量價關係破壞，進而致使 K 線及指標轉折向下，導致均線噴出的特性消失後，股價隨即進入整理循環。

　　既然股價的上漲與下跌，都有其整體運作的連續性，使用理性且有完整架構邏輯的黃綠紅海撈操作法，可避免因投資分析過程產生「過度自信偏誤」。若是僅著重單一面向分析，而造成分析不完全，致使

決策失誤，導致投資損失。

　　在每日盤中交易的買進與賣出每筆成交累積過程中，就是籌碼開始變化的開始，盤中買、賣的成交量影響量能變化；開盤價、收盤價、最高價及最低價的形成則進一步影響價格變化。量價變化的價格部分，首先會形成 K 線的變化，而多根 K 線將進一步影響各種技術指標，同時指標的續強則造成均線的趨勢方向確立。

　　因此，股價波動的過程中，籌碼為起始關鍵點，量價為籌碼變化過程的產物；量價波動過程則連動產生 K 線及指標的變化，而均線則是籌碼最後流向的結果，如此互動循環而形成股價的波動。

股價噴出前，會先看到籌碼集中

　　股價上漲過程通常是這樣：首先，主力籌碼進場，籌碼配合價格，易形成「價漲量增、價跌量縮」的多方量價關係慣性；接著，則會導致K線及指標的正向轉折、均線形成上揚趨勢，啟動「漲不停的力量」。

　　1 個中期波段行情，會由數個股價短期噴出、短期整理交替構成，這段期間的均線趨勢仍會保持向上。不過，均線趨勢若要走得長久，每次短期噴出的價漲量增，要有主力籌碼進場的訊號；而每次短期整

理的結束，也要有主力籌碼集中的洗盤訊號，如此才可以良性循環，致使均線發揮漲不停的力量。

股價下跌前，會先看到籌碼潰散

同樣地，股價要下跌前，也會從主力出場揭開序幕。主力的出場，會打破「價漲量增、價跌量縮」的慣性，使籌碼潰散；接下來，K線及指標自然跟著轉折向下，最後致使股價跌破均線，且均線轉而向下；此時，原本使股價噴出的 3 大特性（追蹤趨勢、運行穩定、助漲性）消失，漲不停的力量也正式告終。

從選股到獲利出場，按表操課完成投資循環

如何將黃綠紅海撈操作法，用於「選股、進場、持有、出場」的投資循環？

可分別掌握以下重點（詳見圖 2）：

1.選股

先進行簡易基本面分析，確認該公司 EPS 大於 0 元、產業成長正向及月營收或年營收呈成長趨勢。再掌握 2 大關鍵：①長期均線趨勢確

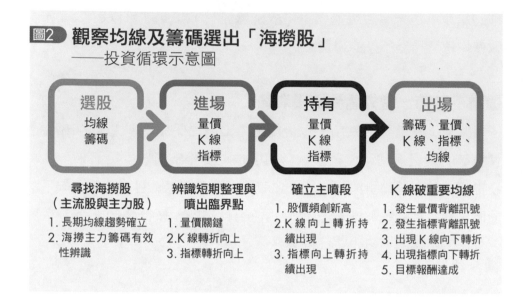

圖2 觀察均線及籌碼選出「海撈股」
——投資循環示意圖

選股	進場	持有	出場
均線 籌碼	量價 K線 指標	量價 K線 指標	籌碼、量價、 K線、指標、 均線

尋找海撈股 （主流股與主力股）	辨識短期整理與 噴出臨界點	確立主噴段	K線破重要均線
1. 長期均線趨勢確立 2. 海撈主力籌碼有效性辨識	1. 量價關鍵 2. K線轉折向上 3. 指標轉折向上	1. 股價頻創新高 2. K線向上轉折持續出現 3. 指標向上轉折持續出現	1. 發生量價背離訊號 2. 發生指標背離訊號 3. 出現K線向下轉折 4. 出現指標向下轉折 5. 目標報酬達成

立、②主力籌碼安定，以上是選出「海撈股」的重要依據。

本書將於第 2 章詳細說明均線的定義及特性，只要懂得均線的應用，就能看出何為「長期均線趨勢確立」；再配合第 3 章深入進行主力籌碼分析，確認「主力籌碼安定」，即可帶你完成「選股」。

2.進場

找「進場」訊號時，須辨識「量價俱揚帶動的 K 線及指標轉折向上」

帶動股價脫離整理區間。

3.持有

　　當股價創新高、K線及指標向上轉折持續出現時，代表主噴段確立，必須堅定「持有」。

　　本書第 4 章帶你辨識出量價、K 線及指標轉折向上訊號的共振，確認股價噴出時間點、確立主噴段，作為投資進場與持有的依據。

4.出場

　　量價背離、指標背離，致使 K 線及指標轉折向下，均線噴出 3 大特性（追蹤趨勢、運行穩定、助漲性）陸續消失，股價開始進入修正整理，此時是「出場」訊號，必須適時獲利了結。

　　同樣地，可透過第 4 章學會找到量價及指標背離，以及 K 線與指標轉折向下訊號，按紀律出場，完成 1 個完整的投資循環。

第 2 章

關注均線型態
選對潛力標的

2-1 活用移動平均線 確認股價走向

　　大部分的投資人，一開始接觸技術分析時，通常會運用「均線」找買賣點。均線可說是集所有技術指標之大成，故而均線的分析研究對於投資人來說，尤其重要。

　　均線的全名是「移動平均線」（Moving Average，MA），本章會先帶你了解均線的定義、種類、特性與運用，最後利用均線進行選股，並從均線找到進出場訊號。均線是指一段期間（N日）內收盤價的平均值，可視為這段期間投資人的平均成本。若股價在N日均線上，代表N日內進場的投資人幾乎都賺錢；若跌破N日均線，表示N日內進場的投資人幾乎是賠錢的。

　　一開始選擇均線時，投資人會面對3個問題：「要參考哪一種均線類型？」「要看幾天的均線？」「要運用幾條均線？」下面，我們將

表1 EMA是以指數式遞減加權的移動平均值
──3類型均線比較

類型	定義	特色
簡單移動平均線（SMA）	為收盤價簡單算術平均數，未加權計算	易於理解與使用
加權移動平均線（WMA）	指計算平均值時將個別數據乘以不同權值	較少使用
指數移動平均線（EMA或EWMA）	以指數式遞減加權的移動平均值。各數值的加權影響力隨時間而指數式遞減，愈近期的收盤價，對市況影響愈重要	較平滑，反應較為敏銳

──解答。

依計算方式的不同，均線可分為3類型

一般來說，均線依其計算方式的不同，可區分為「簡單移動平均線」（Simple Moving Average，SMA）、「加權移動平均線」（Weighted Moving Average，WMA）、「指數移動平均線」（Exponential Moving Average，EMA 或 EWMA）等3類型（詳見表1）。

類型1》簡單移動平均線（SMA）

　　SMA 是最原始且簡單的均線計算方式，適合初學投資人學習，只需要計算出期間內的平均收盤價即可。例如 5 日均線的數值，即為最近 5 日的平均收盤價，依此類推。

類型2》加權移動平均線（WMA）

　　WMA 是在計算平均值時，將個別數據乘以不同權重。由於個別數據使用不同的加權值，例如有些可能會因為近期收盤價較貼近現況而有較高的權重；有些則以當日漲跌幅高低，做不同加權比重分配；有些甚至是會配合該日成交量高低來調整權重。由於權重配置沒有一定標準，較少投資人使用，因此本書不多加贅述。

類型3》指數移動平均線（EMA或EWMA）

　　EMA 是以指數式遞減加權的移動平均值。各數值加權計算的影響力，隨時間由近而遠呈現指數式遞減，愈近期的收盤價，對 EMA 產生愈大的影響。相較於 SMA，EMA 較敏感，更能即時反映近期股價漲跌的波動。

　　觀察 EMA 的走勢，可以發現它比 SMA 更為平滑。若同時觀察相同天期，EMA 交叉次數會比 SMA 更少，原因就出在採樣期間的不同。例如計算 5 日 SMA 的數值時，直接算出 5 日的平均收盤價即可；而

TIPS

SMA、EMA 均線計算方式

1. **簡單移動平均線（SMA）**
   SMA（N）＝（第 1 日收盤價＋第 2 日收盤價＋……＋第 N 日收盤價）÷N
   N ＝ SMA 均線天期
2. **指數移動平均線（EMA）**
   $EMA_{今日} = EMA_{昨日} + K \times （收盤價_{今日} - EMA_{昨日}）$
   K ＝平滑係數＝ 2／（N ＋ 1），其中 N ＝ EMA 天期

計算 EMA 時，因為是採指數式遞減加權的移動平均，採樣期間愈長，計算出的 EMA 值愈不會有誤值，所以實務上採樣期間會是均線天期的 2 倍以上，例如計算 5 日 EMA 值，會使用約 10 日以上的樣本數進行計算（詳見 Tips）。

由於 EMA 的採樣期間大於 SMA，而且時間愈近，權重愈高，使得 EMA 會比 SMA 更平滑，本書使用的均線種類，即以 EMA 為主。

另有一點要注意的是，1 檔股票進行除權息時（發放股票股利稱為除權、發放現金股利稱為除息），其隔日 K 線走勢會因除權息關係，出現向下跳空缺口，且均線樣本數採樣計算也會因此失真，而造成向下運行。若不知此缺口是除權息因素影響者，會以為是利空因素造成，

對投資決策產生誤判。

　　因此，對於本書的技術線圖，一律採用排除除權息對股價影響的「還原日線圖」呈現，除了能避免投資人對股價及均線走勢有錯誤的判斷以外，該段時間股票的持有者也不會因為除權息使得成本失真，進而影響投資報酬的計算。

　　以世界（5347）為例，可看出 EMA 和 SMA 之間的區別（詳見圖 1）。若使用 EMA，可看到世界已於 2019 年 7 月 24 日完成 3 條均線的多頭排列（60 日 > 120 日 > 240 日），多頭趨勢形成；若使用 SMA，則於 2019 年 9 月 4 日才完成 3 條均線的多頭排列。在此範例中，EMA 提早 1 個多月就宣示多頭趨勢形成，可證明其比 SMA 更敏銳。此外，與 SMA 相比，EMA 的交叉次數較少，且更為平滑地運行。

了解5大特性，學會正確使用均線

　　要使用正確數量的均線觀察趨勢，須了解其 5 大特性（詳見表 2）：

特性1》追蹤趨勢

　　觀察 3 條（含）以上均線的排列方式，了解股價趨勢。

圖1 ► EMA較SMA敏銳，能即時反映股價波動
──世界（5347）還原日線圖（EMA）

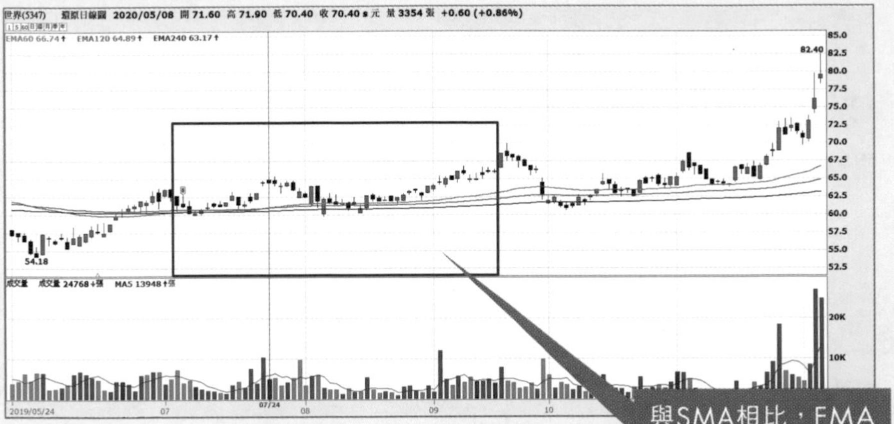

──世界（5347）還原日線圖（SMA）

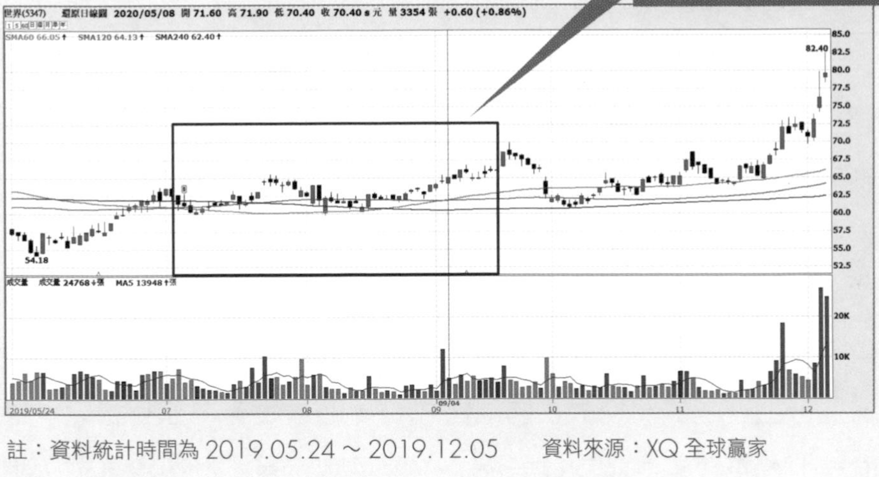

> 與SMA相比，EMA的交叉次數較少，且更為平滑

註：資料統計時間為 2019.05.24～2019.12.05　　資料來源：XQ 全球贏家

特性2》運行穩定

觀察 2 條均線的排列方式,黃金交叉為運行方向走多,死亡交叉為運行方向走空。

特性3》助漲／助跌

觀察 1 條或 2 條均線,計算相同期間的 EMA 和 SMA。如果 EMA 大於 SMA,或是均線向上運行,有助股價上漲;反之亦然。

特性4》測試支撐與壓力

選定 1 條均線當標準,常為 20 日均線(月線)或 60 日均線(季線)。當上漲過程中遇到修正,且修正不跌破該均線,視為測試支撐成功;反之,下跌過程中不漲破該均線,視為測試壓力成功。

特性5》反轉滯後性

觀察 3 條(含)以上均線的走勢,當均線下彎一段時間後,股價已經大跌,此落後的特質稱為「滯後性」。

在接下來的章節中,將會更進一步說明各均線特性的應用。唯要注意的是,上述是依照均線正向噴出特質(追蹤趨勢、運行穩定、助漲／助跌)、整理(測試支撐與壓力)及反轉特質(反轉滯後性)進行

表2 短期＞中期＞長期均線，為「多頭排列」趨勢
──均線5大特性及運用方式

均線 5大特性	均線數量	運用方式
追蹤 趨勢	3條（含）以上	1. 短期＞中期＞長期均線，稱為「多頭排列」趨勢 2. 短期＜中期＜長期均線，稱為「空頭排列」趨勢
運行 穩定	2條	1.「黃金交叉」是指當短期均線向上交叉長期均線，此一交叉點可視為一個買進訊號。當黃金交叉出現以後，短期均線始終在長期均線上方，即為向上運行穩定 2.「死亡交叉」是指當短期均線向下交叉長期均線，此一交叉點可視為一個賣出訊號。當死亡交叉出現以後，短期均線始終在長期均線下方，即為向下運行穩定
助漲／ 助跌	1條 或 2條，計算相同期間的EMA 與 SMA	1. 助漲：當（EMA-SMA）＞0，或是該均線向上運行 2. 助跌：當（EMA-SMA）＜0，或是該均線向下運行
支撐與 壓力	1條，常為20日均線（月線）或 60 日均線（季線）	1. 當K線壓回不跌破該均線，為測試支撐成功 2. 當K線反彈不突破該均線，為測試壓力成功 3. 測試該均線的支撐與壓力過程意指整理修正區間 4. 測試該均線的支撐與壓力過程，有時數次才成功，常畫出一箱型區間，定義為整理區間
反轉 滯後性	3條（含）以上	1.「反轉」指趨勢改變的過程，短期均線的反轉過程，可稱為整理修正；長期均線的反轉，則稱為趨勢改變 2. 當趨勢反轉，例如由原多頭趨勢，反轉為空頭趨勢時，均線已下彎一段時間，此時股價已跌幅甚深，稱為「反轉滯後性」 3. 向下反轉：反轉過程中，3條均線形成兩兩死亡交叉，直到全部死亡交叉後，形成空頭排列趨勢 4. 向上反轉：反轉過程中，3條均線形成兩兩黃金交叉，直到全部黃金交叉後，形成多頭排列趨勢

排列。

　　但為了讓讀者更加了解各個均線的特性，使得有些觀念需要放在前面說明，故而後文會改依追蹤趨勢（詳見 2-2、2-3）、測試支撐與壓力（詳見 2-4）、反轉滯後性（詳見 2-4）、助漲／助跌（詳見 2-5）、運行穩定（詳見 2-6）的順序進行說明。

2-2 觀察3條均線 辨別長期與短期多空趨勢

　　先來看均線趨勢。本篇文章將透過 3 條（含）以上均線的應用，研判均線如何形成趨勢，進而作為選股及進出場的重要依據。

　　一般來説，在研判股價的趨勢時，觀察 3 條均線的排列方式，是最明確的方法。趨勢簡單區分為長期及短期 2 種，其中長期趨勢的確立，是選股最重要的依據；而短期趨勢的形成，則是股價噴出的必要條件。

長期多頭趨勢確立》選股最重要的依據

　　長期趨勢的研判是使用長天期的參數，也就是根據 60 日 EMA（季線，以黃色實線表示）、120 日 EMA（半年線，以綠色實線表示）、240 日 EMA（年線，以紅色實線表示）的排列方式（本書簡稱「大黃綠紅」），辨識出股價的長期趨勢，又可區分為「多頭排列」、「空

頭排列」、「轉換期」3 種方向：

方向1》大黃綠紅長期多頭排列

當 60 日＞ 120 日＞ 240 日 EMA 時，表示股價長期多頭趨勢形成，稱為大黃綠紅多頭排列，符合均線向上追蹤趨勢特性，股價易頻創新高，為做多重要選股依據。

方向2》大黃綠紅長期空頭排列

當 60 日＜ 120 日＜ 240 日 EMA 時，表示股價長期空頭趨勢形成，稱為大黃綠紅空頭排列，符合均線向下追蹤趨勢特性，股價易頻創新低，為做空重要選股依據。

方向3》轉換期

1. 大黃綠紅長期向上轉換期

60 日、120 日、240 日 EMA 這 3 條均線，會先形成同方向兩兩黃金交叉，直到 3 條均線全部呈現黃金交叉（三線三黃金交叉）；此段是股價從空頭進入長期整理，再向上反轉的過程，最後即呈現大黃綠紅多頭排列、趨勢轉而向上。

有時向上反轉過程並未出現兩兩黃金交叉，而是黃金交叉與死亡交

叉交替出現，則在此情況下，易出現反轉失敗，返回原空頭的趨勢。

趨勢向上反轉要成功，其過程應輔以「籌碼安定」、「乖離指標呈持續正乖離」等面向綜合研判。

2. 大黃綠紅長期向下轉換期

60 日、120 日、240 日 EMA 這 3 條均線，會先形成同方向兩兩死亡交叉，直到 3 條均線全部呈現死亡交叉（三線三死亡交叉）；此段是股價從多頭進入長期整理，再向下反轉的過程，最後即呈現大黃綠紅空頭排列、趨勢轉而向下。

有時向下反轉過程中，3 條均線並未出現兩兩死亡交叉，而是黃金交叉與死亡交叉交替出現，則在此情況下，易出現反轉失敗，返回原多頭的趨勢。

趨勢向下反轉要成功，其過程應輔以「籌碼不安定」、「乖離指標呈持續負乖離」等面向綜合研判。

以精測（6510）還原日線圖為例（詳見圖 1），可利用 60 日、120 日、240 日 EMA 的排列方式，進行長期趨勢的研判。

短期多頭趨勢確立》股價噴出的必備要件

短期趨勢的研判是使用短天期的參數，也就是根據 5 日 EMA（週線，以黃色虛線表示）、10 日 EMA（雙週線，以綠色虛線表示）、20 日 EMA（月線，以紅色虛線表示）的排列方式（本書簡稱為「小黃綠紅」），辨識出股價的短期方向。例如當短期多頭趨勢確立，則可期待股價的短期噴出。

與長期趨勢的邏輯相同，短天期均線排列方式可區分為「多頭排列」、「空頭排列」、「轉換期」3 種方向：

方向1》小黃綠紅短期多頭排列

當 5 日＞ 10 日＞ 20 日 EMA 時，表示股價短期多頭趨勢形成，稱為小黃綠紅多頭排列。若股價持續創 20 日新高，稱為「短期噴出」；若股價無法續創 20 日新高，則為短期修正整理的相對高點。

此時，若長期趨勢也是多頭排列，易形成短期噴出；不過，如果是在長期空頭趨勢下，應視為短期反彈整理。直到股價創新高或短期均線向上黃金交叉長期均線時，股價反彈整理過度，才會造成長期趨勢的向上反轉。

圖1 **精測2019年底轉為長期多頭排列**
──精測（6510）還原日線圖

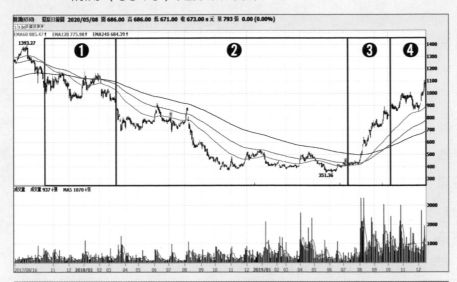

❶大黃綠紅長期向下轉換期：60日EMA（黃色實線）先與120日EMA（綠色實線）死亡交叉，接著再與240日EMA（紅色實線）死亡交叉，而後120日EMA也與240日EMA死亡交叉，即為同方向兩兩死亡交叉，最後3條均線全部呈現死亡交叉，順利形成大黃綠紅空頭排列

❷大黃綠紅長期空頭排列：60日＜120日＜240日EMA

❸大黃綠紅長期向上轉換期：60日EMA先與120日EMA黃金交叉，接著再與240日EMA黃金交叉，而後120日EMA也與240日EMA黃金交叉，即為同方向兩兩黃金交叉，最後3條均線全部呈現黃金交叉，順利形成大黃綠紅多頭排列

❹大黃綠紅長期多頭排列：60日＞120日＞240日EMA

註：資料統計時間為 2017.08.16 ～ 2019.12.13　　資料來源：XQ 全球贏家

方向2》小黃綠紅短期空頭排列

當 5 日＜ 10 日＜ 20 日 EMA 時，表示股價短期空頭趨勢形成，稱為小黃綠紅空頭排列。若股價持續創 20 日新低，稱為「短期噴跌」；若股價無法續創 20 日新低，則為短期反彈整理的相對低點。

此時，若長期趨勢也是空頭排列，易形成短期噴跌；不過，如果是在長期多頭趨勢下，應視為短期修正整理。直到股價創新低或短期均線向下死亡交叉長期均線時，股價修正整理過度，才會造成長期趨勢的向下反轉。

方向3》轉換期

1. 小黃綠紅短期向上轉換期

5 日、10 日、20 日 EMA 這 3 條均線，會先形成同方向兩兩黃金交叉，直到三條均線全部呈現黃金交叉（三線三黃金交叉）；經過此段短期區間整理的向上波動過程後，最後會形成小黃綠紅多頭排列。

短期趨勢向上反轉若能成功，也會因為股價未創 20 日新高，易使短期趨勢再度向下反轉，進入區間震盪。

直到短期趨勢向上反轉成功，且股價創 20 日新高，股價短期區間

修正整理才正式宣告結束，短期噴出開始；其過程需要搭配「籌碼安定」、「乖離指標呈持續正乖離」等面向綜合研判。

2. 小黃綠紅短期向下轉換期

5 日、10 日、20 日 EMA 這 3 條均線，會先形成同方向兩兩死亡交叉，直到 3 條均線全部呈現死亡交叉（三線三死亡交叉）；經過此段短期區間整理的向下波動過程後，最後會形成小黃綠紅空頭排列。

有時向下反轉過程中，3 條均線並未出現兩兩死亡交叉，而是黃金交叉與死亡交叉交替出現，此時易造成向下反轉失敗，可能使短期趨勢返回原多頭趨勢，即稱為短期修正整理；此時股價會於區間震盪，直到股價創新高突破整理區間，或是創新低跌破整理區間，才會再度明確出現短期多空方向。

趨勢向下反轉要成功，股價須創下區間整理低點，過程中須搭配「籌碼不安定」、「乖離指標呈持續負乖離」等面向綜合研判。

下列以威剛（3260）還原日線圖為例（詳見圖 2），可以利用 5 日、10 日、20 日 EMA，這 3 條均線的排列方式，進行短期趨勢的研究判斷。

圖2 威剛經數月盤整，呈短期多頭排列而股價噴出
—— 威剛（3260）還原日線圖

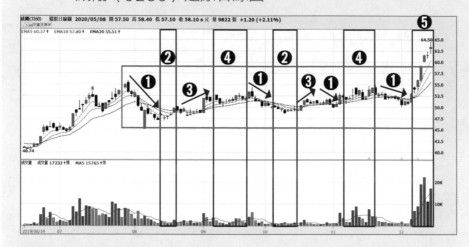

❶小黃綠紅短期向下轉換期：5日EMA（黃色虛線）、10日EMA（綠色虛線）、20日EMA（紅色虛線）這3條均線先形成同方向兩兩死亡交叉，直到全部死亡交叉的向下波動過程；若短期趨勢向下反轉失敗，股價易在區間震盪，最後股價創高突破區間，才又出現短期多方趨勢（綠色框）

❷小黃綠紅短期空頭排列：5日＜10日＜20日EMA

❸小黃綠紅短期向上轉換期：5日、10日、20日EMA這3條均線先形成同方向兩兩黃金交叉，直到全部黃金交叉的向上波動過程

❹即使短期趨勢向上反轉成功，卻也會因為股價未創20日新高，易使短期趨勢再度向下反轉，進入區間震盪

❺當短期趨勢向上反轉成功，再搭配股價創20日新高，以及籌碼安定、持續正乖離，就會出現短期噴出走勢（小黃綠紅短期多頭排列：5日＞10日＞20日EMA）

註：資料統計時間為 2019.06.14 ～ 2019.12.13　　　資料來源：XQ 全球贏家

2-3 長短期均線構成主圖雙趨勢 可視為進出場時機

2-2 是將均線的長期趨勢（大黃綠紅）和短期趨勢（小黃綠紅）分開來介紹，但實務上，兩者必須要同時觀察才行。因此，下面將陳述當均線長期趨勢出現多頭排列、空頭排列、向上反轉或向下反轉時，短期均線不同波動過程所代表的涵義。

要特別說明的是，K 線圖中 5 日、10 日、20 日、60 日、120 日和 240 日這 6 條均線同時呈現時，偶爾會因股價波動較小，易造成均線糾結狀況，影響查價判斷的困難度。

為幫助讀者可快速看懂圖中的均線排列結果，以下個股範例所使用的 XQ 全球贏家還原日線圖，有額外使用程式腳本編寫（程式腳本編寫方式詳見附錄），根據均線排列方式的不同，於主圖底部顯示不同顏色的小圖示，圖示定義如下：

多方》

1. ▲紅色三角形：小黃綠紅多頭排列（5日＞10日＞20日EMA）。

2. ■紅色四角形：大黃綠紅多頭排列（60日＞120日＞240日EMA）。

3. ■紫色四角形：多方主圖雙趨勢（5日＞10日＞20日＞60日＞120日＞240日EMA）。

空方》

1. ▲綠色三角形：小黃綠紅空頭排列（5日＜10日＜20日EMA）。

2. ■綠色四角形：大黃綠紅空頭排列（60日＜120日＜240日EMA）。

3. ■藍色四角形：空方主圖雙趨勢（5日＜10日＜20日＜60日＜120日＜240日EMA）。

長期趨勢多頭排列》做多選股必要條件

先來看長期趨勢多頭排列下的各種情況。大黃綠紅多頭排列是長期的趨勢確立，為投資做多選股的必要條件。在大黃綠紅多頭排列下，

小黃綠紅有時會與之同步，有時不會同步。

　同步時，會呈現小黃綠紅位於大黃綠紅之上；不同步時，小黃綠紅部分均線可能位於大黃綠紅上下，常見狀況是 5 日 EMA 靠近 60 日 EMA。而做多的重要買進訊號有 2 個：1. 大、小黃綠紅剛形成多方主圖雙趨勢；2. 小黃綠紅剛剛形成多頭排列。

　此外，在大黃綠紅多頭排列下，股價「整理修正」與「噴出上漲」2 種現象會交替出現，形成波段趨勢。於整理修正中，小黃綠紅易進入 4 種均線波動過程（向下反轉、空頭排列、向上反轉、多頭排列，不一定全會出現，視股價整理強度而定）。茲將小黃綠紅各種均線波動過程說明如下：

1.強勢修正整理

　①在大黃綠紅多頭排列下，小黃綠紅並未向下反轉形成空頭排列，且股價或 5 日 EMA 未曾跌破 60 日 EMA 時，為股價強勢修正整理的表現。在此情況下，小黃綠紅多頭排列與多方主圖雙趨勢易同步形成。

　之後當小黃綠紅再度形成多頭排列時，表示強勢修正整理結束；當再度形成多方主圖雙趨勢時，表示股價的漲勢再度確立。

②在大黃綠紅多頭排列下，小黃綠紅向下反轉失敗而返回多頭排列時，為股價強勢修正整理的表現。此時於修正整理區間中，若遇到小黃綠紅出現多頭排列，可考慮買進；若遇到股價突破修正整理區間，則為強勁的買進訊號。

2.正常修正整理

在大黃綠紅多頭排列下，小黃綠紅向下反轉並形成空頭排列，唯股價或 5 日 EMA 未曾跌破 60 日 EMA 時，為股價正常修正整理的表現。在此情況下，多方趨勢並無向下反轉成空方趨勢的疑慮，且此時小黃綠紅多頭排列與多方主圖雙趨勢易同步形成。

之後當小黃綠紅再度形成多頭排列時，表示正常修正整理結束；當再度形成多方主圖雙趨勢時，表示股價的漲勢再度確立。

3.弱勢修正整理

在大黃綠紅多頭排列下，小黃綠紅向下反轉並形成空頭排列，且股價或 5 日 EMA 曾跌破 60 日 EMA 時，為股價弱勢修正整理的表現。在此情況下，小黃綠紅多頭排列與多方主圖雙趨勢不易同步形成。

若之後小黃綠紅空頭排列持續向下，且與大黃綠紅呈現死亡交叉時，

易造成大黃綠紅向下反轉趨勢出現。直到小黃綠紅再度形成多頭排列時，修正整理才會宣告結束。然而除非是在發生系統性風險的超級空頭時期，否則空方主圖雙趨勢不易同時形成。當再度形成多方主圖雙趨勢時，表示股價的漲勢再度確立。

綜上說明，在大黃綠紅多頭排列趨勢下，當股價進入向下修正時，若股價或 5 日 EMA 都沒有跌破 60 日 EMA，尤其股價修正過程皆仍大於 60 日 EMA 時，表示長期趨勢向下反轉的機會很低。一旦剛剛形成小黃綠紅多頭排列，或是同時形成多方主圖雙趨勢時，為做多的重要參考買進訊號。

下面將舉 2 個範例，探討在大黃綠紅多頭排列下，小黃綠紅與之同步，以及與之不同步之買進訊號該如何判別：

範例1》在大黃綠紅多頭排列下，小黃綠紅與之同步的情況

以家登（3680）為例，可觀察在大黃綠紅多頭排列下，小黃綠紅與之同步的情況。

2019 年 6 月初，在大黃綠紅多頭排列下，短天期均線形成 5 日＞10 日＞ 20 日 EMA，為小黃綠紅多頭排列，可知道均線短期整理結

束，短期趨勢向上。且從圖中可以看出，剛形成小黃綠紅多頭排列時，也同時形成多方主圖雙趨勢，為均線多頭趨勢形成的重要買進訊號（詳見圖 1-❶）。

由於在大黃綠紅多頭排列下，股價「整理修正」與「噴出上漲」2 種現象會交替出現。當股價進入修正整理區間（詳見圖 1-❷），在區間內若長短期均線形成多方主圖雙趨勢，也可視為買進訊號。

若希望有更明確的買進訊號，可等待股價突破修正整理區間時買進（詳見圖 1-❸）。

範例2》在大黃綠紅多頭排列下，小黃綠紅與之不同步的情況

以台積電（2330）為例，可觀察在大黃綠紅多頭排列下，小黃綠紅與之不同步的情況。

2019 年 4 月下旬，在大黃綠紅多頭排列之下，小黃綠紅向下反轉並形成空頭排列，且股價與 5 日 EMA 跌破 60 日 EMA，甚至跌破 240 日 EMA，為股價弱勢修正整理的表現（詳見圖 2-❶）。由於股價弱勢修正整理，股價可能進入長期趨勢向下反轉，此時應觀望，待小黃綠紅再度形成多頭排列時進場，或是大黃綠紅多頭排列消失時（即

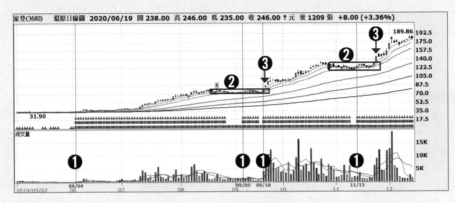

圖1 **家登股價於2019年6月初出現短期趨勢向上**
──家登（3680）還原日線圖

▲：小黃綠紅多頭排列　■：大黃綠紅多頭排列　■：多方主圖雙趨勢
---：5 日 EMA　　　　---：10 日 EMA　　　---：20 日 EMA
─：60 日 EMA　　　　─：120 日 EMA　　　─：240 日 EMA

註：資料統計時間為 2019.05.02 ～ 2019.12.13　　資料來源：XQ 全球贏家

60 日 EMA 死亡交叉 120 日 EMA），進行停損。

2019 年 7 月中下旬，在大黃綠紅多頭排列之下，小黃綠紅向下反轉並形成空頭排列，且股價或 5 日 EMA 未曾跌破 60 日 EMA，為股價正常修正整理的表現，此時多方趨勢並無向下反轉成空方趨勢的疑慮（詳見圖 2-❷）。由於股價正常修正整理，此時應觀望，待小黃綠

紅再度形成多頭排列時進場。

　2019 年 11 月中旬，在大黃綠紅多頭排列下，小黃綠紅並未向下反轉形成空頭排列，且股價或 5 日 EMA 未曾跌破 60 日 EMA 時，為股價強勢修正整理的表現（詳見圖 2-❸）。由於股價強勢修正整理，此時應觀望，待小黃綠紅再度形成多頭排列時進場。

長期趨勢空頭排列》做空選股必要條件

　接著來看長期趨勢空頭排列下的各種情況。大黃綠紅空頭排列是長期的空方趨勢確立，為投資做空選股必要條件。在大黃綠紅空頭排列下，小黃綠紅有時會與之同步，有時不會同步。

　同步時，會呈現小黃綠紅位於大黃綠紅之下；不同步時，小黃綠紅部分均線可能位於大黃綠紅上下，常見狀況是 5 日 EMA 靠近 60 日 EMA。而做空的重要進場訊號有 2 個：1. 大、小黃綠紅剛剛形成空方主圖雙趨勢；2. 小黃綠紅剛剛形成空頭排列。

　此外，在大黃綠紅空頭排列下，股價「整理反彈」與「噴跌下殺」2 種現象會交替出現，形成波段趨勢。於整理反彈中，小黃綠紅易進入

圖2 台積電股價於2019年4月下旬出現弱勢修正整理
──台積電（2330）還原日線圖

▲：小黃綠紅多頭排列　▲：小黃綠紅空頭排列　■：大黃綠紅多頭排列　■：多方主圖雙趨勢
---：5日EMA　---：10日EMA　---：20日EMA
—：60日EMA　—：120日EMA　—：240日EMA

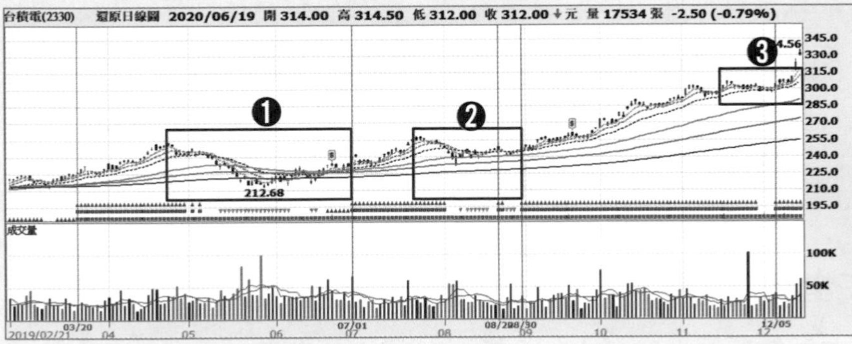

註：1. 資料統計時間為2019.02.21～2019.12.13；2. 黃色垂直線為大黃綠紅多頭排列
　　的起始日　　資料來源：XQ全球贏家

4種均線波動過程（向上反轉、多頭排列、向下反轉、空頭排列，不
一定全會出現，視股價整理強度而定）。茲將小黃綠紅各種均線波動
過程說明如下：

1.強勢反彈整理

在大黃綠紅空頭排列下，小黃綠紅向上反轉並形成多頭排列，且股

價或 5 日 EMA 曾突破 60 日 EMA 時，為股價強勢反彈整理的表現。在此情況下，小黃綠紅空頭排列與空方主圖雙趨勢不易同步形成。

若之後小黃綠紅多頭排列持續向上，且與大黃綠紅呈現黃金交叉時，易造成大黃綠紅向上反轉趨勢出現。直到小黃綠紅再度形成空頭排列時，反彈整理才會宣告結束。之後，若股價無持續噴出，將致使乖離型技術指標，如 KD 指標高檔鈍化結束轉弱。當再度形成空方主圖雙趨勢時，表示股價的跌勢再度確立。

2.正常反彈整理

在大黃綠紅空頭排列下，小黃綠紅向上反轉並形成多頭排列，唯股價或 5 日 EMA 未曾突破 60 日 EMA 時，為股價正常反彈整理的表現。在此情況下，空方趨勢並無向上反轉成多方趨勢的疑慮，且此時小黃綠紅空頭排列與空方主圖雙趨勢易同步形成。

當小黃綠紅再度形成空頭排列時，表示正常反彈整理結束；當再度形成空方主圖雙趨勢時，表示股價的跌勢再度確立。

3.弱勢反彈整理

①在大黃綠紅空頭排列下，小黃綠紅並未向上反轉形成多頭排列，

且股價或 5 日 EMA 未曾突破 60 日 EMA 時，為股價弱勢反彈整理的表現。在此情況下，小黃綠紅空頭排列與空方主圖雙趨勢易同步形成。當小黃綠紅再度形成空頭排列時，表示弱勢反彈整理結束；當再度形成空方主圖雙趨勢時，表示股價的跌勢再度確立。

②在大黃綠紅空頭排列下，小黃綠紅向上反轉失敗而返回空頭排列，為股價弱勢反彈整理的表現。此時於區間反彈中，若遇到小黃綠紅空頭排列時，仍為重要放空訊號，並不一定要等到股價跌破區間整理時才進行放空。

綜上說明，在大黃綠紅空頭排列趨勢下，當股價進入向上反彈時，若股價或 5 日 EMA 未曾突破 60 日 EMA，尤其反彈過程股價皆小於 60 日 EMA 時，表示長期趨勢向上反轉的機會很低。一旦再度形成小黃綠紅空頭排列，或是同時形成空方主圖雙趨勢時，為做空的重要參考放空訊號。

下面將舉 2 個範例，探討在大黃綠紅空頭排列下，小黃綠紅與之同步，以及與之不同步之買進訊號該如何判別：

範例1》在大黃綠紅空頭排列下，小黃綠紅與之同步的情況

以碩禾（3691）為例，可觀察在大黃綠紅空頭排列下，小黃綠紅與之同步的情況。

2017 年 10 月，在大黃綠紅空頭排列之下，當小黃綠紅向上反轉並形成多頭排列，且股價與 5 日 EMA 曾突破 60 日 EMA 時，為股價強勢反彈整理的表現（詳見圖 3-❶）。由於股價進入強勢反彈整理，此時應觀望，待小黃綠紅再度形成空頭排列時，才能進行做空。

2018 年 3 月和 5 月，在大黃綠紅空頭排列下，當小黃綠紅向上反轉並形成多頭排列，唯股價或 5 日 EMA 未曾突破 60 日 EMA 時，為股價正常反彈整理的表現，此時空方趨勢並無向上反轉成多方趨勢的疑慮（詳見圖 3-❷）。由於股價進入正常反彈整理，此時應觀望，待小黃綠紅再度形成空頭排列時，才能進行做空。

2018 年 7 月和 8 月下旬，在大黃綠紅空頭排列下，當小黃綠紅並未向上反轉形成多頭排列，且股價或 5 日 EMA 未曾突破 60 日 EMA 時，為股價弱勢反彈整理的表現（詳見圖 3-❸）。

由於股價進入弱勢反彈整理，此時應觀望，待小黃綠紅再度形成空頭排列時，才能進行做空。

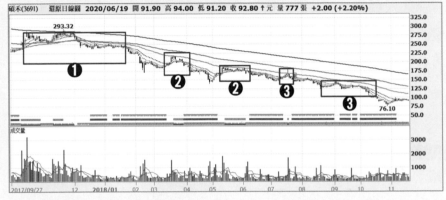

圖3 碩禾股價於2017年10月出現強勢反彈整理
──碩禾（3691）還原日線圖

▲：小黃綠紅多頭排列　▲：小黃綠紅空頭排列　■：大黃綠紅空頭排列　■：空方主圖雙趨勢
---：5日EMA　　---：10日EMA　　---：20日EMA
──：60日EMA　　──：120日EMA　　──：240日EMA

註：資料統計時間為 2017.09.27 ～ 2018.11.19　　資料來源：XQ 全球贏家

範例2》在大黃綠紅空頭排列下，小黃綠紅與之不同步的情況

以鎧勝-KY（5264）為例，可觀察在大黃綠紅空頭排列下，小黃綠紅與之不同步的情況。

2018 年 3 月初與 7 月底，在大黃綠紅空頭排列下，短天期均線形成 5 日＜ 10 日＜ 20 日 EMA，為小黃綠紅空頭排列，可知道均線短

期整理結束，短期趨勢向下。且從圖 4 中可以看出，剛形成小黃綠紅空頭排列時，同時形成空方主圖雙趨勢，為均線空頭趨勢形成的重要放空訊號（詳見圖 4- ❶）。

由於在大黃綠紅空頭排列下，股價「整理反彈」與「噴跌下殺」2 種現象會交替出現。當股價進入反彈整理區間（詳見圖 4- ❷），在區間內若遇到小黃綠紅空頭排列時，仍為重要放空訊號，並不一定要等到股價跌破區間整理時才進行放空（詳見圖 4- ❸）。

長期趨勢向上反轉》由空頭轉向多頭

看完長期趨勢多頭排列和空頭排列未反轉的各種情況後，接著再來看長期趨勢空頭排列向上反轉的情況。

股票長期趨勢若要由原來的空頭排列，向上反轉成長期趨勢多頭排列時，需要短期趨勢——小黃綠紅多頭排列持續。在短期趨勢持續拉升下，帶動長期趨勢——大黃綠紅 3 條均線兩兩黃金交叉，當 60 日 EMA 和 120 日 EMA、60 日 EMA 和 240 日 EMA，以及 120 日 EMA 和 240 日 EMA 等 3 個黃金交叉點一氣呵成不中斷時，代表長期趨勢向上反轉成功，形成大黃綠紅多頭排列。

圖4 鎧勝-KY股價於2018年3月初出現短期趨勢向下
　　　──鎧勝-KY（5264）還原日線圖

▲：小黃綠紅多頭排列　▲：小黃綠紅空頭排列　■：大黃綠紅多頭排列　■：多方主圖雙趨勢
■：大黃綠紅空頭排列　■：空方主圖雙趨勢
---：5 日 EMA　　　---：10 日 EMA　　　---：20 日 EMA
—：60 日 EMA　　　—：120 日 EMA　　　—：240 日 EMA

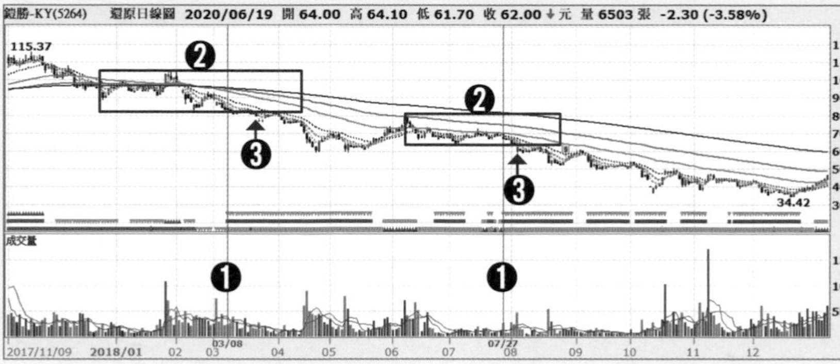

註：資料統計時間為 2017.09.27 ～ 2018.11.19　　　資料來源：XQ 全球贏家

　　在大黃綠紅空頭排列末端，若出現 K 線向上突破 240 日 EMA，而且小黃綠紅多頭排列持續下，長期趨勢才有機會成功轉換成多頭排列趨勢。

　　此時配合大黃綠紅均線呈糾結狀態，且相關的乖離指標，如 KD 指標呈高檔鈍化或 MACD 指標呈 DIF 線零軸上紅兵區等正乖離下，較易

轉換成功。當出現前述情況時,為一重要觀察買進訊號。

範例》大黃綠紅空頭排列末端,長期趨勢向上反轉成功要件

以燿華(2367)還原日線圖為例,可觀察其在大黃綠紅空頭排列末端,透過小黃綠紅與大黃綠紅的交叉運行,形成長期趨勢向上反轉成功要件。

2019 年 1 月下旬開始,燿華的長期均線在小黃綠紅多頭排列持續拉升下,出現 60 日 EMA 和 120 日 EMA、60 日 EMA 和 240 日 EMA,以及 120 日 EMA 和 240 日 EMA 等 3 個黃金交叉點一氣呵成不中斷,代表長期趨勢向上反轉成功,形成大黃綠紅多頭排列(詳見圖 5-❶)。

對於向上反轉的過程中,若要使趨勢向上反轉形成多頭排列,其條件為 K 線要站上年線,即 240 日 EMA(詳見圖 5-❷),且原大黃綠紅均線若能愈糾結愈容易反轉成功;另外,短期均線小黃綠紅多頭排列持續及短期乖離指標,如 KD 指標持續呈高檔鈍化,或是 MACD 指標呈 DIF 線零軸上紅兵區等正乖離下,才能反轉順利。

此時投資人若要進場做多,站上年線、KD 指標剛剛高檔鈍化或

圖5 燿華股價於2019年2月初站上年線
──燿華（2367）還原日線圖

▲：小黃綠紅多頭排列 ▲：小黃綠紅空頭排列 ■：大黃綠紅多頭排列 ■：多方主圖雙趨勢
■：大黃綠紅空頭排列 ■：空方主圖雙趨勢
---：5日EMA ---：10日EMA ---：20日EMA
—：60日EMA —：120日EMA —：240日EMA

註：資料統計時間為2018.12.03～2019.05.23　　資料來源：XQ全球贏家

MACD指標之DIF線零軸上綠兵轉紅兵或紅兵繼續維持，皆是重要做多進場訊號，而K線跌破年線則是重要停損出場訊號。

　　由於趨勢向上反轉，是大黃綠紅均線陸續黃金交叉的過程，非為大黃綠紅多頭排列趨勢，投資人若於此情境進場做多，應嚴守停損機制，或是等待長期大黃綠紅多頭排列趨勢正式形成後，才擇機進場做多。

長期趨勢向下反轉》由多頭轉向空頭

　　最後來看長期趨勢向下反轉的情況。股票長期趨勢若要由原來多頭排列，向下反轉成長期趨勢空頭排列時，需要短期趨勢——小黃綠紅空頭排列持續。在短期趨勢持續下降下，帶動長期趨勢——大黃綠紅3 條均線兩兩死亡交叉，當 60 日 EMA 和 120 日 EMA、60 日 EMA和 240 日 EMA，以及 120 日 EMA 和 240 日 EMA 等 3 個死亡交叉點一氣呵成不中斷時，代表長期趨勢向下反轉成功，形成大黃綠紅空頭排列。

　　在大黃綠紅多頭排列末端，若出現 K 線向下突破 240 日 EMA，且小黃綠紅空頭排列持續下，長期趨勢向下反轉才有機會成功轉換成空頭排列趨勢。此時配合大黃綠紅均線呈糾結狀態，且相關的乖離指標，如 KD 指標呈低檔鈍化或 MACD 指標 DIF 線呈零軸下綠兵區等負乖離下，較易轉換成功。當出現前述情況時，為一重要觀察放空訊號。

範例》大黃綠紅多頭排列末端，長期趨勢向下反轉成功要件

　　以美食 -KY（2723）還原日線圖為例，可觀察其在大黃綠紅多頭排列末端，透過小黃綠紅與大黃綠紅的交叉運行，形成長期趨勢向下反轉成功要件。

圖6 美食-KY股價於2018年4月底跌破年線
──美食-KY（2723）還原日線圖

▲：小黃綠紅多頭排列　▲：小黃綠紅空頭排列　■：大黃綠紅多頭排列　■：多方主圖雙趨勢
■：大黃綠紅空頭排列　■：空方主圖雙趨勢
---：5日EMA　　　　---：10日EMA　　　---：20日EMA
—：60日EMA　　　　—：120日EMA　　　—：240日EMA

註：資料統計時間為2017.12.11～2018.11.09　　　資料來源：XQ全球贏家

　　2018年2月下旬開始，美食-KY的長期均線在小黃綠紅空頭排列持續下降下，出現60日EMA和120日EMA、60日EMA和240日EMA，以及120日EMA和240日EMA等3個死亡交叉點一氣呵成不中斷，代表長期趨勢向下反轉成功，形成大黃綠紅空頭排列（詳見圖6-❶）。對於向下反轉的過程中，若要使趨勢向下反轉形成空頭排列，其條件為K線要跌破年線，即240日EMA（詳見圖6-❷），

且原大黃綠紅均線若能愈糾結愈容易反轉成功；另外，短期均線小黃綠紅空頭排列持續及短期乖離指標，如 KD 指標持續呈低檔鈍化，或是 MACD 指標 DIF 線呈零軸下綠兵區等負乖離下，才能反轉順利。

此時投資人若要進場做空，跌破年線、KD 指標剛剛低檔鈍化，或是 MACD 指標之 DIF 線零軸下紅兵轉綠兵或綠兵繼續維持，皆是做空進場重要訊號，而 K 線突破年線則是停損出場重要訊號。

由於趨勢向下反轉，係大黃綠紅均線陸續死亡交叉的過程，非為大黃綠紅空頭排列趨勢，投資人若於此情境進場做空者，應嚴守停損機制，或是等待長期大綠紅空頭排列趨勢正式形成後，才擇機進場做空。

從前述可以看出，只有長短期趨勢同時成形，也就是大黃綠紅多頭排列（60 日 > 120 日 > 240 日 EMA）和小黃綠紅多頭排列（5 日 > 10 日 > 20 日 EMA）同時出現，且小黃綠紅位階高於大黃綠紅位階時，也就是出現「多方主圖雙趨勢」時，配合股價創 20 日新高，才能視為漲勢確立，是做多者的重要進場訊號（詳見表 1）。

反之，當出現「空方主圖雙趨勢」時，配合股價創 20 日新低，才能視為跌勢確立，是做空者的重要進場訊號。

表1 長短期趨勢同為多頭排列，才能視為漲勢確立
——長期與短期均線趨勢組合情境分析

長期趨勢 （大黃綠紅）	短期趨勢 （小黃綠紅）	綜合研判
多頭排列	多頭排列	1. 股價創 20 日新高，漲勢確立，為噴出 2. 股價未創 20 日新高，短期區間整理的相對高點
	向上反轉	長期多頭趨勢下的短期修正；為短期區間整理之向上波動過程
	向下反轉	長期多頭趨勢下的短期修正；為短期區間整理之向下波動過程
	空頭排列	1. 股價未創 20 日新低，短期區間整理的相對低點 2. 股價創 20 日新低，短期區間整理結束，進入長期向下反轉機會高
空頭排列	空頭排列	1. 股價創 20 日新低，跌勢確立，為噴跌 2. 股價未創 20 日新低，短期區間整理的相對低點
	向下反轉	長期空頭趨勢下的短期反彈；為短期區間整理之向下波動過程
	向上反轉	長期空頭趨勢下的短期反彈；為短期區間整理之向上波動過程
	多頭排列	1. 股價未創 20 日新高，短期區間整理的相對高點 2. 股價創 20 日新高，短期區間整理結束，進入長期向上反轉機會高
向上反轉	多頭排列或 向上反轉	長期趨勢向上反轉持續，易形成大黃綠紅多頭排列趨勢
	向下反轉或 空頭排列	長期趨勢向上反轉受阻或結束，易返回原大黃綠紅空頭排列趨勢
向下反轉	多頭排列或 向上反轉	長期趨勢向下反轉受阻或結束，易返回原大黃綠紅多頭排列趨勢
	向下反轉或 空頭排列	長期趨勢向下反轉持續，易形成大黃綠紅空頭排列趨勢

2-4 運用「葛蘭碧8大法則」解讀均線的整理與反轉特性

　　2-1 提到的均線 5 大特性中，追蹤趨勢、運行穩定和助漲性，這 3 個特性是有利股價上漲力道的噴出特性，而另外 2 個特性（測試支撐與壓力、反轉滯後性），則是不利股價上漲力道的整理及反轉特性。本節將針對測試支撐與壓力、反轉滯後性進行說明。至於運行穩定和助漲性，則留到後面章節介紹。

　　先來看測試支撐與壓力。當股價上漲力道消失時，便進入股價高不過前高，低破前低的修正整理。修正過程中，股價會對多方主圖雙趨勢中，短期趨勢的 5 日、10 日、20 日 EMA 中的任一條均線進行多方的測試支撐，稱之為短期整理。

　　接著，來看反轉滯後性。當股價對於長期趨勢的 60 日、120 日、240 日 EMA 任一均線進行整理時，表示短期均線均下彎，此時就有

修正整理過甚，可能導致趨勢向下反轉的可能性，稱為「向下反轉」；而當長期的均線也開始下彎時，表示股價自高點跌幅過深，稱為「向下反轉滯後性」。若投資人在此現象出現時未立即進行停損動作，可能產生損失及套牢風險。

本節將針對上述 2 種情況（季線以上的短期整理，以及季線以下的向下反轉可能），運用「葛蘭碧 8 大法則」進行 2 種層次的說明，使投資人可以充分了解整理的過程。

先來看葛蘭碧 8 大法則，該法則是透過股價與某一移動平均線的運行關係，發現買進與賣出訊號。利用股價與移動平均線兩者間的變化，包括均線本身運行方向、股價來回均線方式及兩者乖離程度等情況，歸納出突破、支撐、假跌破、反轉、跌破、反彈、壓力和假突破等 8 種情境，作為投資進出場依據（詳見圖 1）。

值得注意的是，葛蘭碧 8 大法則僅針對某一條均線進行情境分析，但卻並未特別指出是針對哪一條均線，因此，投資人應自主選擇單一均線以進行突破、支撐等分析。且由於情境分析主要是透過股價與均線關係，發現買進及賣出訊號，故葛蘭碧 8 大法則較適用選定短期均線分析。

　　另外，葛蘭碧 8 大法則在進行情境分析前，非常重視該均線的運行方向。其中突破、支撐測試、假跌破及反轉等現象，係以均線呈現上升趨勢為前提，故若葛蘭碧 8 大法則所針對的短期均線（小黃綠紅）分析，能在長期均線（大黃綠紅）多頭排列趨勢保護下，較具有效性。

　　而跌破、壓力測試、假突破及反彈等現象，則係以均線呈現下降趨勢為前提，故若葛蘭碧 8 大法則所針對的短期均線（小黃綠紅）分析，能在長期均線（大黃綠紅）空頭排列趨勢保護下，較具有效性。

　　上述 8 種情境分析中，做多投資人較重視「突破」、「支撐」、「假跌破」的順勢買進訊號，以及超漲「反轉」的賣出或逆勢放空訊號；做空投資人較重視「跌破」、「壓力」、「假突破」的順勢放空訊號，以及超跌「反彈」的回補或逆勢買進訊號。然而葛蘭碧 8 大法則之情境分析，若要具備判斷有效性，則應輔以成交量及 K 線（詳見第 4 章）的狀態一起觀察。

　　下列將分別說明，葛蘭碧 8 大法則在大黃綠紅多頭排列（60 日＞120 日＞ 240 日 EMA），與大黃綠紅空頭排列（60 日＜ 120 日＜ 240 日 EMA）2 種趨勢中所代表的意義。由於在股價整理過程中，股價波動會由大變小，短期均線易產生糾結狀況，故以 1 組小黃綠紅

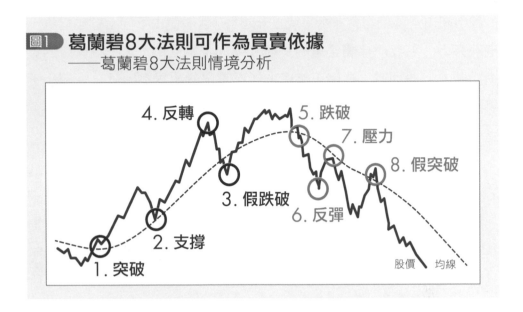

圖1 葛蘭碧8大法則可作為買賣依據
——葛蘭碧8大法則情境分析

4. 反轉
5. 跌破
7. 壓力
8. 假突破
3. 假跌破
6. 反彈
2. 支撐
1. 突破
股價　均線

為案例進行分析。

大黃綠紅多頭排列》看均線找到買進訊號

我們先來介紹，在大黃綠紅多頭排列趨勢保護下，葛蘭碧 8 大法則對於小黃綠紅之情境分析。

1.突破

　　當均線由下降趨勢轉為水平或上升趨勢，且股價由下向上穿越均線，稱為突破。若此時伴隨帶量的長紅 K 或向上跳空的紅 K，為有效的買進訊號。一般而言，在修正整理末端與噴出的臨界點附近，短期小黃綠紅均線易產生糾結，若此時有帶量紅 K 進行向上突破，易為短期買進訊號（詳見圖 2-❶）。

2.支撐

　　當均線呈現上升趨勢，且股價下跌未跌破均線便再度反彈上升，稱為支撐測試成功。若此時伴隨長下影線的紅 K，為有效的買進訊號（詳見圖 2-❷）。支撐的測試成功最主要發生在股價已經噴出的情境，所選擇的均線尤重 5 日 EMA 或 10 日 EMA。當 K 線出現低破前低後，仍未跌破均線時，可能進入修正支撐測試。之後若 K 線由低破前低，轉為 K 線高過前高且低不破前低，常為支撐測試成功，屬葛蘭碧 8 大法則中較具有高勝率的買進訊號。

3.假跌破

　　當股價向下跌破均線，隨即又向上穿越均線，使均線再度呈現上升趨勢，稱為假跌破或騙線。若此時伴隨帶量的下影線紅 K、長紅 K 或向上跳空的紅 K，為有效的買進訊號，常發生在修正整理區間的下緣（詳見圖 2-❸）。

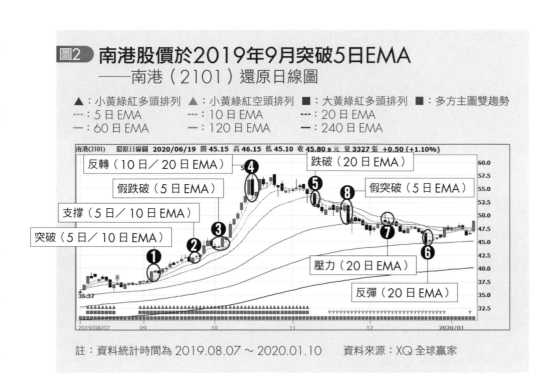

圖2 **南港股價於2019年9月突破5日EMA**
──南港（2101）還原日線圖

▲：小黃綠紅多頭排列　▲：小黃綠紅空頭排列　■：大黃綠紅多頭排列　■：多方主圖雙趨勢
···：5日EMA　　　···：10日EMA　　　···：20日EMA
─：60日EMA　　　─：120日EMA　　　─：240日EMA

註：資料統計時間為 2019.08.07 ～ 2020.01.10　　資料來源：XQ 全球贏家

假跌破出現時，若配合整理時間長（約2週以上），且隨即隔日的紅K屬於突破型K線，則易為短期整理結束轉噴出的重要訊號。

4.反轉

當均線呈現上升趨勢，股價向上急漲遠離均線產生正乖離後，常出現成交量或技術指標（如 KD 指標或 MACD 指標）高檔背離訊號而向

下回跌的情形。當股價開始向下，重新返回均線，稱為反轉。若此時輔以上影線黑 K、長黑 K 或向下跳空的黑 K，為有效的賣出訊號（詳見圖 2-❹）。反轉訊號除以黑 K 為重要訊號外，K 線高不過前高，或是低破前低也是重要判斷方法，常發生在漲勢末端、股價創高後的量能萎縮。

5.跌破

當均線由上升趨勢轉為水平或下降趨勢，且股價由上向下穿越均線，稱為跌破。若此時伴隨帶量的長黑 K 或向下跳空的黑 K，為有效的賣出訊號（詳見圖 2-❺），常為短期修正整理的初期。當 K 線長黑或帶量，且同時跌破 5 日、10 日、20 日 EMA 時，股價短期修正幅度會較深，易來到長期均線的 60 日 EMA 尋求支撐。

6.反彈

當均線呈現下降趨勢，股價向下急跌遠離均線產生負乖離後，常出現成交量或技術指標（如 KD 指標或 MACD 指標）低檔背離訊號而向上彈升的情形。當股價開始向上反轉，重新返回均線，稱為反彈，常發生在修正整理區間下緣。若此時輔以下影線紅 K、長紅 K 或向上跳空的紅 K，為有效的買進訊號。當小黃綠紅開始跌深反彈時，股價常為大黃綠紅的支撐或假跌破（詳見圖 2-❻）。

7.壓力

當均線呈現下降趨勢，股價反彈未突破均線便再度反轉向下，稱為壓力測試成功。若此時伴隨長上影線黑K，為有效的賣出訊號，常為修正整理區間或下降趨勢線的上緣（詳見圖 2-❼）。

8.假突破

當股價向上突破均線，隨即又向下穿越均線，使均線再度呈現下降趨勢，稱為假突破或騙線。若此時伴隨帶量的上影線黑K、長黑K或向下跳空的黑K，為有效的賣出訊號，常為修正整理區間或下降趨勢線的上緣。假突破出現時，若配合整理時間短（約 2 週以內），且隨即隔日的黑K屬於跌破型K線，則易為短期整理過程的現象（詳見圖 2-❽）。

實務上，在大黃綠紅多頭排列趨勢的保護下，針對小黃綠紅中的單一均線，要全部出現突破、假跌破、支撐、反彈、反轉、跌跛、假突破及壓力之情況較難。

有時候會因小黃綠紅均線糾結的關係，多條均線會同時出現單一情境，例如帶量紅K同時突破 5 日、10 日、20 日 EMA，或是多條均線同時出現各別情境，例如 5 日 EMA 的假突破同時為 10 日 EMA 的

支撐……。當有上述情況時，對於葛蘭碧 8 大法則的買進訊號則更具有效性。

大黃綠紅空頭排列》看均線找到賣出訊號

看完葛蘭碧 8 大法則在大黃綠紅多頭排列下，小黃綠紅的情境分析之後，接著來看該法則在大黃綠紅空頭排列下，小黃綠紅的情境分析。

1.突破

當均線由下降趨勢轉為水平或上升趨勢，且股價由下向上穿越均線，稱為突破，常見於短期跌勢末端與反彈整理臨界點，為正式進入短期反彈整理的訊號（詳見圖 3-❶）。

2.支撐

當均線呈現上升趨勢，且股價下跌未跌破均線便再度反彈上升，稱為支撐測試成功，常見於短期反彈整理持續過程中，反彈整理區間或上升趨勢線的下緣（詳見圖 3-❷）。

3.假跌破

當股價向下跌破均線，隨即又向上穿越均線，使均線再度呈現上升

圖3 奇力新股價於2019年4月跌破5日與10日EMA
──奇力新（2456）還原日線圖

註：資料統計時間為 2019.03.08 ～ 2019.09.11　　資料來源：XQ 全球贏家

趨勢，稱為假跌破或騙線，常見於短期反彈整理持續過程中，反彈整理區間或上升趨勢線的下緣（詳見圖 3-❸）。

4.反轉

當均線呈現上升趨勢，股價向上急漲遠離均線產生正乖離後，常出現成交量或技術指標（如 KD 指標或 MACD 指標）高檔背離訊號而向

下回跌的情形。當股價開始向下反轉，重新返回均線，稱為反轉。若此時輔以上影線黑 K、長黑 K 或向下跳空的黑 K，為有效的賣出訊號。反轉訊號除以黑 K 為重要訊號外，K 線高不過前高，或是低破前低也是重要判斷方法，常發生在漲勢末端、股價創高後的量能萎縮（詳見圖 3-❹）。

　　要注意的是，反轉在大黃綠紅多頭排列和大黃綠紅空頭排列所代表的涵義略有不同。小黃綠紅在大黃綠紅多頭的反轉是股價噴出的末端，而在大黃綠紅空頭的反轉則是強勢反彈的末端。若小黃綠紅向上運行穿越大黃綠紅，則可能出現大黃綠紅趨勢向上反轉。

5.跌破

　　當均線由上升趨勢轉為水平或下降趨勢，且股價由上向下穿越均線，稱為跌破。若此時 K 線長黑或帶量，且股價同時跌破 5 日、10 日、20 日 EMA 時，於大黃綠紅空頭排列趨勢下，常為反彈整理結束，下跌創新低的開始（詳見圖 3-❺）。

6.反彈

　　當均線呈現下降趨勢，股價向下急跌遠離均線產生負乖離後，常出現成交量或技術指標（如 KD 指標或 MACD 指標）低檔背離訊號而向

上彈升的情形。當股價開始向上反轉，重新返回均線，稱為反彈。若此時輔以下影線紅 K、長紅 K 或向上跳空的紅 K，常為短期跌勢末端，相對低檔的回補買進訊號（詳見圖 3-❻）。

7.壓力

當均線呈現下降趨勢，股價反彈未突破均線便再度反轉向下，稱為壓力測試成功，為一波跌勢中的中繼再賣出訊號（詳見圖 3-❼）。

8.假突破

當股價向上突破均線，隨即又向下穿越均線，使均線再度呈現下降趨勢，稱為假突破或騙線，為一波跌勢中的中繼再賣出訊號（詳見圖 3-❽）。

實務上，在大黃綠紅空頭排列趨勢的保護下，針對小黃綠紅中的單一均線，要全部出現突破、假跌破、支撐、反彈、反轉、跌跛、假突破及壓力之情況較難。例如有時會因小黃綠紅均線糾結的關係，多條均線會同時出現單一情境，例如帶量黑 K 同時跌破 5 日、10 日、20 日 EMA，或是多條均線同時出現各別情境，例如 5 日 EMA 的假突破同時為 10 日 EMA 的壓力……。當有上述情況時，對於葛蘭碧 8 大法則的賣出訊號則更具有效性。

要注意的是，前述雖然已將葛蘭碧 8 大法則在多頭和空頭情況下，可能出現的各種情況詳細說明（詳見表 1），但在實際運用上，仍有幾項缺陷尚待克服：

1. 葛蘭碧 8 大法則僅針對單一均線進行分析，較無法兼顧其他均線的反應。

2. 實務上，1 檔股票的單一均線，並非 8 種情境狀況皆會出現。

3. 情境分析狀況並不會照順序，一環扣著一環出現，例如：突破後，股價並未馬上噴出，而是進行另一個區間整理後再噴出；反轉出現後，股價並未立刻下跌，而是進行另一個區間整理後再下殺。

由於葛蘭碧 8 大法則具有上述缺陷，使得投資人在實際運用時，容易無所適從。因此，黃綠紅海撈操作法，除了結合葛蘭碧 8 大法則中股價與均線的關係外，尚透過簡單整理型態，讓投資人能輕易辨識整理，抓住股價噴出與噴跌的時機點。分別說明如下：

1. **股價噴出的時機點：** 在股價與均線的關係上，因為股價噴出必定發生在多方主圖雙趨勢上，且股價要沿著 5 日 EMA 向上運行，故葛

表1 大黃綠紅多頭排列下小黃綠紅出現突破，為短期買訊

──葛蘭碧8大法則在多頭與空頭的情境分析

小黃綠紅8種 情境分析	大黃綠紅多頭排列	大黃綠紅空頭排列
突　破	常見於短期修正整理末端與噴出臨界點，具短期高勝率的買進訊號	常見於短期跌勢末端與反彈整理臨界點，為正式進入短期反彈整理的訊號
支　撐	常見於短期噴出過程中的強勢震盪區，為短期高勝率且相對低檔的再度買進訊號	常見於短期反彈整理持續過程中，反彈整理區間或上升趨勢線的下緣
假跌破	常見於短期修正整理末端，及整理區下緣，為短期相對低檔的再度買進訊號	常見於短期反彈整理持續過程中，反彈整理區間或上升趨勢線的下緣
反　轉	常見於短期漲勢末端，為短期相對高檔的賣出訊號	常見於短期反彈整理持續過程中，反彈整理區間或上升趨勢線的相對高點
跌　破	常見於短期漲勢末端與修正整理臨界點，常為正式進入短期修正整理的賣出訊號	常見於短期反彈整理末端與噴跌臨界點，具短期高勝率的放空賣出訊號
反　彈	常見於短期修正整理持續過程中，修正整理區間或下降趨勢線的相對低點	常見於短期跌勢末端，為短期相對低檔的回補買進訊號
壓　力	常見於短期修正整理持續過程中，修正整理區間或下降趨勢線的上緣	常見於短期噴跌過程中的弱勢震盪區，為短期高勝率且相對高檔的再度放空賣出訊號
假突破	常見於短期修正整理持續過程中，修正整理區間或下降趨勢線的上緣	常見於短期反彈整理末端，為短期相對高檔的再度放空賣出訊號

蘭碧8大法則中股價與均線的關係，是以1組小黃綠紅作為情境分析，直到小黃綠紅形成多頭排列趨勢，且股價＞5日EMA，才算是真正修

正整理結束，轉噴出。

　　2. 股價噴跌的時機點：在股價與均線的關係上，因為股價噴跌必定發生在空方主圖雙趨勢上，且股價要沿著 5 日 EMA 向下運行，故葛蘭碧 8 大法則中股價與均線的關係，是以一組小黃綠紅作為情境分析，直到小黃綠紅形成空頭排列趨勢，且股價 < 5 日 EMA，才算是真正整理反彈結束，轉噴跌。

　　而在整理型態的辨識上，在多方主圖雙趨勢為均線噴出的定義下，又可區分為大黃綠紅多頭排列趨勢下，黃線（60 日 EMA）以上和黃線以下 2 種修正整理型態。分別介紹如下：

大黃綠紅多頭排列》股價在黃線以上的修正整理

　　在大黃綠紅多頭排列趨勢的保護下，當小黃綠紅也呈多頭排列趨勢時，也就是在多方主圖雙趨勢下，股價易頻創新高。唯當小黃綠紅沒有呈現多頭排列趨勢時，或是股價沒有站上 5 日 EMA 時，股價就陷入修正整理。下面要探討的就是後者這種修正整理情況。

　　若股價在 60 日 EMA 以上時，且 60 日 EMA 仍是呈現上升趨勢，

並未有導致長期趨勢向下反轉的可能，此時小黃綠紅雖可能呈現多頭、空頭或向下反轉的均線死亡交叉等型態，也僅是認為短期修正整理。此時，可以依股價高低點簡單畫出 1 個箱型整理區間，辨識修正整理過程。

辨識方法是將小黃綠紅整體視為是 1 組均線，且利用葛蘭碧 8 大法則的情境分析，辨識修正整理與噴出的臨界點。有個簡單的口訣教給大家：「來回測試等單點，單點等跳離，跳離等突破來回測試區間。」

1.來回測試

來回測試指的是股價在修正整理的過程中，會對小黃綠紅進行來回測試（指股價不斷觸碰和跳離小黃綠紅的情景）。來回測試依股價修正幅度，可能發生在小黃綠紅 3 條均線中的任 1 條、任 2 條或任 3 條均線。

來回測試的區間不宜過短，最好要有 3 週以上時間（因為股價來回測試 20 日 EMA 者，通常會整理 20 天），時間愈長，易造成主力籌碼的安定性愈佳。此外，測試區間愈小愈好，表示均線具有糾結的現象。但要注意的是，由於此時為修正整理過程，尚未出現整理結束的訊號，故投資人宜觀望，不宜進場。

2.單點

單點為來回測試區間的低點位置，意指股價會壓回，但不會真正跌破小黃綠紅的任一均線。常見的情境為前一根 K 線＞該均線，本根 K 線＞或＝或＜該均線，下一根 K 線＞該均線。當單點支撐的訊號出現時，也就是出現葛蘭碧 8 大法則的情境分析——支撐或假跌破，此時，若 K 線對該均線留有 1 個長下影線者為佳。

配合小黃綠紅均線糾結，強勢的修正整理止跌會單點支撐 5 日 EMA 或 10 日 EMA，具有整理結束的有效性，為一重要的買進訊號。正常的修正整理會單點支撐 20 日 EMA，亦為買進訊號。弱勢的修正整理則會跌破 20 日 EMA，而對 60 日 EMA 產生單點止跌支撐現象。

在大黃綠紅多頭排列趨勢下，單點支撐 60 日 EMA，表彰對大黃綠紅均線的整理結束，表示大黃綠紅均線即將全面上揚，是波段操作的重要買進訊號，此時投資人可以先行進行布局買進。若隨後股價跌破 60 日 EMA，應進行停損動作。

3.跳離

跳離意指 K 線最低價＞該均線。若小黃綠紅均線未糾結，但股價向上跳離小黃綠紅，為對小黃綠紅整理結束的表徵，適合買進。但更好

的買進訊號為小黃綠紅均線糾結，且股價向上跳離 5 日 EMA 或 10 日 EMA。

由於均線糾結代表著均線自身整理結束，而跳離則代表 K 線與均線的整理結束，故均線糾結的向上跳離，會比均線未糾結的向上跳離，更具有修正整理結束的有效性，是整理結束重要的買進訊號。

4.突破來回測試區間

突破來回測試區間是指，股價創整理區間由高低點所形成的箱型區間的新高。此一突破來回測試區間，與葛蘭碧 8 大法則中的突破均線所代表的涵義不一樣，係確定股價再創上波噴出的新高。

此一買進訊號屬追強、追高，應配合修正整理區間的時間做判斷。修正整理時間不宜過短，約在 3 週以上左右。在量價上，應為長紅 5% 以上的帶量紅 K，或向上跳空的紅 K。且最好為修正整理末端籌碼安定者（表示主力洗盤進貨成功，不是震盪出貨），如此更可確定突破來回測試區間的有效性。

實務上，「跳離」和「突破來回測試區間」的情況常同時或前後發生，須仔細辨認。例如有時股價突破來回測試區間，但因整理時間不夠長

（3 週以下），而形成假突破真拉回，此時來回測試區間就需要重新繪製，將假突破的高點涵蓋進去。待股價下次以帶量長紅 K，或向上跳空的紅 K，突破新的來回測試區間時，才是真正突破的有效關鍵。

範例》茂林-KY（4935）

　　下列以茂林 -KY 為例，觀察在大黃綠紅多頭排列趨勢保護下，股價在黃線以上的修正整理情形。

1.來回測試

　　2019 年 9 月 11 日，茂林 -KY 的 K 線向上突破前高（詳見圖 4-❶），但過了 3 個、4 個交易日以後隨即拉回，再度對小黃綠紅來回測試。由於此一行為屬於假突破，並非正式噴出，應動態調整來回測試區間（詳見圖 4 紫色水平虛線）。其中新的區間高點為假突破的高點，低點則為原先低點或假突破後的低點取低者，形成一新的整理區間（詳見圖 4 綠色框）。

2.單點

　　2019 年 9 月底和 11 月底，茂林 -KY 的 K 線跌破 20 日 EMA，但對 60 日 EMA 產生單點止跌支撐現象，屬於弱勢的修正整理止跌。此種情況常發生在大黃綠紅多頭排列黃線以上區間整理的下緣，雖對小

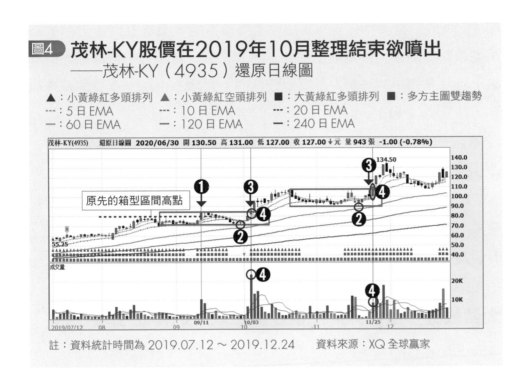

圖4 茂林-KY股價在2019年10月整理結束欲噴出
──茂林-KY（4935）還原日線圖

▲：小黃綠紅多頭排列　▲：小黃綠紅空頭排列　■：大黃綠紅多頭排列　■：多方主圖雙趨勢
---：5 日 EMA　　---：10 日 EMA　　---：20 日 EMA
──：60 日 EMA　　──：120 日 EMA　　──：240 日 EMA

註：資料統計時間為 2019.07.12 ～ 2019.12.24　　資料來源：XQ 全球贏家

黃綠紅的整理做弱勢的修正，唯對大黃綠紅產生單點止跌支撐，故此時投資人可先進行少量多單布局，待整理區間正式突破時，再進行做多加碼動作（詳見圖 4-❷）。

3.跳離

單點止跌支撐訊號出現後，股價隨即向上運行。2019 年 10 月初

和 11 月底,當茂林 -KY 的 K 線向上跳離整組小黃綠紅時,表示對該組均線整理結束,準備噴出。此一向上跳離行為配合小黃綠紅均線糾結,且呈多頭排列趨勢,更具有效性向上跳離,也為一重要的買進訊號(詳見圖 4-❸)。

4.突破來回測試區間

從圖 4 中可知,茂林 -KY 的 2 次跳離和突破來回測試區間幾乎同時發生,且伴隨帶量長紅 K、來回測試區間亦經過長達 3 週以上的盤整,有利主力的洗盤進貨成功,是一重要買進訊號(詳見圖 4-❹)。

大黃綠紅多頭排列》股價在黃線以下的修正整理

在大黃綠紅多頭排列趨勢下,當股價修正到大黃綠紅的黃線以下時,表示短期小黃綠紅可能進入向下反轉,或是已經呈現空頭排列。由於股價已修正幅度深,有可能使長期的趨勢改變,大黃綠紅有進入向下反轉的可能,此時利用代表短期整理修正的區間整理方框較不具意義,應改用線性回歸(linear regression)分析畫出下降趨勢線。

直到股價再度突破下降趨勢線時,才表彰趨勢再向下的機會低,進而回到原本的向上趨勢。

線性回歸是統計上分析多個自變數（independent variable）和因變數（dependent variable）之間的關係，所建立出來的模型，且線性回歸模型就是指因變數和自變數之間的關係是直線型相關。

回歸分析預測法中，最簡單和常用的是「簡單線性回歸預測法」（Simple Linear Regression），是利用單一自變數，去預測判斷其和1個因變數間的相關方向和程度。

簡單線性回歸預測法應用在股價的預測上，因變數即每日收盤價，自變數則是時間序列。使用方式如下：透過一段時間內的股價收盤價樣本數，經由線性回歸中的最小平方法（OLS），得出一線性回歸線（即過去一段期間，每個價位到這條線同一天的那個點的距離，比其他條線的距離都短，可利用操盤軟體繪出），據以分析出股價的趨勢方向。

因為每個價位與線性回歸線的距離，比其他條線的距離都短，故該線性回歸線可判斷及預測出股價於該期間的趨勢方向（詳見圖5）。利用線性回歸線，可分析股價在上漲及下跌趨勢的方向，據以判斷進出場。

本書利用線性回歸線，再透過其向上及向下平移的最高價及最低價

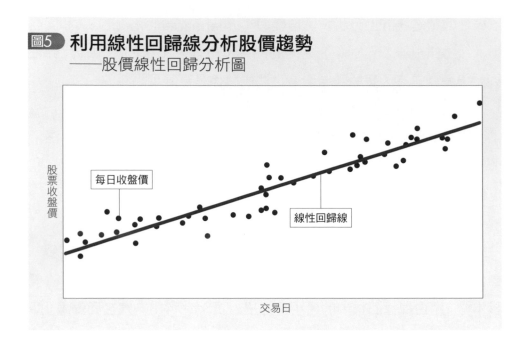

圖5 利用線性回歸線分析股價趨勢
──股價線性回歸分析圖

股票收盤價

每日收盤價

線性回歸線

交易日

的水平切線，得出以線性回歸線為主的下降通道，據以分析出股價修正方向。

範例》順達（3211）

以順達還原日線圖為例，觀察在大黃綠紅多頭排列趨勢保護下，股價在黃線以下的修正整理情形。前面有提到，在這種情況下，必須要畫出下降趨勢線來進行觀察。下降趨勢線的畫法如下：

圖6 順達股價在2020年1月創下新高
──順達（3211）還原日線圖

▲：小黃綠紅多頭排列　▲：小黃綠紅空頭排列　■：大黃綠紅多頭排列　■：多方主圖雙趨勢
---：5日EMA　　　　---：10日EMA　　　　---：20日EMA
──：60日EMA　　　　──：120日EMA　　　──：240日EMA

註：1. 資料統計時間為 2019.08.16 ～ 2020.01.20；2. 藍色垂直虛線是線性回歸分析的
　　起始日期與結束日期標示　　資料來源：XQ 全球贏家

　　首先，要決定修正期間的高低點。其中高點為創高後即向下修正的
高點（詳見圖 6-❶）、低點為股價修正跌破黃線的最低點（詳見圖
6-❷）。

　　接著，利用 XQ 全球贏家付費程式軟體中，分析工具列的「線性回
歸分析⟍」按鍵（免費的 XQ 操盤高手亦有此功能）。滑鼠按住左鍵，

並點選修正期間最高點至最低點日期，然後放開滑鼠，即得出「線性回歸線」（詳見圖6的3條向下平行藍線）。

3條向下平行藍線中，中間藍線為「線性回歸線」、上緣線為線性回歸線向上平移與修正期間最高價的水平切線、下緣線為線性回歸線向下平移與修正期間最低價的水平切線。

要注意的是，若之後最低價有更低的變動時，應照前述方式重新繪製「線性回歸線」。

畫出下降趨勢線以後，接著就可以留意是否出現買進訊號──突破下降趨勢線之上緣線。當股價突破下降趨勢線上緣線時，表示股價修正整理結束，為一重要的修正滿足的買進訊號（詳見圖6-❸），此時若輔以帶量長紅K或向上跳空的紅K尤佳。另應注意突破時，小黃綠紅是否再度形成多頭排列趨勢，若未形成，易在黃線附近，再次形成箱型區間整理突破後，才有明顯漲勢。

在空方主圖雙趨勢為均線噴跌的定義下，空頭反彈整理型態的辨識上，又可區分為大黃綠紅空頭排列趨勢下，黃線以下和黃線以上2種反彈整理型態。分別介紹如下：

大黃綠紅空頭排列》股價在黃線以下的反彈整理

在大黃綠紅空頭排列趨勢的保護下，當小黃綠紅也呈現空頭排列趨勢時，也就是在空方主圖雙趨勢下，股價易頻創新低。唯當小黃綠紅沒有呈現空頭排列趨勢時，或是股價沒有跌破 5 日 EMA 時，股價就陷入反彈整理。下面要探討的就是後者這種反彈整理情況。

若股價在 60 日 EMA 以下時，且 60 日 EMA 仍呈下降趨勢，並未有導致長期趨勢向上反轉的可能，此時小黃綠紅雖可能呈現多頭、空頭或向上反轉的均線黃金交叉等型態，也僅是認為短期反彈整理。此時，可依股價高低點簡單畫出 1 個箱型整理區間，辨識反彈整理過程。

辨識方法是將小黃綠紅當作是 1 組均線，且利用葛蘭碧 8 大法則的情境分析，來辨識反彈整理與噴跌的臨界點。此處亦有 1 個簡單的口訣可以教給大家：「來回測試等單點，單點等跳離，跳離等跌破來回測試區間。」

1.來回測試

來回測試指的是股價在反彈整理的過程中，會對小黃綠紅進行來回測試。來回測試依股價反彈幅度，可能發生在小黃綠紅 3 條均線中的

任 1 條、任 2 條或任 3 條均線。

　來回測試的區間不宜過短，最好要有 3 週以上時間（因為股價來回測試 20 日 EMA 者，通常整理 20 日），時間愈長，易造成主力籌碼的不安定性愈佳。

　此外，測試區間愈小愈好，表示均線具有糾結的現象。但要注意的是，由於此時為反彈整理過程，尚未出現整理結束的訊號，故投資人宜觀望，不宜進場。

2.單點

　單點為來回測試區間的高點位置，意指股價會反彈，但不會真正突破小黃綠紅的任一均線。常見的情境為前一根 K 線＜該均線，本根 K 線＞或＝或＜該均線，下一根 K 線＜該均線。當單點反壓的訊號出現時，也就是出現葛蘭碧 8 大法則的情境分析——壓力或假突破，此時，若 K 線對該均線留有一個長上影線者為佳。

　配合小黃綠紅均線糾結，弱勢的反彈整理會單點反壓 5 日或 10 日 EMA，具有整理結束的有效性，為一重要的放空訊號；正常的反彈整理會單點反壓 20 日 EMA，亦為放空訊號。強勢的反彈整理壓力則會

突破 20 日 EMA，而對 60 日 EMA 產生單點反壓現象。

在大黃綠紅空頭排列趨勢下，單點反壓 60 日 EMA，表彰對大黃綠紅均線的反彈整理結束，表示大黃綠紅均線即將全面向下運行，是做空波段操作的重要放空訊號，此時投資人可以先行進行布局放空。唯若隨後股價突破 60 日 EMA，應進行停損動作。

3.跳離

跳離意指 K 線最高價＜該均線。若小黃綠紅均線未糾結，但股價向下跳離小黃綠紅，為對小黃綠紅整理結束的表徵，適合賣出。但更好的賣出訊號為小黃綠紅均線糾結，且股價向下跳離 5 日 EMA 或 10 日 EMA。

由於均線糾結代表著均線自身整理結束，而向下跳離代表 K 線與均線的整理結束，故均線糾結的跳離，會比均線未糾結的跳離，更具有反彈整理結束的有效性，是整理結束重要的放空訊號。

4.跌破來回測試區間

跌破來回測試區間是指，股價創整理區間由高低點所形成的箱型區間的新低，此一跌破來回測試區間，與葛蘭碧 8 大法則中的跌破均線

所代表的涵義不一樣，係確定股價再創上波噴跌的新低。

此一賣出訊號屬追弱、追低，應配合反彈整理區間的時間做判斷。反彈整理時間不宜過短，約在 3 週以上左右。在量價上，應為長黑 5% 以上的帶量黑 K 或向下跳空的黑 K。且最好為反彈整理末端籌碼不安定者（表示主力出貨成功，不是洗盤進貨），如此更可確定跌破來回測試區間的有效性。

實務上，「跳離」和「跌破來回測試區間」的情況常會同時發生或前後發生，須仔細辨認。例如有時股價跌破來回測試區間，但因整理時間不夠長（3 週以下），而形成假跌破，真反彈，此時來回測試區間就需要重新繪製，將假跌破的低點涵蓋進去。待股價下次以帶量長黑 K，或是向下跳空的黑 K，跌破新的來回測試區間時，才是真正跌破的有效關鍵。

範例》中裕（4147）

下面以中裕為例，觀察在大黃綠紅空頭排列趨勢保護下，黃線以下的反彈整理情形。

1.來回測試

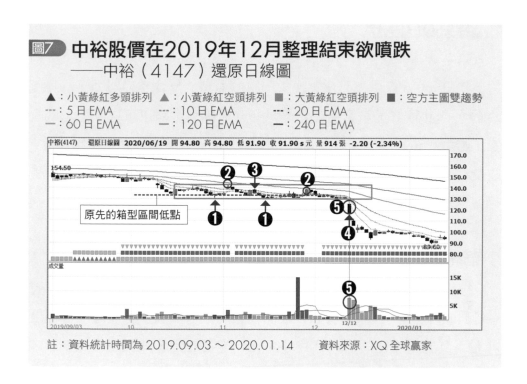

圖7 **中裕股價在2019年12月整理結束欲噴跌**
──中裕（4147）還原日線圖

▲：小黃綠紅多頭排列　▲：小黃綠紅空頭排列　■：大黃綠紅空頭排列　■：空方主圖雙趨勢
···：5日EMA　　　　···：10日EMA　　　　···：20日EMA
─：60日EMA　　　　─：120日EMA　　　　─：240日EMA

註：資料統計時間為 2019.09.03～2020.01.14　　　資料來源：XQ 全球贏家

　　2019年10月中，K線向下跌破前低，之後隨即反彈，再度對小黃綠紅來回測試，形成一箱型反彈整理區間（詳見圖7綠色框）。

　　過程中偶有跌破箱型區間低點後（詳見圖7紫色水平虛線），隨即拉回，進入來回測試。由於此一行為屬於假跌破，並非正式噴跌，應動態調整來回測試區間（詳見圖7-❶）。

2.單點60日EMA

　　2019 年 11 月初及 2019 年 11 月底，K 線突破 20 日 EMA，但對 60 日 EMA 產生單點反壓現象，屬於強勢的反彈整理壓力（詳見圖 7-❷）。此種情況常發生在大黃綠紅空頭排列黃線以下區間整理的上緣，雖對小黃綠紅的整理做強勢的反彈，唯對大黃綠紅產生單點反壓，故此時投資人可先進行少量空單布局，待整理區間正式跌破時，再進行做空加碼動作。

3.單點20日EMA

　　K 線於 2019 年 11 月中分別產生單點 20 日 EMA 反壓訊號後，雖有隨即向下跳離 20 日 EMA，唯仍在區間進行震盪反彈整理（詳見圖 7-❸）。直到 2019 年 12 月 12 日，伴隨帶量長黑及向下跳空，才正式向下跌破小黃綠紅來回測試區間，而宣告反彈整理結束，噴跌的開始。

4.跳離

　　K 線對 20 日 EMA 單點反壓訊號出現後，股價隨即向下運行。2019 年 12 月 12 日，當 K 線向下跳離整組小黃綠紅時，表示對該組均線整理結束，準備噴跌（詳見圖 7-❹）。此一向下跳離行為配合小黃綠紅均線糾結，且呈空頭排列趨勢，更具有效性向下跳離，也為

一重要的賣出訊號。

5.跌破來回測試區間

　　從圖 7 中可知，此次中裕的跳離和跌破來回測試區間是同時發生的，且伴隨帶量長黑 K 及向下跳空、來回測試區間需長達 3 週以上的盤整，證明此次主力是出貨，而不是洗盤進貨，是一重要賣出訊號（詳見圖 7-❺）。

大黃綠紅空頭排列》股價在黃線以上的修正整理

　　在大黃綠紅空頭排列趨勢下，當股價反彈到大黃綠紅的黃線以上時，表示短期小黃綠紅可能進入向上反轉，或是已經呈多頭排列趨勢。由於股價反彈幅度已高，有可能使長期的趨勢改變，大黃綠紅有進入向上反轉的可能，此時利用代表短期整理反彈的區間整理方框，較不具意義，應改用線性回歸分析畫出上升趨勢線。直到股價再度向下跌破上升趨勢線時，才表彰趨勢再向上的機會低，進而回到原本向下趨勢。

　　空頭趨勢下黃線以上的整理過程，與多頭趨勢下黃線以下的整理過程類似，也是使用線性回歸分析畫線，但畫的並非下降趨勢線，而是上升趨勢線。使用方式如下：透過一段時間內的股價收盤價樣本數，

經由線性回歸中的最小平方法,得出一線性回歸線。接著,再透過其
向上及向下平移的最高價及最低價的水平切線,得出以線性回歸線為
主的上升通道,據以分析出股價反彈方向。

　以可成(2474)還原日線圖為例,觀察在大黃綠紅空頭排列趨勢保
護下,黃線以上的反彈整理情形。前面有提到,在這種情況下,必須
要畫出上升趨勢線來進行觀察。上升趨勢線的畫法如下:

　首先,要決定反彈期間的高低點。其中低點為創低後即向上反彈的
低點(詳見圖 8- ❶)、高點為股價反彈突破黃線的最高點(詳見圖
8- ❷)。

　接著,利用前述介紹的方式畫出「線性回歸線」(詳見圖 8 的 3 條
向上平行藍線)。3 條向上平行藍線中,中間藍線為「線性回歸線」、
上緣線為線性回歸線向上平移與修正期間最高價的水平切線、下緣線
為線性回歸線向下平移與修正期間最低價的水平切線。要注意的是,
若之後最高價有更高的變動時,應照前述方式重新繪製線性回歸線。

　畫出上升趨勢線以後,接著就可以留意是否出現賣出訊號——跌破
上升趨勢線之下緣線。當股價跌破上升趨勢線的下緣線時,表示股價

圖8 可成股價在2019年5月出現賣出訊號
——可成（2474）還原日線圖

▲：小黃綠紅多頭排列　▲：小黃綠紅空頭排列　■：大黃綠紅多頭排列
■：大黃綠紅空頭排列　■：空方主圖雙趨勢
---：5 日 EMA　　　---：10 日 EMA　　　---：20 日 EMA
—：60 日 EMA　　　—：120 日 EMA　　　—：240 日 EMA

上升趨勢線

註：1. 資料統計時間為 2018.11.07 ～ 2020.01.20；2. 藍色垂直虛線是線性回歸分析的
　　起始日期與結束日期標示　　資料來源：XQ 全球贏家

反彈整理結束，為一重要的反彈滿足的賣出訊號（詳見圖 8-❸），此時若輔以帶量長黑 K 或向下跳空的黑 K 尤佳。另應注意跌破時，小黃綠紅是否再度形成空頭排列趨勢，若未形成，易在黃線附近，再次形成箱型區間整理跌破後，才有明顯跌勢。

2-5 敏感帶差額大於零 為均線助漲利器

介紹完葛蘭碧 8 大法則以後，接著來看「敏感帶差額」。要知道對於均線 5 大特性中的「助漲性」來說，除了使用均線本身呈上彎運行外，敏感帶差額亦是均線助漲的重要利器。

敏感帶差額（EMA–SMA）可分為2種情況

2-1 曾提到，均線可以分為簡單移動平均線（SMA）、加權移動平均線（WMA）和指數移動平均線（EMA）等 3 種，其中 EMA 在計算時，因為加重最近期樣本數，故較 SMA 具有敏銳及平滑化效果。而所謂的敏感帶差額（EMA–SMA），係計算相同期間，EMA 與 SMA 之間的差額。主要可區分為下列 2 種情況：

情況1》（EMA–SMA）＞0

當（EMA－SMA）＞０時，稱為均線呈敏感狀態，對於股價較具助漲效果，此時若遇（EMA－SMA）呈上升段（敏感且擴張），則助漲力道會更增強；反之，若遇（EMA－SMA）呈下跌段（敏感且收斂），則具反轉起跌效果。

當（EMA－SMA）由正值，慢慢變成（EMA－SMA）＝０時，表示股價持續破前低或扣抵值扣高值轉為扣低值（表示短期趨勢漸向下）導致，同時也意味著均線即將變不敏感，對股價即將產生助跌效果。

情況2》（EMA－SMA）＜０

當（EMA－SMA）＜０時，稱為均線呈不敏感狀態，對於股價具助跌效果，此時若遇（EMA－SMA）呈下跌段（不敏感且擴張），則助跌力道會更增強；反之，當（EMA－SMA）呈上升段（不敏感且收斂），有時有止跌起漲效果。

當（EMA－SMA）由負值慢慢變成（EMA－SMA）＝０時，表示股價持續過前高或扣抵值扣低值轉為扣高值（表示短期趨勢漸向上）導致，同時也意味著均線即將變敏感，對股價即將產生助漲效果。

本書對於敏感帶助漲的期間選擇，又區分為：1.短期助漲：以小

黃綠紅中的月線為期間，即月線敏感帶差額（20 日 EMA-20 日 SMA）、2. 長期助漲：以大黃綠紅中的季線為期間，即季線敏感帶差額（60 日 EMA-60 日 SMA）。

　　另外，因為考慮助漲特性，故敏感帶差額應配合 2-4 介紹的整理結束末端的多頭突破，以及空頭跌破一起觀察。

整理結束末端的多頭突破

　　整理結束末端的多頭突破，包含大黃綠紅多頭排列趨勢下，黃線（60 日 EMA）以上的箱型修正整理區間突破，以及黃線以下，突破下降趨勢線的上緣線 2 種情況。分別介紹如下：

情況1》黃線以上箱型修正整理區間突破

　　大黃綠紅多頭排列趨勢下，黃線以上箱型整理區間突破轉噴出時，因股價修正幅度不深，故長、短期敏感帶差額常會有任一仍呈敏感狀態，常形成下列 3 種買進訊號：

　　①季線敏感帶差額呈敏感，且月線敏感帶差額即將或剛剛變敏感（較為常見）。

②月線敏感帶差額呈敏感，且季線敏感帶差額即將或剛剛變敏感。

③月線敏感帶差額與季線敏感帶差額同時即將或剛剛變敏感。

當月線敏感帶差額呈敏感助漲，且季線敏感帶差額也呈敏感助漲時，表示長、短期均線同時發生助漲行為，股價易噴出。

配合箱型整理區間的突破，月線敏感帶差額或季線敏感帶差額即將或剛剛變敏感，為一修正整理結束重要的買進訊號。

情況2》黃線以下，突破下降趨勢線的上緣線

大黃綠紅多頭排列趨勢下，黃線以下，突破下降趨勢線的上緣線時，因為股價修正幅度較深，故長、短期敏感帶差額常會有任一仍呈不敏感狀態，常形成下列 2 種買進訊號：

①季線敏感帶差額呈不敏感且上升段，且月線敏感帶差額即將或剛剛變敏感。

②月線敏感帶差額呈不敏感且上升段，且季線敏感帶差額即將或剛剛變敏感。

當月線敏感帶差額呈敏感助漲，且季線敏感帶差額呈不敏感向上助漲時，表示長、短期均線同時發生助漲行為，股價不易再大跌，短期的下降趨勢易得到改變。配合股價突破下降趨勢線的上緣線，月線敏感帶差額或季線敏感帶差額即將或剛剛變敏感，為一重要的買進訊號（詳見表1）。

綜上說明，長期、短期敏感帶同時為敏感時，股價因長期（季線）及短期（月線）均線同時助漲而噴出；股價短期修正時，長期（季線）若呈敏感狀態，易使股價較抗跌，而常見股價修正僅到季線以上，一旦月線敏感帶差額即將或剛剛呈敏感時，即長期、短期均線助漲又再度發生，股價也因此修正整理結束轉為噴出。

範例》大學光（3218）

以大學光為例，可觀察在大黃綠紅多頭排列趨勢保護下，黃線以上箱型修正整理區間突破，以及黃線以下，突破下降趨勢線的上緣線時，長期、短期敏感帶差額所形成的買進訊號：

1. 在黃線以上箱型修正整理區間（詳見圖1-❶），股價突破轉噴出時（詳見圖1-❷），大學光出現「季線敏感帶差額呈敏感，且月線敏感帶差額即將變敏感」的買進訊號（詳見圖1-❸）。

表1 黃線以上箱型修正整理區間突破時，常出現3種買訊
──大黃綠紅多頭排列趨勢下敏感帶差額的買進訊號

情境	整理末端型態	長期、短期敏感帶差額的買進訊號
大黃綠紅多頭排列趨勢	黃線以上，箱型修正整理區間突破	1. 季線敏感帶差額呈敏感，且月線敏感帶差額即將或剛剛變敏感 2. 月線敏感帶差額呈敏感，且季線敏感帶差額即將或剛剛變敏感 3. 月線敏感帶差額與季線敏感帶差額同時即將或剛剛變敏感
	黃線以下，突破下降趨勢線的上緣線	1. 季線敏感帶差額呈不敏感且上升段，且月線敏感帶差額即將或剛剛變敏感 2. 月線敏感帶差額呈不敏感且上升段，且季線敏感帶差額即將或剛剛變敏感

註：季線敏感帶差額指 60 日 EMA–60 日 SMA；月線敏感帶差額指 20 日 EMA–20 日 SMA

2. 在黃線以下，突破下降趨勢線的上緣線時（詳見圖 1-❹），大學光出現「季線敏感帶差額呈不敏感且上升段，且月線敏感帶差額即將變敏感」的買進訊號（詳見圖 1-❺）。

整理結束末端的空頭跌破

整理結束末端的空頭跌破，包含大黃綠紅空頭排列趨勢下，黃線以下的箱型反彈整理區間跌破，以及黃線以上，跌破上升趨勢線的下緣

線 2 種情形。

情況1》黃線以下的箱型反彈整理區間跌破

　　大黃綠紅空頭排列趨勢下，黃線以下的箱型反彈整理區間跌破轉噴跌時，因股價反彈幅度不深，故長期、短期敏感帶差額常會有任一仍呈不敏感狀態，常形成下列 3 種賣出訊號：

　　①季線敏感帶差額呈不敏感，且月線敏感帶差額即將或剛剛變不敏感（較為常見）。

　　②月線敏感帶差額呈不敏感，季線敏感帶差額即將或剛剛變不敏感。

　　③月線敏感帶差額與季線敏感帶差額同時即將或剛剛變不敏感。

　　當短期的月線敏感帶差額呈不敏感助跌，且長期的季線敏感帶差額也呈不敏感助跌時，表示長期、短期均線同時發生助跌行為，股價易噴跌。配合箱型反彈整理區間的跌破，月線敏感帶差額或季線敏感帶差額即將或剛剛變不敏感，為一反彈整理結束重要的賣出訊號。

情況2》黃線以上，跌破上升趨勢線的下緣線

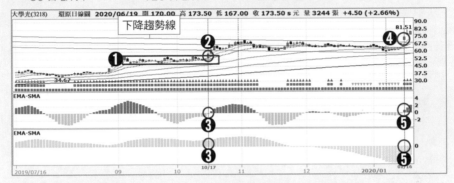

圖1 **大學光股價在2020年1月中創高，出現買訊**
──大學光（3218）還原日線圖

▲：小黃綠紅多頭排列　▲：小黃綠紅空頭排列　■：大黃綠紅多頭排列　■：多方主圖雙趨勢
---：5日EMA　　---：10日EMA　　---：20日EMA
─：60日EMA　　─：120日EMA　　─：240日EMA

註：1.資料統計時間為 2019.07.16～2020.01.20；2.藍色垂直虛線是線性回歸分析的
　　起始日期與結束日期標示；3.副圖1為月線敏感帶差額、副圖2為季線敏感帶差額
資料來源：XQ全球贏家

　　大黃綠紅空頭排列趨勢下，黃線以上，跌破上升趨勢線的下緣線時，因為股價反彈幅度較高，故長期、短期敏感帶差額常會有任一仍呈敏感狀態，常形成下列2種賣出訊號：

　　①季線敏感帶差額呈敏感且下降段，且月線敏感帶差額即將或剛剛變不敏感。

表2 **黃線以下箱型反彈整理區間跌破時，常出現3種賣訊**
——大黃綠紅空頭排列趨勢下敏感帶差額的賣出訊號

情境	整理末端型態	長期、短期敏感帶差額的賣出訊號
大黃綠紅空頭排列趨勢	黃線以下，箱型反彈整理區間跌破	1. 季線敏感帶差額呈不敏感，且月線敏感帶差額即將或剛剛變不敏感 2. 月線敏感帶差額呈不敏感，且季線敏感帶差額即將或剛剛變不敏感 3. 月線敏感帶差額與季線敏感帶差額同時即將或剛剛變不敏感
	黃線以上，跌破上升趨勢線的下緣線	1. 季線敏感帶差額呈敏感且下降段，且月線敏感帶差額即將或剛剛變不敏感 2. 月線敏感帶差額呈敏感且下降段，且季線敏感帶差額即將或剛剛變不敏感

註：季線敏感帶差額指 60 日 EMA–60 日 SMA；月線敏感帶差額指 20 日 EMA–20 日 SMA

　　②月線敏感帶差額呈敏感且下降段，且季線敏感帶差額即將或剛剛變不敏感。

　　當短期的月線敏感帶差額呈敏感且下跌段，且長期的季線敏感帶差額也呈敏感且下跌段時，表示長期、短期均線同時發生助跌行為，股價不易再大漲，短期的上升趨勢易得到改變。

　　配合上升趨勢線的跌破，月線敏感帶差額或季線敏感帶差額即將或

圖2 億光股價於2018年10月噴跌，出現賣訊
──億光（2393）還原日線圖

▲：小黃綠紅多頭排列　▲：小黃綠紅空頭排列　■：大黃綠紅空頭排列　■：空方主圖雙趨勢
---：5 日 EMA　　　---：10 日 EMA　　　---：20 日 EMA
—：60 日 EMA　　　—：120 日 EMA　　　—：240 日 EMA

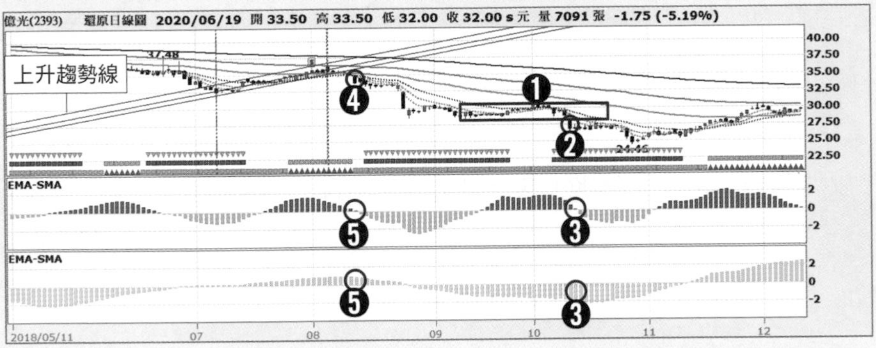

註：1. 資料統計時間為 2018.05.11 ～ 2018.12.12；2. 藍色垂直虛線是線性回歸分析的
　　起始日期與結束日期標示；3. 副圖 1 為月線敏感帶差額、副圖 2 為季線敏感帶差額
資料來源：XQ 全球贏家

剛剛變不敏感，為一重要的賣出訊號（詳見表 2）。

　綜上說明，長期、短期敏感帶同時為不敏感時，股價因長期（季線）
及短期（月線）均線同時助跌而噴跌；股價短期反彈時，長期（季線）
若呈不敏感狀態，易使股價較抗漲，而常見股價反彈僅到季線以下，
一旦月線即將或剛剛呈不敏感時，即長期、短期均線助跌又再度發生，

股價也因此反彈整理結束轉為噴跌。

範例》億光（2393）

以億光為例，可觀察在大黃綠紅空頭排列趨勢下，黃線以下箱型整理區間跌破，以及黃線以上，跌破上升趨勢線的下緣線時，長期、短期敏感帶差額所形成的賣出訊號：

1.在黃線以下箱型整理區間（詳見圖2-❶），股價跌破轉噴跌時（詳見圖2-❷），億光出現「季線敏感帶差額呈不敏感，且月線敏感帶差額即將或剛剛變不敏感」的賣出訊號（詳見圖2-❸）。

2.在黃線以上，跌破上升趨勢線的下緣線時（詳見圖2-❹），億光出現「季線呈敏感且下降段，且月線即將或剛剛變不敏感」的賣出訊號（詳見圖2-❺）。

2-6 從均線黃金交叉 確認股價向上運行穩定

2 條均線的應用中,除了相同期間不同均線計算方式,形成「敏感帶差額」,據以判斷均線助漲外(詳見 2-5),也可使用相同均線計算方式,不同期間的 2 條均線形成交叉行為,來判斷均線運行穩定。

前述不同期間的 2 條均線指的是長期均線和短期均線,其中長期、短期為相對性概念。例如當 5 日 EMA 和 20 日 EMA 相比時,5 日 EMA 為短期均線,20 日 EMA 為長期均線;但若將 20 日 EMA 和 60 日 EMA 相比時,則 20 日 EMA 為短期均線,60 日 EMA 為長期均線。

然而無論長期、短期均線是採用何日的均線作為標準,只要是短期均線向上交叉長期均線,皆稱為「黃金交叉」,對於股價上漲具有穩定性;反之,當短期均線向下交叉長期均線,皆稱為「死亡交叉」,

對於股價下跌具有穩定性。

接下來，以大黃綠紅多頭排列趨勢與大黃綠紅空頭排列趨勢下，不同均線交叉行為所產生的買賣訊號，做進一步的説明。值得注意的是，下面所提及的長期、短期均線定義與前文略有不同，前文主要是指任 2 條均線的長期、短期相對概念，而後文的短期均線主要是指 5 日、10 日、20 日 EMA 這 3 條均線，長期均線是指 60 日、120 日、240 日 EMA 這 3 條均線，望讀者留意。

大黃綠紅多頭排列》重視黃金交叉行為

在大黃綠紅多頭排列趨勢下，若短期均線出現死亡交叉行為，為短期修正整理的過程，若之後長期均線發生死亡交叉，易使趨勢進入向下反轉的可能。故在大黃綠紅多頭排列趨勢下，重視的是任 2 條均線的「黃金交叉」行為。

2 條均線的黃金交叉，係均線噴出特性中的運行穩定特性。當黃金交叉出現後，若長期、短期均線各自的多頭排列趨勢很明顯（長期、短期均線排列明顯叉開，或是 20 日、60 日 EMA 明顯叉開），則漲勢更形確立。茲將各種均線黃金交叉型態陳述如下：

型態1》短期均線黃金交叉

　　短期均線（5日、10日、20日EMA）黃金交叉的有效性，須建立在大黃綠紅多頭排列下。就實務而言，由於5日、20日EMA黃金交叉時，通常小黃綠紅尚未形成多頭排列，故主要是以5日、10日EMA，以及10日、20日EMA等2組短期均線黃金交叉為主。當小黃綠紅形成多頭排列，且與大黃綠紅多頭排列形成多方主圖雙趨勢時，其小黃綠紅的黃金交叉點實為一重要的買進訊號。

　　此外，若5日、10日、20日EMA等3線在均線糾結後，於修正整理結束的末端出現黃金交叉，且配合月線敏感帶差額（20日EMA-20日SMA）和季線敏感帶差額（60日EMA-60日SMA）呈助漲者（任一呈敏感者，且另一呈敏感或不敏感上升段），因同時符合均線追蹤趨勢、運行穩定及助漲性，此時短期交易買進訊號的有效性極高。

型態2》長期、短期均線黃金交叉

　　短期均線中任一均線，與長期均線（60日、120日、240日EMA）的60日EMA形成黃金交叉時，表示短期均線之前呈死亡交叉運行，且跌破長期均線的60日EMA，股價修正幅度過深，易有致使長期均線向下反轉可能，非為重要買進訊號。除非再度形成多方主

圖雙趨勢，才有重回漲勢之可能買進訊號。

型態3》長期均線黃金交叉

前面短期均線黃金交叉，以及長期、短期均線黃金交叉的有效性，都是建立在大黃綠紅多頭排列下，但長期均線黃金交叉的有效性，則是建立在小黃綠紅多頭排列下。在小黃綠紅已呈現多頭排列，且持續運行的情況下，有望帶動大黃綠紅多頭排列的形成。

就實務而言，由於 60 日、240 日 EMA 黃金交叉時，通常 120 日、240 日 EMA 尚處於死亡交叉運行，並沒有完成大黃綠紅多頭排列。故主要是以 60 日、120 日 EMA，以及 120 日、240 日 EMA 等 2 組均線黃金叉交為主。若這 2 組長期均線黃金交叉後，能夠形成大黃綠紅多頭排列趨勢，常為波段交易的買進訊號。一般來說，在大黃綠紅多頭排列趨勢剛剛形成時，即長期趨勢剛剛向上反轉成功的意思，其係因短期股價持續噴出帶動長期大黃綠紅多頭排列趨勢形成。

若長期大黃綠紅多頭排列趨勢形成時，剛好為短線整理區間的突破，或是股價尚未大幅噴出，對於波段及短線操作者，即為重要買進訊號；若長期大黃綠紅多頭排列趨勢形成時，短線股價已呈噴出漲勢，由於長期均線走勢已確認多頭，應等待下次修正整理結束時，透過其他買

進訊號，如量價、K線或指標轉折訊號出現時（詳見第 4 章），進行短線及波段交易買進操作。

範例》弘塑（3131）

以弘塑還原日線圖為例，說明各種均線黃金交叉行為的買進訊號：

◎ 60 日、120 日 EMA，以及 120 日、240 日 EMA 等 2 組均線形成黃金交叉，並形成大黃綠紅多頭排列趨勢（詳見圖 1-❶），為波段交易的買進訊號。

◎ 5 日、10 日、20 日 EMA 等 3 線在均線糾結後，於修正整理結束的末端（詳見圖 1-❷），出現黃金交叉，形成多方主圖雙趨勢，且配合月線敏感帶差額不敏感上升段或剛剛變敏感、季線敏感帶差額敏感（詳見圖 1-❸），因同時符合均線多方追蹤趨勢、黃金交叉運行穩定及敏感帶助漲性，此時短期交易買進訊號的有效性極高。

大黃綠紅空頭排列》重視死亡交叉行為

在大黃綠紅空頭排列趨勢下，若短期均線出現黃金交叉行為，為短期反彈整理的過程，若之後長期均線發生黃金交叉，易使趨勢進入向

上反轉的可能。故在大黃綠紅空頭排列趨勢下，重視的是「死亡交叉」行為。

2 條均線的死亡交叉，係均線噴跌特性中的運行穩定特性。當死亡交叉出現後，若長、短期均線各自的空頭排列趨勢若明顯（長期、短期均線排列明顯叉開，或是 20 日和 60 日 EMA 明顯叉開），則跌勢更形確立。茲將各種均線死亡交叉型態陳述如下：

型態1》短期均線死亡交叉

短期均線（5 日、10 日、20 日 EMA）死亡交叉的有效性，須建立在大黃綠紅空頭排列下。就實務而言，由於 5 日、20 日 EMA 死亡交叉時，通常小黃綠紅尚未形成空頭排列，故主要是以 5 日、10 日 EMA，以及 10 日、20 日 EMA 等 2 組短期均線死亡交叉為主。當小黃綠紅形成空頭排列，且與大黃綠紅空頭排列形成空方主圖雙趨勢時，其小黃綠紅的死亡交叉點實為一重要的放空訊號。

此外，若 5 日、10 日、20 日 EMA 等 3 線在均線糾結後，於反彈整理結束的末端出現死亡交叉，且配合月線敏感帶差額和季線敏感帶差額呈助跌者（任一呈不敏感者，且另一呈敏感或不敏感下跌段），因同時符合均線追蹤趨勢、運行穩定及助跌性，此時短期交易賣出訊

圖1　弘塑股價於2019年7月形成大黃綠紅多頭排列
　　——弘塑（3131）還原日線圖

▲：小黃綠紅多頭排列　▲：小黃綠紅空頭排列　■：大黃綠紅多頭排列　■：多方主圖雙趨勢
---：5日EMA　　　　　---：10日EMA　　　　　---：20日EMA
—：60日EMA　　　　　—：120日EMA　　　　　—：240日EMA

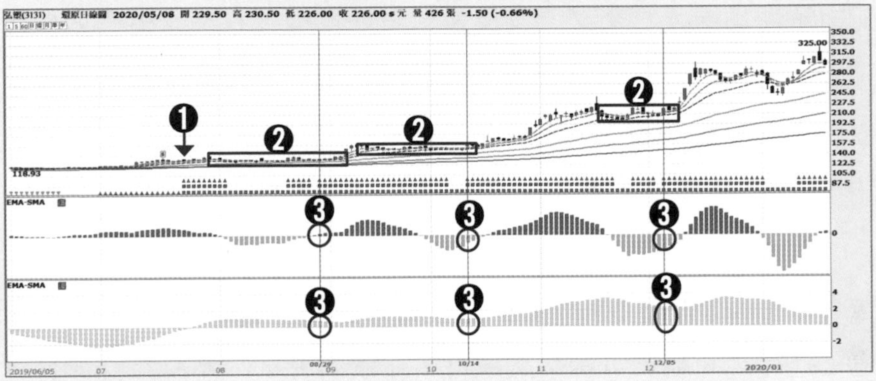

註：1.資料統計時間為2019.06.05～2020.01.20；2.副圖1為月線敏感帶差額、副圖2為季線敏感帶差額　　資料來源：XQ全球贏家

號的有效性極高。

型態2》長期、短期均線死亡交叉

短 期 均 線 中 任 一 均 線 ， 與 長 期 均 線 （ 6 日 、 120 日 、 240 日
EMA ） 的 60 日 EMA 形成死亡交叉時，表示短期均線之前呈黃金交
叉運行，且突破長期均線的60日EMA，股價反彈幅度過高，易有致

使長期均線向上反轉可能,非為重要賣出訊號。除非再度形成空方主圖雙趨勢,才有重回跌勢之可能賣出訊號。

型態3》長期均線死亡交叉

前面短期均線死亡交叉,以及長、短期均線死亡交叉的有效性,都是建立在大黃綠紅空頭排列下,但長期均線死亡交叉的有效性,則是建立在小黃綠紅空頭排列下。在小黃綠紅已呈現空頭排列,且持續運行的情況下,恐將帶動大黃綠紅空頭排列的形成。

就實務而言,由於 60 日、240 日 EMA 死亡交叉時,通常 120 日、240 日 EMA 尚處於黃金交叉運行,並沒有完成大黃綠紅空頭排列。故主要是以 60 日、120 日 EMA,以及 120 日、240 日 EMA 等 2 組均線死亡叉交為主。若這 2 組長期均線死亡交叉後,能夠形成大黃綠紅空頭排列趨勢,常為波段交易的賣出訊號。一般來説,在大黃綠紅空頭排列趨勢剛剛形成時,即長期趨勢剛剛向下反轉成功的意思,其係因短期股價持續噴跌帶動長期大黃綠紅空頭排列趨勢形成。

若長期大黃綠紅空頭排列趨勢形成時,剛好為短線整理區間的跌破,或是股價尚未大幅噴跌,對於波段及短線操作者,為重要放空訊號;若長期大黃綠紅空頭排列趨勢形成時,短線股價已呈噴跌跌勢,由於

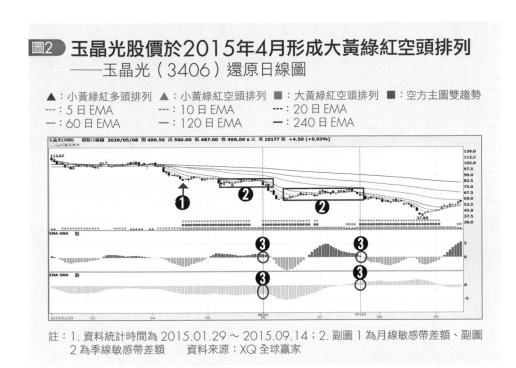

圖2 玉晶光股價於2015年4月形成大黃綠紅空頭排列
——玉晶光（3406）還原日線圖

▲：小黃綠紅多頭排列　▲：小黃綠紅空頭排列　■：大黃綠紅空頭排列　■：空方主圖雙趨勢
---：5日EMA　　---：10日EMA　　---：20日EMA
—：60日EMA　　—：120日EMA　　—：240日EMA

註：1.資料統計時間為2015.01.29～2015.09.14；2.副圖1為月線敏感帶差額、副圖2為季線敏感帶差額　　資料來源：XQ全球贏家

長期均線走勢已確認空頭，應等待下次反彈整理結束時，透過其他放空訊號，如量價、K線或指標轉折訊號出現時（詳見第4章），進行短線及波段交易放空操作。

範例》玉晶光（3406）

以玉晶光為例，說明各種均線死亡交叉行為的賣出訊號：

◎ 60 日、120 日 EMA，以及 120 日、240 日 EMA 等 2 組均線形成死亡交叉，並形成大黃綠紅空頭排列趨勢（詳見圖 2-❶），為波段交易的賣出訊號。

◎ 5 日、10 日、20 日 EMA 等 3 線在均線糾結後，於反彈整理結束的末端（詳見圖 2-❷），出現死亡交叉，形成空方主圖雙趨勢，且配合季線敏感帶差額呈不敏感、月線敏感帶差額即將變不敏感（詳見圖 2-❸），因同時符合均線空頭追蹤趨勢、死亡交叉運行穩定及敏感帶助跌性，此時短期交易放空訊號的有效性極高。

觀察籌碼變化
跟對主力蹤跡

3-1 分析散戶與主力籌碼動向 提高投資勝率

第 2 章已經詳細分析均線 5 大特性及其應用，接下來第 3 章要探討主力籌碼的相關運用。

什麼是「主力」？市場界定不一，沒有明確定義，存在各式各樣的身分中，常帶著神祕面紗，難以掌握。主力僅是虛幻的名詞，並非是實際具有該角色的定義。

主力實質定義涵蓋甚廣，常見為大股東或三大法人，或是市場著名中實戶。關於主力，充其量可定義為推升股價上漲的主要力量，其可為單一投資人的角色，如外資主力等，亦可為多重角色相互扮演，如融資、外資、權證主力等。

什麼是「籌碼」？股票成交的過程中，電腦逐筆成交下的價格及成

交量下，累積成日、週或月的開盤價、最高價、最低價、收盤價及成交量等資料，由這些量、價資訊，進行統計分類，如法人買賣超張數、主力成本價格及進出證券分公司等相關資訊，即稱為「籌碼」。投資人可藉由籌碼分析過程，作為投資依據，進而獲利。

我們將在技術面大黃綠紅均線多頭排列趨勢和空頭排列趨勢的前提下，辨識主力籌碼的思考邏輯。從明確角色定義、金額分類、券商分公司進出、動態主力籌碼集中度及主力成本線等方向去分析各種類型的主力，讓讀者對於主力籌碼有深入的了解，輔以做多或做空投資研判依據。最後，將就主力籌碼的表現，針對 1-2 提到的「黃綠紅海撈操作法」進行探討。

類型1》角色型主力籌碼

一般股票交易市場中，除了主力以外，尚有另一個重要角色——散戶。何謂「散戶」？與主力一樣，市場界定不一，沒有明確定義，常以單筆成交金額低者視之。

就常理來說，每一檔股票，都是主力與散戶的對決。當散戶買進時，相對地，便是主力的賣出，兩者之間是 1 個零和遊戲（指一方的得益

必然會造成另一方的損失）。由於散戶與主力在股票操作上多站在對立面，因此，進行散戶籌碼分析的同時，也是在分析主力籌碼。

　　1 檔股票，若散戶進場時，產生籌碼不安定現象，股價就不會噴出，易陷入整理。唯有把散戶洗出場，籌碼安定時，主力才會進場拉抬股價，故散戶是另類的主力籌碼重要分析，可謂主力籌碼的負面表列項目（詳見表 1）。

　　而「避開散戶得股價噴出」是投資時不變的道理，也是本節強調的重點。

　　在進一步探討前，先來看一個相關的理論介紹。1979 年，2 位心理學家丹尼爾・康納曼（Daniel Kahneman）和阿摩司・特沃斯基（Amos Nathan Tversky）提出「展望理論」（Prospect Theory），開始探討投資人的行為，行為財務學由此蓬勃發展。康納曼並於 2002 年，依此獲得諾貝爾經濟學獎。

　　展望理論的主要核心在於投資人的「損失迴避」（Loss Aversion），由於投資損失所帶來負面效用，遠大於獲利帶來的正面效用，因此產生了「處置效應」（disposition effect），即投資人會傾向長期持有賠

表1 散戶籌碼可謂主力籌碼的負面表列項目
──角色型主力籌碼分類

籌碼分類	籌碼指標
正面表列型籌碼（主力）	1. 金額型主力籌碼：控盤者買賣超 2. 分公司型主力籌碼：主力進出 3. 分公司型主力籌碼：收集派發指標紅柱 4. 身分別型主力籌碼：法人買賣超
負面表列型籌碼（散戶）	1. 金額型散戶籌碼：散戶買賣超 2. 分公司型散戶籌碼：收集派發指標綠柱

註：收集派發指標是用來觀察是否有特定力量默默在吃貨，紅柱代表收集（擁有大筆資金者，堅定地把現金換成股票的過程），綠柱代表派發（擁有大批股票者，持續在市場賣出的過程）

錢股票，但卻很快就把賺錢股票賣出。

　　也就是說，投資人面對損失時，呈風險愛好屬性。除了不願賣出外，還可能進一步使用融資攤平，最後造成融資斷頭的極大損失，套句台灣俚語：「賭博性很重（台語）！」；反之，投資人面對獲利時，呈風險規避屬性。因為怕股價會跌下來，而提早賣出，造成賣在起漲點的扼腕，套句台灣俚語：「握怕死，放怕飛（台語）。」

　　了解投資人的行為以後，就能夠知道股價漲跌運作背後的原因。在股市中，散戶的交易人數遠遠大於主力人數，散戶的投資風險屬性包

羅萬象，有些愛追高，有些喜歡低接。如同法人主力每日進出一樣，每檔股票都有散戶日日進出身影。然而在散戶沒有察覺的情況下，其行為常常受到主力的影響。下面將會探討，在多頭趨勢和空頭趨勢下，主力和散戶之間的互動情形：

多頭趨勢》主力將散戶洗出場，促使股價噴出

在多頭趨勢中，股價波動的過程中，可區分為「短期修正整理」與「股價噴出」2 個階段。多個短期修正整理與股價噴出的組合，自然形成一波段漲勢。

以籌碼分析來定義，每一次的修正整理，都是主力將散戶洗出場。等修正整理結束，籌碼變安定以後，股價才會噴出。故主力在股價多頭波動的過程中，隨時會收集散戶的籌碼。

通常修正整理的末端，也是散戶賣出造成短期籌碼安定的時候。因為只有當主力手中籌碼集中後，資金拉抬力道增強，才有讓股價噴出的理由。而股價噴出的末端，通常是散戶開始買進時，也就是股價要進入修正的開始。

也就是說，在多頭趨勢下，散戶會輪番上演「賣在修正整理末端的

起漲點，及買在股價噴出末端的相對高點」的情形。

空頭趨勢》主力誘多散戶進場，促使股價噴跌

在空頭趨勢中，股價波動的過程中，可區分為「短期反彈整理」與「股價噴跌」2個階段。多個短期反彈整理與股價噴跌的組合，自然形成一波段跌勢。

以籌碼分析來定義，每一次的反彈整理，都是主力誘多散戶進場，等反彈整理結束，籌碼變不安定以後，股價才會噴跌。故主力在股價空頭波動的過程中，隨時會誘多散戶進場。

通常反彈整理的末端，也是散戶進場造成短期籌碼不安定的時候。因為只有當籌碼都在散戶手中時，資金走向不一致，才有讓股價噴跌的理由。而股價噴跌的末端，當散戶開始因損失產生停損賣出時，也就是股價要進入反彈的開始。也就是說，在空頭趨勢下，散戶會輪番上演「賣在股價跌勢的相對低點，及買在反彈整理末端的相對高點」的情形。

實務上，當舊散戶被主力洗盤後，股價隨即短線噴出；同時新散戶又進場，造成籌碼不安定後，隨之進行整理修正。股價的波動就在散

戶進進出出過程中，完成了短期噴出與短期整理的交替組合。

　　主力就在掌握上述散戶投資心理下，不斷上演洗盤與噴出的戲碼。因此，投資人若可以理性改變散戶的行為，將可邁向投資獲利之路。

類型2》金額型主力籌碼

　　金額型主力籌碼不考慮角色型定義主力，而是以金額的級距區分主力籌碼，同時也相對地凸顯出主力籌碼負面表列──散戶的分析。讀者亦可藉與其他類型主力籌碼交叉比對，分析出 1 檔股票真正的主導者常為法人、散戶、融資等。

　　金額型主力籌碼分析中，以單筆成交金額為主要分類依據。例如以 50 萬元及 100 萬元為分界，將市場投資人區分為 3 類：1. 單筆成交金額 100 萬元以上者為控盤者買賣盤、2. 單筆成交金額在 50 萬元至 100 萬元間者為實戶買賣盤、3. 單筆成交金額小於 50 萬元者為散戶買賣盤。

　　其中，控盤者買賣盤因單筆成交金額最高，為金額型的主力籌碼；散戶買賣盤則因其成交金額最低，定義為散戶；而實戶買賣盤，因其

表2　實戶買賣盤依進出方向來進行歸屬動作
　　──金額型主力籌碼分類

名稱	計算公式及說明	定義
控盤者買賣盤	控盤者買進－控盤者賣出，其中控盤者買進（賣出）是指券商分公司單一價格買進（賣出）成交值大於等於 100 萬元者之張數合計	主力
實戶買賣盤	實戶買進－實戶賣出，其中實戶買進（賣出）是指券商分公司單一價格買進（賣出）成交值介於 50 萬元～ 100 萬元者之張數合計	依進出方向與散戶或主力何者相同進行歸屬
散戶買賣盤	散戶買進－散戶賣出，其中散戶買進（賣出）是指券商分公司單一價格買進（賣出）成交值小於 50 萬元者之張數合計	散戶

資料來源：XQ 全球贏家

金額介於操盤者買賣盤與散戶買賣盤之間，類似選舉中的中間選民，應依其進出方向與散戶或主力同向者，來進行歸屬動作（詳見表 2）。

在每日成交量中，控盤者買賣盤與散戶買賣盤是呈現極為明顯的反向對比狀態。當控盤者買賣盤呈淨賣超，散戶買賣盤呈淨買超時，此時籌碼呈不安定狀態，股價後續較易修正整理；當控盤者買賣盤呈淨買超，散戶買賣盤呈淨賣超時，此時籌碼呈安定狀態，股價後續較易上漲。

　　而實戶買賣盤就如同選舉中的中間選民一般，可能是較有錢的散戶，但也可能是主力透過分批交易呈現。唯散戶買賣盤與控盤者買賣盤呈反向關係下，此時，只要看當日實戶買賣盤與哪一方同方向買賣，則進行歸屬研判。

　　例如，當日控盤者買賣盤為淨買超，同時實戶買賣盤也是淨買超時，則當日實戶買賣盤研判為主力分批買進；當日散戶買賣盤為淨買超，同時實戶買賣盤也是淨買超時，則當日實戶買賣盤研判為有錢的散戶買進，此時籌碼後勢將更形渙散。

　　也就是説，對於多方最有利的情境為「控盤者買賣盤呈淨買超，且實戶買賣盤和散戶買賣盤都呈淨賣超」，這意味著短期籌碼趨向金額100萬元以上的控盤者身上，籌碼相對乾淨。若有連續發生數日，配合大黃綠紅多頭排列趨勢下的股價短期修正整理結束，則易因短期籌碼安定而產生短線上漲力道。

　　反之，對於空方最有利的情境為「控盤者買賣盤呈淨賣超，且實戶買賣盤和散戶買賣盤都呈淨買超」，這意味著短期籌碼趨向金額100萬元以下的散戶身上，籌碼相對凌亂。若有連續發生數日，配合大黃綠紅空頭排列趨勢下的股價短期反彈整理結束，則易因短期籌碼不安

表3 「控盤者淨買超、散戶和實戶淨賣超」對多方最有利
──散戶、實戶及控盤者買賣盤情境分析

控盤者 買賣盤	散戶 買賣盤	實戶 買賣盤	實戶買賣盤 歸屬	籌碼狀態
淨買超（＋）	淨賣超（－）	淨賣超（－）	散戶	極安定，後勢易漲， 對多方操作者最有利
淨買超（＋）	淨賣超（－）	淨買超（＋）	控盤者	安定，後勢易漲
淨賣超（－）	淨買超（＋）	淨賣超（－）	控盤者	不安定，後勢易跌
淨賣超（－）	淨買超（＋）	淨買超（＋）	散戶	極不安定，後勢易跌， 對空方操作者最有利

定而產生短線下跌力道（詳見表 3）。

　　下列我們將要探討，在多頭趨勢和空頭趨勢下，控盤者買賣盤、實戶買賣盤與散戶買賣盤在不同情境下的變化。

多頭趨勢》控盤者淨買超、散戶和實戶淨賣超，為買進訊號

　　在大黃綠紅多頭排列下，無論是黃線（60 日 EMA）以上或黃線以下修正整理（詳見圖 1-❶、圖 2 下降趨勢線），當連續出現「控盤者買賣盤呈淨買超，且散戶買賣盤及實戶買賣盤呈淨賣超」的籌碼極為安定狀況時，為短線重要買進訊號（詳見圖 1-❷、圖 2-❶）。

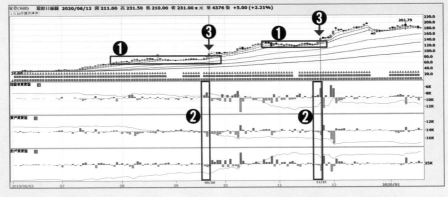

圖1　家登於2019年9月與11月突破盤整區間，股價噴出
——家登（3680）還原日線圖

▲：小黃綠紅多頭排列　■：大黃綠紅多頭排列　■：多方主圖雙趨勢
---：5 日 EMA　---：10 日 EMA　---：20 日 EMA
—：60 日 EMA　—：120 日 EMA　—：240 日 EMA

註：資料統計時間為 2019.06.03 ～ 2020.01.20　　　資料來源：XQ 全球贏家

　　籌碼安定的連續日數愈多，愈呈動態安定，股價後續短線噴出的籌碼判別有效性愈高。若隨後出現量價俱揚的帶量長紅 K 突破修正整理區間，股價短線隨即噴出（詳見圖 1-❸、圖 2-❷）。

空頭趨勢》控盤者淨賣超、散戶和實戶淨買超，為賣出訊號

　　在大黃綠紅空頭排列下，無論是黃線以下或黃線以上的反彈整理（詳

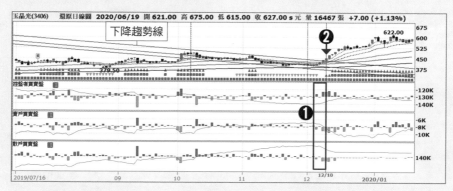

圖2 玉晶光於2019年12月突破盤整區間，股價噴出
──玉晶光（3406）還原日線圖

▲：小黃綠紅多頭排列　▲：小黃綠紅空頭排列　■：大黃綠紅多頭排列　■：多方主圖雙趨勢
---：5日EMA　　---：10日EMA　　---：20日EMA
──：60日EMA　　──：120日EMA　──：240日EMA

註：1. 資料統計時間為2019.07.16～2020.01.20；2. 藍色垂直虛線是線性回歸分析的
起始日期與結束日期標示　　資料來源：XQ全球贏家

見圖3-❶、圖4-❶與上升趨勢線），當連續出現「控盤者買賣盤呈淨賣超，且散戶買賣盤及實戶買賣盤呈淨買超」的籌碼極為不安定狀況時，為短線交易的重要賣出訊號（詳見圖3-❷、圖4-❷）。

籌碼不安定的連續日數愈多，愈呈動態不安定，股價後續短線噴跌的籌碼判別有效性愈高。

圖3 晶電於2018年10月跌破盤整區間，股價噴跌
——晶電（2448）還原日線圖

▲：小黃綠紅多頭排列　▲：小黃綠紅空頭排列　■：大黃綠紅空頭排列　■：空方主圖雙趨勢
---：5 日 EMA　　　　---：10 日 EMA　　　　---：20 日 EMA
—：60 日 EMA　　　　—：120 日 EMA　　　　—：240 日 EMA

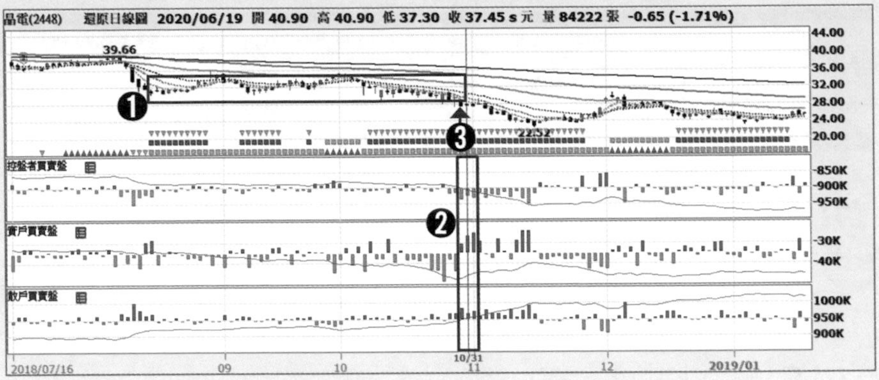

註：資料統計時間為 2018.07.16 ～ 2019.01.20　　資料來源：XQ 全球贏家

　　若隨後出現量價俱跌的帶量長黑Ｋ跌破反彈整理區間，股價短線隨即噴跌（詳見圖 3-❸、圖 4-❸）。

類型3》分公司型主力籌碼

　　除了金額型主力籌碼以外，另一種辨識散戶與主力的方向，即透過

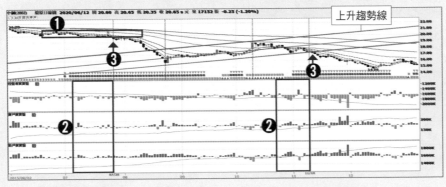

圖4 **中鋼於2015年7月與11月跌破盤整區間，股價噴跌**
——中鋼（2002）還原日線圖

▲：小黃綠紅多頭排列　▲：小黃綠紅空頭排列　■：大黃綠紅空頭排列　■：空方主圖雙趨勢
---：5 日 EMA　　　　---：10 日 EMA　　　　---：20 日 EMA
—：60 日 EMA　　　　—：120 日 EMA　　　　—：240 日 EMA

註：1. 資料統計時間為 2015.06.02 ～ 2016.01.06；2. 藍色垂直虛線是線性回歸分析的
　　起始日期與結束日期標示　　資料來源：XQ 全球贏家

券商分公司的各項交易資訊統計來進行，可判別股市中整體散戶的動
向，稱為分公司型主力籌碼。

　　常見有效的分公司型主力籌碼指標中，以「主力進出」（不具名的
主力）和「收集派發指標」2 項為要。主力進出主要是以張數為單位，
表彰主力買進力道深度；而收集派發指標以分公司家數為單位，表彰

散戶分布的廣度。分別說明如下：

①主力進出（不具名的主力）

依市場慣用定義，透過券商進出統計歸納，1 檔股票的參與者，因為主力人數相對於散戶人數為少，且主力通常習慣在少數配合證券分公司進出，故依整體券商（非分點券商）計算前 15 大買超券商及前 15 大賣超券商的淨買賣超張數，便成為主力進出的定義。公式如下：

> **主力進出＝主力買超－主力賣超**
>
> （主力買超為依整體券商計算前 15 大買超券商的買超張數、主力賣超為依整體券商計算前 15 大賣超券商的賣超張數）

主力進出屬不知名的市場主力，可能是外資主力、融資主力等，讀者可透過單一身分型的籌碼，如外資、融資者身分，加以交叉比對研判出真正主力角色；或是輔以金額型主力籌碼（控盤者買賣盤、實戶買賣盤和散戶買賣盤）交叉比對，確認主力進出的正確性。

另外，主力進出是以張數為單位，亦會與散戶買賣盤呈反向對比。主力進出的張數，可以判別主力進場的力道深度，兩者（指主力進出和散戶買賣盤）為最整體，且最明顯的主力與散戶的對決。

②收集派發指標──分公司家數交易數統計

除主力進出外，另一種以分公司型主力籌碼去判別主力／散戶進出場的籌碼指標，即為收集派發指標。

當主力洗盤進貨時，不大可能在多數券商分公司開戶，當出現多數券商分公司（散戶），把股票賣給少數幾家券商分公司（主力），稱為「收集」。當主力狂砍出貨時，會出現少數幾家券商分公司賣出，而大多數券商分公司買進，稱為「派發」。

而收集派發指標是以日為計算基礎，為賣出該股票券商分公司家數，減去買進該股票券商分公司家數。公式如下：

收集派發指標＝賣出的分公司家數－買進的分公司家數

由於單一股票的主力帳號數量遠低於散戶帳號數量，故利用收集派發指標的分析，可以判別散戶身處的分公司家數的分布廣度。配合以張數為單位的主力進出，可以同時判別主力進場力道的深度，達到主力籌碼深度及廣度的有效判別。

收集派發指標主要應用於辨識主力洗盤的狀況，亦即辨識全市場分

公司散戶的進出情況。該指標的判斷重點為：

❶**收集派發指標呈紅柱或綠柱**：當收集派發指標＞０時，呈紅柱表達，表示主力在收集籌碼（洗盤）、散戶在賣出，籌碼呈安定狀態（註１）；反之，當收集派發指標＜０時，呈綠柱表達，表主力在派發籌碼或賣出股票（出貨），散戶在買進，籌碼呈不安定狀態。

❷**紅柱連續日數愈多，表彰主力積極收貨洗盤**：收集派發指標呈紅柱，表彰籌碼安定。若紅柱持續日數愈多，表示主力積極在洗盤，股價後續噴出機會高；反之，若收集派發指標呈綠柱，表彰籌碼不安定。若綠柱持續日數愈多，表示主力積極在出貨，股價後續修正機會高，散戶易套在高點。

❸**收集派發指標的柱狀體愈高，籌碼愈安定**：收集派發指標的紅柱柱狀體愈高，表示全市場散戶都在賣出，籌碼愈安定；反之，若收集

註１：根據定義可知，收集派發指標＞０是以紅柱表示，又收集派發指標＝賣出分公司家數－買進分公司家數，故可知在收集派發指標呈現紅柱的情況下，賣方分公司家數－買方分公司家數＞０。將公式移項後可知，賣方分公司家數＞買方分公司家數。由於散戶比主力多，故可將分公司家數比較多的那一方（此處為賣方）標記為散戶。故而從前述可知，收集派發指標呈紅柱表示散戶在賣出、主力在買進。

派發指標的綠柱柱狀體愈高，表示散戶都在買進，籌碼愈不安定。

❹**輔助散戶買賣盤，進行整體市場廣度的散戶心態辨識：**在股價整理時，通常出現量縮，致使以張數為主的散戶買賣盤，較無法判斷或失真，此時可以改為利用收集派發指標的柱狀體高低來研斷，除了較為明確外，亦可判斷在整理末端時，散戶的耐心程度。若量縮紅柱狀體變大，表示全部散戶沒有耐心的賣出，呼應散戶通常賣在整理末端，股價噴出臨界點，即散戶賣在起漲點的意思。

看完分公司型主力籌碼指標的相關解釋後，接著來看在多頭趨勢和空頭趨勢下，將分公司型主力籌碼──收集派發指標及主力進出，與金額型主力籌碼──散戶買賣盤進行交叉比對的各種情境分析：

多頭趨勢》主力買、散戶賣、收集派發指標呈紅柱，易噴出

以高力（8996）為例，可以看出在大黃綠紅多頭排列趨勢下，於修正整理區間，主力進出多為買超、散戶買賣盤多為賣超，兩者呈現明顯對比。

觀察收集派發指標可以發現，於成交量量縮修正整理期間，散戶「握怕死，放怕飛」（怕獲利縮手，而快速將手上獲利部位實現賣出）的

投資習性出現，幾乎不耐煩地於量縮期間連續賣出，造成收集派發指標明顯呈連續紅柱。且從紅柱柱狀體明顯的現象可以看出，主力於量縮進行洗盤進貨動作（詳見圖 5-❶）。

此外，在大黃綠紅多頭排列下，於修正整理末端（詳見圖 5-❷），當主力洗盤進貨結束，造成短期籌碼安定的現象以後，若股價突破修正整理區間時（詳見圖 5-❸），出現帶量長紅 K 的量價俱揚情形，股價容易噴出，散戶再度上演賣在起漲點的戲碼。

空頭趨勢》主力賣、散戶買、收集派發指標呈綠柱，易噴跌

以中鋼（2002）為例，可以看出在大黃綠紅空頭排列下，於成交量量縮反彈整理期間，主力頻頻誘多散戶進場。整體而言，此期間主力進出多為賣超，呈出貨現象。而散戶因股票套牢產生損失時，其投資風險屬性轉趨風險偏好者，會利用各種工具，如融資等，進場加碼攤平，使得散戶買賣盤多為買超，造成短期籌碼極不安定現象。

觀察收集派發指標可以發現，於空頭反彈整理期間，散戶「沒賣不算賠、賭博性很重」（因想讓損失縮小，再加入新資金進行攤平動作）的投資習性出現，造成收集派發指標明顯呈連續綠柱。且從綠柱柱狀體明顯的現象可以看出，主力於空頭反彈時進行出貨動作（詳見圖

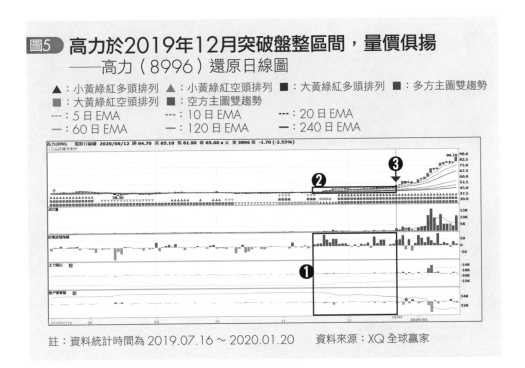

圖5　高力於2019年12月突破盤整區間，量價俱揚
──高力（8996）還原日線圖

▲：小黃綠紅多頭排列　▲：小黃綠紅空頭排列　■：大黃綠紅多頭排列　■：多方主圖雙趨勢
■：大黃綠紅空頭排列　■：空方主圖雙趨勢
---：5日EMA　　　---：10日EMA　　　---：20日EMA
──：60日EMA　　　──：120日EMA　　　──：240日EMA

註：資料統計時間為 2019.07.16 ～ 2020.01.20　　資料來源：XQ 全球贏家

6-❶）。

　　此外，在大黃綠紅空頭排列下，於反彈整理末端（詳見圖 6-❷與上升趨勢線），當主力出貨結束，造成短期籌碼不安定的現象以後，若股價跌破反彈整理區間時（詳見圖 6-❸），出現帶量長黑 K 的量價俱跌情形，股價容易噴跌，散戶再度上演愈攤愈平的戲碼。若使用融資

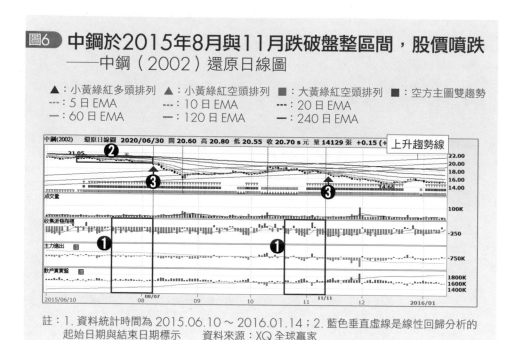

圖6　中鋼於2015年8月與11月跌破盤整區間，股價噴跌
——中鋼（2002）還原日線圖

▲：小黃綠紅多頭排列　▲：小黃綠紅空頭排列　■：大黃綠紅空頭排列　■：空方主圖雙趨勢
---：5 日 EMA　　　---：10 日 EMA　　---：20 日 EMA
—：60 日 EMA　　　—：120 日 EMA　　—：240 日 EMA

註：1. 資料統計時間為 2015.06.10 ～ 2016.01.14；2. 藍色垂直虛線是線性回歸分析的起始日期與結束日期標示　　資料來源：XQ 全球贏家

攤平者，易因為後續股價下殺而產生融資斷頭損失。

類型4》身分別型主力籌碼

身分別型主力籌碼是投資人在進行籌碼分析時，最簡單，也最容易取得的籌碼訊息，即透過具市場影響力的投資身分進行分類。

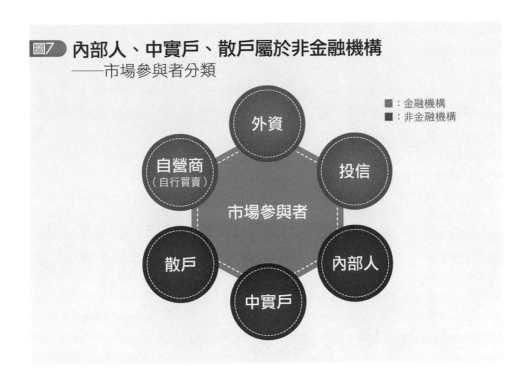

圖7 內部人、中實戶、散戶屬於非金融機構
——市場參與者分類

■：金融機構
■：非金融機構

外資

投信

自營商
（自行買賣）

市場參與者

內部人

散戶

中實戶

　　就投資身分而言，主要可區分為金融機構與非金融機構投資 2 種類型（詳見圖 7）。

①金融機構的投資人角色

　　金融機構的投資人角色可以再區分為外資、投信、自營商（自行買賣）三者，稱為「三大法人」。由於三大法人具有金融專業且身分明確，

有別於散戶，加上三大法人的資金較大，能輕易左右 1 檔股票的波動，故其買賣超標的及張數多寡，對投資人在投資前的選股非常具有投資參考價值，是籌碼分析必備功課。故整體三大法人的買賣超（在下方技術線圖中，此指標以「法人」呈現），也是有別於散戶的另一種身分別型主力籌碼統稱。

　值得注意的是，本節最前面角色型主力籌碼主要區分主力與散戶，是最廣義且主要從金額及張數做分類，而身分別型主力籌碼主要是透過單一身分角色，再深入確認主要買超身分，為角色型主力籌碼中的身分確認。

②非金融機構的投資人角色

　非金融機構的投資人角色可再分為內部人、中實戶及散戶等 3 種：

　❶內部人：具有大股東身分的內部人是最重要的內部人。為了增加公司資訊的透明度，並避免大股東炒股等行為，於法令中規定，大股東的持股變動須於次月進行公開申報。因此，除公司內部在報稅期間常發生內部人買賣異動（例如要賣股繳稅等）以外，一般皆無申報上的變動。然而，在報稅以外的期間，大股東真的沒有實際進出嗎？答案是不一定，因為大股東有可能會利用各種角色，變相地進行進出。

❷中實戶：常為市場著名的大戶，如從早期的台北迪化街大戶，到現今的「富邦F4」（指常在富邦證券公司進行股票交易的股市大戶）、「虎尾幫」（指一群早期由雲林虎尾發跡的股市大戶，專門在虎尾證券經紀商的營業處所進出股票）等，隨著金融工具日新月異下，市場著名中實戶此起彼落，也是本書中屬於主力的一種型態表現。

❸散戶：在前面角色型主力籌碼就有提過散戶，此處將進一步說明。一般而言，散戶因資金較少，非為具市場影響力的角色，但由於人數眾多，且其與主力籌碼常呈反向對立關係，即散戶買超時，易造成籌碼不安定，故亦為主力籌碼負面表列的參考項目。投資人亦可以負面列表的散戶買賣盤對股票進行分析，並透過交叉比對其他類型的主力籌碼，以及配合技術面，也可掌握主力動向。

下列我們將來探討，在多頭趨勢和空頭趨勢下，將負面表列的散戶買賣盤，以及正面表列中的金額型主力籌碼──控盤者買賣盤、分公司型主力籌碼──收集派發指標和身分別型主力籌碼──法人買賣超進行交叉比對的各種情境分析：

多頭趨勢》股價每次推升，散戶買賣盤多呈賣超

以南亞科（2408）為例，可以看出在大黃綠紅均線多頭排列下，於

短期修正整理初期，散戶易逢低承接，主力則易產生逢高調節賣壓，故而使得散戶買賣盤呈紅柱，法人、控盤者買賣盤和收集派發指標多呈綠柱。

在整理末端到噴出初期，股價頻創新高的過程中，散戶要保住獲利，會快速賣出持股，但此時主力則是正向買超去推升股價，故而使得散戶買賣盤常呈綠柱，法人、控盤者買賣盤和收集派發指標多呈紅柱，股價脫離整理期產生噴出（詳見圖 8- ❶、圖 8- ❷）。

整體籌碼分析，以散戶買賣超為分析主體，再配合金額別、分公司別及身分別的主力籌碼進行交叉比對，可以得知法人是主要的主力身分，且配合技術面的分析可以提高做多投資的勝率，即做多投資分析籌碼安定性時，須建立在大黃綠紅多頭排列趨勢下。

空頭趨勢》股價每次下殺，散戶買賣盤多呈買超

以友達（2409）為例，可以看出在大黃綠紅空頭排列下，股價頻創新低的過程中，散戶常透過槓桿工具如融資等，加碼攤平損失部位。最後在股價頻創新低下，產生融資斷頭的投資風險。

但此時主力幾乎一面倒向賣超，即使有反彈也是短暫的誘多買超之

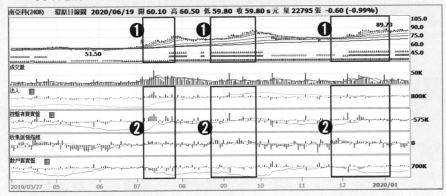

圖8 **主力買超推升，南亞科股價脫離盤整噴出**
──南亞科（2408）還原日線圖

▲：小黃綠紅多頭排列　▲：小黃綠紅空頭排列　■：大黃綠紅多頭排列
■：大黃綠紅空頭排列　■：多方主圖雙趨勢
---：5日 EMA　　　　---：10日 EMA　　　---：20日 EMA
—：60日 EMA　　　　—：120日 EMA　　　—：240日 EMA

註：資料統計時間為 2019.03.27 ～ 2020.01.20　　資料來源：XQ 全球贏家

後，再度產生賣壓，致使股價再創新低。故而使得散戶買賣盤多呈紅柱，法人、控盤者買賣盤和收集派發指標多呈綠柱（詳見圖 9-❶、圖 9-❷）。

另外，創低後的反彈整理過程，主力誘多散戶，控盤者買賣盤短暫呈紅柱，但主力係呈假性買超所致（即整體仍呈賣超）。故而使得散

戶買賣盤多呈紅柱，法人、控盤者買賣盤和收集派發指標多呈綠柱。

　　整體籌碼分析，以散戶買賣超為分析主體，再配合金額別、分公司別及身分別的主力籌碼進行交叉比對，可以得知法人是主要的主力身分，且配合技術面的分析可以提高做空投資的勝率，即做空投資分析籌碼不安定性時，須建立在大黃綠紅空頭排列趨勢下。

黃綠紅海撈操作法的多方與空方投資策略

　　前面已經將主力籌碼在各種情況下可能出現的場景演示過一遍，下面將進一步探討，1-2 提到的黃綠紅海撈操作法：「籌碼決定量價，量價決定 K 線、指標，K 線、指標決定均線漲不停的力量。」如何運用在買進的多方投資策略和賣出的空方投資策略上？分別介紹如下：

多方投資策略》均線多頭排列且籌碼具安定性

　　在買進的多方投資策略上，由於籌碼分析後，會進而推演為量價關係，之後再由量價形成 K 線及指標，而多根 K 線及指標則決定均線漲不停的力量，故籌碼的最終流向即表現在均線上。若長期籌碼安定者，反映在均線上，應呈大黃綠紅多頭排列趨勢。投資人可運用簡單的投資循環「選股、進場、出場」進行判斷。説明如下：

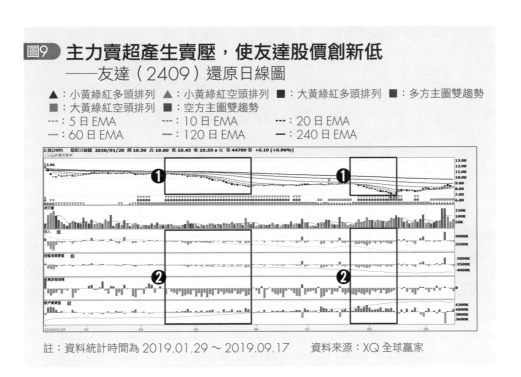

圖9 主力賣超產生賣壓，使友達股價創新低
──友達（2409）還原日線圖

▲：小黃綠紅多頭排列　▲：小黃綠紅空頭排列　■：大黃綠紅多頭排列　■：多方主圖雙趨勢
■：大黃綠紅空頭排列　■：空方主圖雙趨勢
---：5 日 EMA　　　　---：10 日 EMA　　　　---：20 日 EMA
──：60 日 EMA　　　　──：120 日 EMA　　　　──：240 日 EMA

註：資料統計時間為 2019.01.29 ～ 2019.09.17　　　資料來源：XQ 全球贏家

1. 選股：多方選股重視的是均線的多頭排列趨勢，即選股須建立在大黃綠紅多頭排列趨勢下，以及短期籌碼應具安定性，例如控盤者連續買超、法人連續買超、散戶連續賣超等，常為散戶出場且主力籌碼收集現象出現的時候。

但要注意的是，若均線並未出現多頭排列趨勢，僅短期籌碼具安定

性時，並非進場的好時機，容易有誤判的風險。

2. **進場**：多頭趨勢下，進場訊號則是整理結束末端出現量價俱揚，帶動 K 線及 KD、MACD 等技術指標出現轉強訊號時。

3. **出場**：出場的機制則是在噴出的末端出現乖離指標高檔背離（例如：股價創新高，MACD 指標的 OSC 紅柱未創高、KD 指標的 K 值沒有創高，或是 K 值沒有出現 80 以上鈍化等，有關乖離指標高檔背離，詳見第 4 章）、K 線跌破重要均線（常為 5 日 EMA 或 20 日 EMA），或是投資人的報酬目標達成（例如獲利已達 20%，% 數投資人可自訂）。

範例1》威剛（3260）、晶電（2448）

從圖 10 中可以看出，威剛在大黃綠紅多頭排列趨勢下，同時出現短期籌碼安定的情況，如金額別的控盤者連續買超、身分別的法人連續買超，且金額別的散戶連續賣超（詳見圖 10-❶）。

此時若配合短期修正整理區間的突破（詳見圖 10-❷、圖 10-❸），產生量價俱揚，且帶動 K 線及技術指標轉折向上，為買進訊號；反之，從圖 11 中可以看出，晶電在大黃綠紅空頭排列趨勢下（詳見

圖⑩ **威剛2019年12月籌碼安定、量價俱揚**
── 威剛（3260）還原日線圖

▲：小黃綠紅多頭排列　▲：小黃綠紅空頭排列　■：大黃綠紅多頭排列　■：多方主圖雙趨勢
■：大黃綠紅空頭排列　■：空方主圖雙趨勢
---：5日 EMA　　　---：10日 EMA　　　---：20日 EMA
──：60日 EMA　　　──：120日 EMA　　　──：240日 EMA

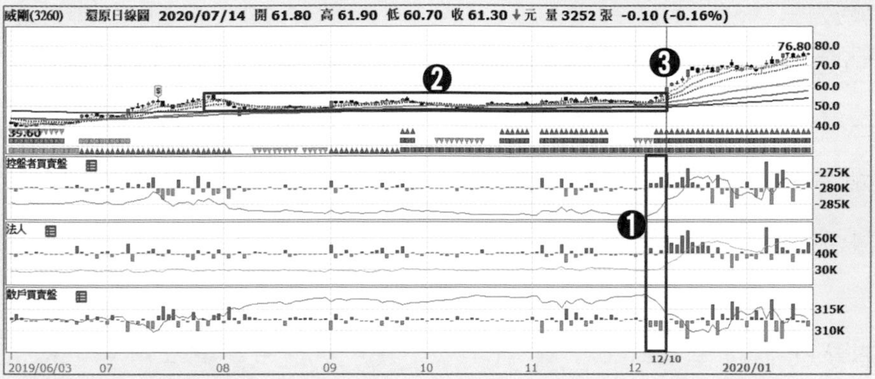

註：資料統計時間為 2019.06.03 ～ 2020.01.20　　　資料來源：XQ 全球贏家

圖 11-❶），若僅單由短期籌碼安定分析，如短期法人籌碼連買、金額別的控盤者連買，且金額別的散戶連賣（詳見圖 11-❷），就對晶電進行選股投資策略，待股價後續頻創新低後，容易造成投資損失。

空方投資策略》均線空頭排列且籌碼具不安定性

在賣出的空方投資策略上，由於籌碼分析後，會進而推演為量價關

係，之後再由量價形成 K 線及指標，而多根 K 線及指標則決定均線跌不停的力量，故籌碼的最終流向即表現在均線上。若長期籌碼不安定，反映在均線上，應呈大黃綠紅空頭排列趨勢。投資人可運用簡單的投資循環「選股、進場、出場」進行判斷。說明如下：

1. **選股**：空方選股重視的是均線的空頭排列趨勢，即選股須建立在大黃綠紅空頭排列趨勢下，以及短期籌碼應具不安定性，例如金額別的控盤者連續賣超、身分別的法人連續賣超，或是金額別的散戶連續買超等，常為散戶進場且主力籌碼渙散現象出現。

但要注意的是，若均線並未出現空頭排列趨勢，僅短期籌碼具不安定性時，並非做空的好時機，容易有誤判的風險。

2. **進場**：空頭趨勢下，進場訊號是反彈整理結束末端出現量價俱跌，帶動 K 線及 KD、MACD 等技術指標出現轉弱訊號時。

3. **出場**：出場的機制則是在股價噴跌的末端，出現乖離指標低檔背離（例如：股價創新低，MACD 指標的 OSC 綠柱沒創低、KD 指標的 K 值沒有創低，或是 K 值沒有出現 20 以下鈍化，有關乖離指標低檔背離，詳見第 4 章）、K 線突破重要均線（常為 5 日 EMA 或 20

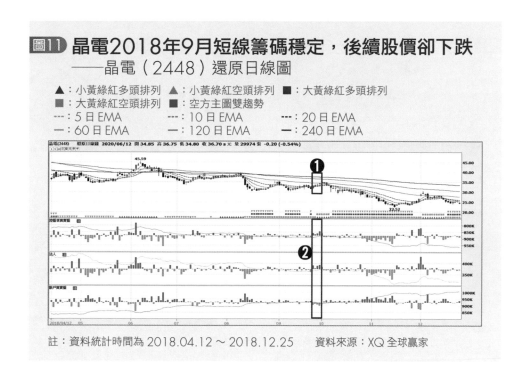

圖11 晶電2018年9月短線籌碼穩定，後續股價卻下跌
──晶電（2448）還原日線圖

▲：小黃綠紅多頭排列　▲：小黃綠紅空頭排列　■：大黃綠紅多頭排列
■：大黃綠紅空頭排列　：空方主圖雙趨勢
---：5 日 EMA　　　---：10 日 EMA　　　---：20 日 EMA
—：60 日 EMA　　　—：120 日 EMA　　　—：240 日 EMA

註：資料統計時間為 2018.04.12～2018.12.25　　資料來源：XQ 全球贏家

日 EMA），或是投資人的報酬目標達成（例如獲利已達 20%，% 數投資人可自訂）。

範例2》臻鼎-KY（4958）、上銀（2049）

從圖 12 中可以看出，臻鼎 -KY 在大黃綠紅空頭排列趨勢下，同時出現短期籌碼不安定的情況，如金額別的控盤者連續賣超、身分別的法

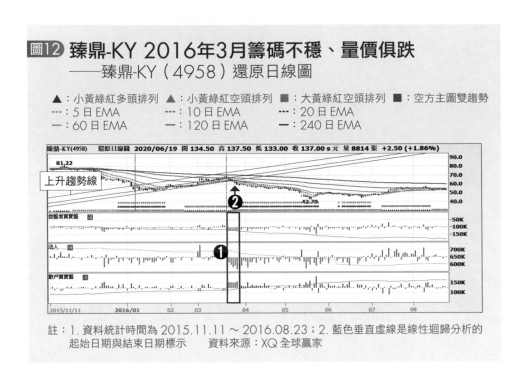

圖12 臻鼎-KY 2016年3月籌碼不穩、量價俱跌
──臻鼎-KY（4958）還原日線圖

▲：小黃綠紅多頭排列 ▲：小黃綠紅空頭排列 ■：大黃綠紅空頭排列 ■：空方主圖雙趨勢
---：5 日 EMA ---：10 日 EMA ---：20 日 EMA
─：60 日 EMA ─：120 日 EMA ─：240 日 EMA

註：1. 資料統計時間為 2015.11.11 ～ 2016.08.23；2. 藍色垂直虛線是線性迴歸分析的起始日期與結束日期標示　資料來源：XQ 全球贏家

人連續賣超，且金額別的散戶連續買超（詳見圖 12-❶）。

　　此時若配合短期反彈整理之上升趨勢線的跌破，產生量價俱跌（詳見圖 12 上升趨勢線、圖 12-❷），帶動 K 線及技術指標轉折向下形成賣出訊號，才能提高投資勝率；反之，從圖 13 中可以看出，上銀在大黃綠紅多頭排列趨勢下（詳見圖 13-❶），若僅單由短期籌碼不

圖13 上銀2020年1月短線籌碼不穩，後續股價卻上漲
—— 上銀（2049）還原日線圖

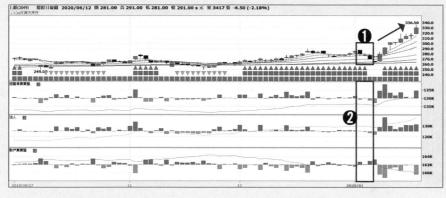

註：資料統計時間為 2019.09.27 ～ 2020.01.20　　資料來源：XQ全球贏家

安定分析，如身分別的法人連賣、金額別的控盤者連賣，且金額別的
散戶連買，就對上銀進行選股做空投資策略（詳見圖 13-❷），待股
價後續頻創新高後，容易造成做空投資損失。

留意海撈4主力買賣超
抓住短線多空進場訊號

3-1 主要是在分析整體籌碼，確認其為主力或散戶。雖無法精算出散戶及主力的買賣張數，但是對於整體方向的辨識，經由金額別、分公司別及身分別進行交叉比對出散戶與主力的動向，仍可以達到不偏不倚的籌碼分析，如此再配合技術面分析，將可提高投資勝率。

對於散戶的辨識，除利用金額別型籌碼——散戶買賣盤呈買超，確立散戶買進張數外，尚可利用分公司別型籌碼——收集派發指標呈綠柱，來表彰整體散戶的買進分布廣度。

對於主力的辨識，則利用金額別型籌碼——控盤者買賣盤呈買超，確立主力買進張數外，以及分公司別型籌碼——主力進出呈買超，來確立主力買進的集中。另外，也可以透過身分別型籌碼——法人，進行交叉比對主力的身分。

在本節中，主要將主力的身分再予以細分，於黃綠紅海撈操作法中，將市場所謂的主力，定義為「海撈4主力」──外資主力、融資主力（做空為融券主力）、權證主力及借券賣出主力（詳見表1）：

外資主力》三大法人中的主要角色

透過 3-1 介紹的身分別型主力──法人，可以慢慢揭開主力身分的面紗。「法人」為金融法令規定的身分，可明確與散戶進行區分。

法人角色定義明確為三大法人──外資、投信、自營商（自行買賣）。三者之中，投信無檔檔進出，故較無法明確歸類為主力，唯其以基本面為分析架構及中長期投資屬性為主，常為主力配合的輔助性角色；自營商（自行買賣）無檔檔進出，故較無法明確歸類為主力，唯其為證券商自營資金操作且為市場題材消息的核心，其進出偏向短線交易，也常為主力配合的輔助性角色；外資則幾乎檔檔進出，且買賣頻繁的洗盤動作，為 1 檔股票主要的主力籌碼角色。也就是説，三大法人中，多以外資為主力，投信與自營商（自行買賣）為輔助外資推升股價的重要角色，因此下方説明將以外資為主。

什麼是外資？外資泛指台灣本土之外的資金來源，又可分為外資及

陸資，前者是指依《華僑及外國人投資證券管理辦法》辦理登記的投資人，後者是指依《大陸地區投資人來臺從事證券投資及期貨交易管理辦法》辦理登記的投資人。

依台灣證券交易所（以下簡稱證交所）定義，「外資及陸資」又可以區分為「外資及陸資」（不含外資自營商）及「外資及陸資」（外資自營商），其中「外資自營商」表示外國證券商在台分支機構證券自營商專戶。

雖然外資及陸資依是否含外資自營商而分為 2 種，但我們從證交所每個交易日所公布的「外資及陸資買賣超彙總表」中可以看出，外資自營商於台股交易量比重甚低或無交易，大部分皆是不含外資自營商的外資及陸資，故我們將本書的外資定義為「外資及陸資」（不含外資自營商，詳見表 2）。

實務上，外資又可區分為真外資和假外資 2 種。其中真外資多為國外投資機構，買進或賣出的交易量很大。

由於真外資的專業分析能力較突出，加上資金龐大，故而偏好如台積電（2330）等權值股，且其多為長期投資，布局時間較長、周轉

表1 外資主力資金較其他法人大，是身分明確的主力
──海撈4主力

4 主力	說明
外資主力	1. 外資主力指「外資及陸資（不含外資自營商）」（以下簡稱外資），屬非槓桿型主力 2. 每檔股票都有外資進出，資金較其他法人大，是身分明確主力 外資又可分為真外資及假外資，假外資背後角色可能為大股東或中實戶 3. 在多頭趨勢中，外資主力常與借券賣出主力進行避險策略；在空頭趨勢中，外資主力常與借券賣出主力進行加碼賣出策略
融資主力 （做空為融券主力）	1. 融資主力指「融資增加，且散戶買賣盤呈賣超者」，屬槓桿型主力 2. 融資主力屬主力或散戶，應與散戶買賣盤進行交叉比對得出 3. 多頭趨勢下的融資增加，大部分為主力使用，且利用融券對鎖，形成量價俱揚；在空頭趨勢中，大部分的融資都是散戶所使用，非為主力，另相對高檔的融券賣出也使股價進入殺盤
權證主力	1. 權證主力指「自營商（避險）增加，且散戶買賣盤呈賣超者」，屬槓桿型主力，進出較為極短線且較無明顯連續進場 2. 權證主力屬主力或散戶，應與散戶買賣盤進行交叉比對得出 3. 透過盤中權證主力表，可於盤中確認主力是否進場 4. 多頭趨勢下，權證主力常使用認購權證；空頭趨勢下，權證主力常使用認售權證
借券賣出主力	1. 借券賣出主力指「當日投資人將已借入之證券在證券市場賣出的實際成交數量」 2. 借券賣出的主力常見為法人中的外資身分，屬槓桿型主力 3. 在多頭趨勢中，借券賣出主力常與外資主力進行反向的避險策略（操作方向相反）；在空頭趨勢中，借券賣出主力常與外資主力進行同向的加碼策略，易造成急殺現象

表2　外資自營商於台股交易量比重甚低

證券代號	證券名稱	外資及陸資（不含外資自營商）			
		買進股數	賣出股數	買賣超股數	
00632R	元大台灣 50 反 1	16,524,000	4,695,000	11,829,000	
00637L	元大滬深 300 正 2	24,966,000	13,354,000	11,612,000	
2448	晶　電	13,886,000	4,724,000	9,162,000	
2610	華　航	14,612,000	5,988,000	8,624,000	
2883	開發金	20,342,686	12,575,992	7,766,694	
2345	智　邦	10,913,504	3,924,690	6,988,814	
2408	南亞科	12,039,250	6,271,220	5,768,030	
00633L	富邦上証正 2	7,157,000	1,477,000	5,680,000	
8112	至　上	6,244,300	779,000	5,465,300	
2382	廣　達	5,652,696	1,485,260	4,167,436	

註：資料統計時間為 2019.04.28　　　資料來源：證交所

率較低。

　　而對於權值股、元大台灣 50（0050）或其成分股等與大盤連動性較高的股票來說，真外資的連買或連賣常影響大盤走勢。因此，投資人在操作權值股時，除了注意該檔標的外資是否有連續買超以外，若該檔個股與大盤相比，股價呈相對強勢的話，表示外資的操作力道強勁，可作為買進持有的依據。

——外資及陸資買賣超彙總表

外資自營商			外資及陸資		
買進股數	賣出股數	買賣超股數	買進股數	賣出股數	買賣超股數
0	0	0	16,524,000	4,695,000	11,829,000
0	0	0	24,966,000	13,354,000	11,612,000
0	0	0	13,886,000	4,724,000	9,162,000
0	0	0	14,612,000	5,988,000	8,624,000
0	0	0	20,342,686	12,575,992	7,766,694
0	0	0	10,913,504	3,924,690	6,988,814
0	0	0	12,039,250	6,271,220	5,768,030
0	0	0	7,157,000	1,477,000	5,680,000
0	0	0	6,244,300	779,000	5,465,300
0	0	0	5,652,696	1,485,260	4,167,436

　　從圖 1 可知，在大黃綠紅多頭排列趨勢下，外資對台積電進行連買時（詳見圖 1-❶），股價會有一波漲勢，同時也帶動大盤的同向變動。且從圖 2 中可以看出，自 2019 年 10 月以後，台積電走勢相對大盤走勢更為強勁，顯示外資買盤力道很強，可作為買進持有的依據。

　　此外，從圖 1 中也可看出，當外資對台積電進行連賣時（詳見圖 1-❷），股價有一波跌勢或區間整理，同時也帶動大盤進行同向變動。

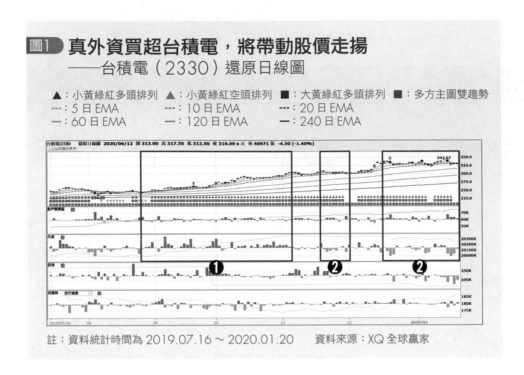

圖1 真外資買超台積電，將帶動股價走揚

——台積電（2330）還原日線圖

▲：小黃綠紅多頭排列　▲：小黃綠紅空頭排列　■：大黃綠紅多頭排列　■：多方主圖雙趨勢
---：5 日 EMA　　　---：10 日 EMA　　　---：20 日 EMA
---：60 日 EMA　　　—：120 日 EMA　　　—：240 日 EMA

註：資料統計時間為 2019.07.16 ～ 2020.01.20　　資料來源：XQ 全球贏家

從前述可知，此外資的進出對大盤具有影響力，故判斷其應為真外資。

如果真外資是指國外投資機構，那假外資有可能是指誰呢？我們可以從下面 5 點進行思考：

1. 外資銀行的開戶門檻高、常設最低交易金額，且須提供相關交易

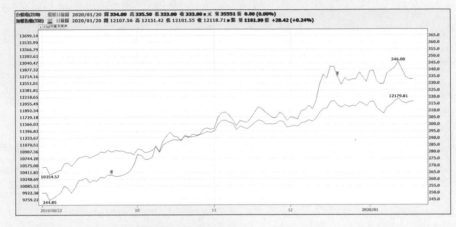

圖2 **2019年10月後，台積電走勢較大盤強勁**
──台積電（2330）vs.加權指數還原日線圖

註：資料統計時間為 2019.08.22 ～ 2020.01.20　　資料來源：XQ 全球贏家

及保管費用，散戶的開戶意願低或無能力進行開戶，故判斷假外資的身分可能為大股東或中實戶。

2. 外資股東獲得股利或盈餘之扣繳率為 21%，採分離課稅，較國內為低，故假外資角色可能為大股東或中實戶。

3. 在大股東境外節稅需求下，也常以外資身分進行股權控股，故假

外資角色可能為大股東。

4. 國內合法代操規範嚴格，使得非法代操資金常設立境外 BVI 公司（BVI 為英屬維京群島（British Virgin Islands）的簡稱，BVI 公司為境外免稅公司，最終受益人較難查），透過外資進行台股買賣，故假外資角色可能為中實戶。

5. 外資於市場影響力高，且具正向名聲，使得中實戶常透過外資角色進出台股，期望能夠藉此拉抬股價，故假外資角色可能為中實戶。

基於上述理由，假外資背後的角色極有可能為大股東及中實戶，是散戶的可能性極低。由於假外資的資金較少，故常布局在資本額較小的各產業非龍頭股，或是一些低價股，且其並非長期投資，進出個股頻率高。

然而不論是真外資或假外資，其對股價都有一定的影響力。我們將來探討，在多頭趨勢和空頭趨勢下，投資人如何觀察外資動態來進行買賣操作：

多頭趨勢》外資連買或三大法人同買，為做多重要選股依據

圖3 **類比科投信與自營商持股近乎為零**
——類比科（3438）還原日線圖

▲：小黃綠紅多頭排列　▲：小黃綠紅空頭排列　■：大黃綠紅多頭排列　■：多方主圖雙趨勢
---：5 日 EMA　　　　---：10 日 EMA　　　---：20 日 EMA
—：60 日 EMA　　　　—：120 日 EMA　　　—：240 日 EMA

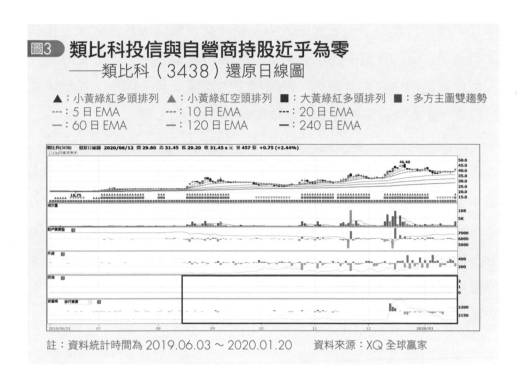

註：資料統計時間為 2019.06.03 ～ 2020.01.20　　　資料來源：XQ 全球贏家

　　在多頭趨勢下，三大法人對於股票的操作未必一致，有些股票是外資頻繁進行操作，投信及自營商（自行買賣）進出頻率低，或者沒有進出；有些則是三大法人都有在進行交易。分別介紹如下：

1. 外資頻繁進出、投信及自營商進出頻率低者

　　從圖 3 紅框處可以看出，2019 年 8 月，類比科（3438）在大黃

綠紅多頭排列趨勢下，三大法人中，僅外資頻繁進出且張數大、投信及自營商（自行買賣）進出頻率低或甚至持股為零。可知外資為推升股價創新高的主要力量角色，為海撈主力重要一員。因此，投資人在選股時，應將外資連買視為重要做多選股依據。

要注意的是，當外資頻繁進出，但投信及自營商（自行買賣）進出頻率低、或者無進出時，表示專業法人對此檔股票無一致性認同，容易形成外資主力與散戶之間的對決。一旦主力出貨，較無其他法人買盤支撐，股價容易崩跌。故而在操作此類型的股票時，做多者應注意停損機制。若投資人覺得風險太大，也可改找三大法人有進出的股票來操作。

2. 三大法人有進出者

從圖 4 可以看出，在大黃綠紅多頭排列趨勢下，外資對該股買進及賣出交雜，進出頻繁，顯示主力洗盤特質，非為長期投資性質，可知此處的外資多為中實戶。

由於認定外資為中實戶，故可知在主力洗盤過程中，低點可為外資所控制的，故在股價相對低點，若出現外資連買訊號，股價後續常有一波漲勢。而主力洗盤結束後的發動點，亦常為外資所為，故在股價

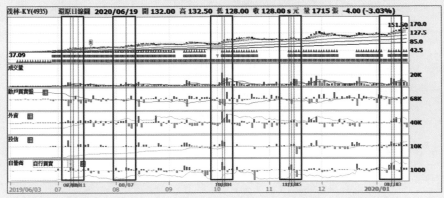

圖4 **三大法人同買茂林-KY，啟動股價漲勢**
——茂林-KY（4935）還原日線圖

▲：小黃綠紅多頭排列　▲：小黃綠紅空頭排列　■：大黃綠紅多頭排列　■：多方主圖雙趨勢
---：5 日 EMA　---：10 日 EMA　---：20 日 EMA
—：60 日 EMA　—：120 日 EMA　—：240 日 EMA

註：資料統計時間為 2019.06.03 ～ 2020.01.20　　資料來源：XQ 全球贏家

整理結束後的突破發動訊號，若出現外資連買訊號，或有三大法人同買且連續者（詳見圖 4 紅框處），股價後續常有一波漲勢。

空頭趨勢》外資連賣或三大法人同賣，為做空重要選股依據

與多頭趨勢類似，在空頭趨勢下，三大法人對於股票的操作未必一致，有些股票是外資頻繁進行操作，投信及自營商（自行買賣）進出

頻率低或沒有進出；有些則是三大法人都有在交易。分別介紹如下：

1. 外資頻繁進出、投信及自營商進出頻率低者

從圖 5 紅框處可以看出，浩鼎（4174）在大黃綠紅空頭排列趨勢下，三大法人中僅外資頻繁進出且張數大、投信及自營商（自行買賣）進出頻率低，或甚至持股為零。可知外資為致使股票創新低的主要力量角色，為海撈主力重要一員。因此，投資人在選股時，應將外資連賣視為重要做空選股依據。

此外，當外資頻繁進出，但投信及自營商（自行買賣）進出頻率低、或者無進出時，表示專業法人對此檔股票無一致性認同，容易形成外資主力與散戶之間的對決。一旦主力賣壓湧現，較無其他法人買盤支撐，易使股價頻創新低，為做空者重要選股依據。

2. 三大法人有進出者

從圖 6 可以看出，在大黃綠紅空頭排列趨勢下，外資對該股買進及賣出交雜，進出頻繁，顯示主力出貨特質，非為長期投資性質，可知此處的外資多為中實戶。

由於認定外資為中實戶，故可知在主力出貨過程中，高點可為外資

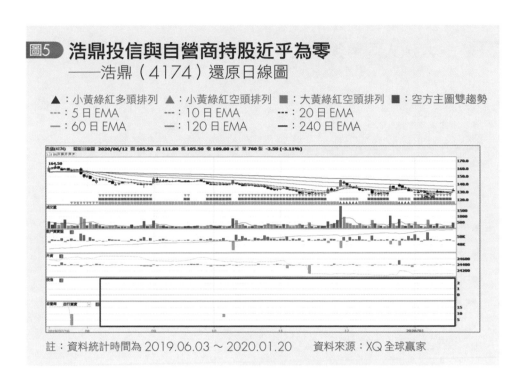

圖5 浩鼎投信與自營商持股近乎為零
──浩鼎（4174）還原日線圖

▲：小黃綠紅多頭排列　▲：小黃綠紅空頭排列　■：大黃綠紅空頭排列　■：空方主圖雙趨勢
---：5 日 EMA　　　---：10 日 EMA　　　---：20 日 EMA
──：60 日 EMA　　　──：120 日 EMA　　　──：240 日 EMA

註：資料統計時間為 2019.06.03 ～ 2020.01.20　　　資料來源：XQ 全球贏家

所控制的，故在股價相對高點，若出現外資連賣訊號，股價後續常有一波跌勢。

　　而主力反彈誘多結束後的殺盤發動點，亦常為外資所為，故在股價反彈整理結束後的跌破發動訊號，若出現外資連賣訊號，或有三大法人同賣且連續者（詳見圖 6 紅框處），股價後續常有一波跌勢。

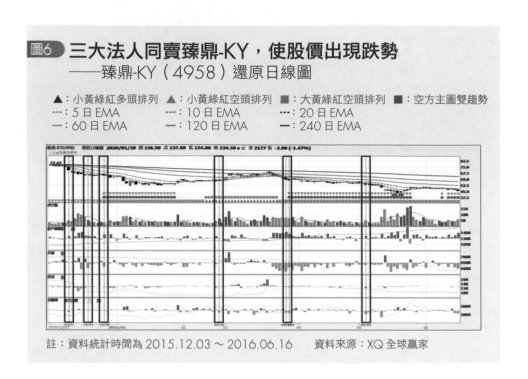

圖6　三大法人同賣臻鼎-KY，使股價出現跌勢
——臻鼎-KY（4958）還原日線圖

▲：小黃綠紅多頭排列　▲：小黃綠紅空頭排列　■：大黃綠紅空頭排列　■：空方主圖雙趨勢
----：5 日 EMA　　----：10 日 EMA　　----：20 日 EMA
—：60 日 EMA　　—：120 日 EMA　　—：240 日 EMA

註：資料統計時間為 2015.12.03 ～ 2016.06.16　　資料來源：XQ 全球贏家

融資主力》透過槓桿工具拉抬股價

　　海撈 4 主力除了外資主力以現股交易為主外，其餘的融資主力（做空為融券主力）、權證主力及借券主力，皆屬於槓桿型主力。槓桿型主力，本質上非以現股交易為主，是透過各種槓桿工具進行拉抬股價，其中以融資主力為主要。

表3 **散戶買賣盤與融資差額呈同向，代表融資為散戶使用**
──散戶買賣盤與融資差額交叉比對

散戶買賣盤	融資差額	籌碼分析
淨買超	淨買超	1. 表示散戶使用融資買進。若散戶買賣盤＞融資差額，則跡象更為明確 2. 籌碼不安定，後勢易整理 3. 對空方操作最有利
淨買超	淨賣超	1. 表示散戶買進，融資主力出場。若融資差額＞散戶買賣盤，則跡象更為明確 2. 籌碼不安定，後勢易整理
淨賣超	淨買超	1. 表示散戶賣出，融資主力買進。若融資差額＞散戶買賣盤，則跡象更為明確 2. 籌碼安定，後勢易上漲 3. 對多方操作最有利
淨賣超	淨賣超	1. 表示融資散戶賣出。若散戶買賣盤＞融資差額，則跡象更為明確 2. 籌碼安定，後勢易上漲

關於股票的交易方式，投資人有時進行現股交易，有時則利用信用交易方式，使用融資，擴大槓桿交易股票。然而，散戶可以使用融資交易，主力也可以使用融資交易，因此，尚須透過「散戶買賣盤」與「融資差額」進行交叉比對，判斷此時的融資是否為「融資主力」。

一般來說，當「散戶買賣盤」與「融資差額」交叉比對呈同向，表示該融資屬於散戶使用；反之，當「散戶買賣盤」與「融資差額」交

叉比對呈反向，表示該融資非屬散戶使用，即為融資主力（詳見表 3）。

　　各種情況說明如下：

情況1》散戶買賣盤淨買超、融資差額淨買超：融資散戶進場

　　①大黃綠紅多頭排列趨勢末端，當股價跌破黃線（60 日 EMA）後，出現向下反轉滯後性時，散戶買賣盤呈淨買超，融資差額呈淨買超表示融資散戶進場，籌碼不安定易使股價持續弱勢修正或趨勢反轉。

　　②大黃綠紅空頭排列趨勢下，籌碼不安定易使股價進入噴跌中。

情況2》散戶買賣盤淨買超、融資差額淨賣超：融資主力出場

　　①大黃綠紅多頭排列趨勢下，散戶買賣盤呈淨買超，融資差額呈淨賣超表示融資主力出場，籌碼不安定易使股價進入整理修正。當融資主力出場時，常有其他海撈 4 主力，例如外資主力進場做承接動作，讓股價維持在區間整理。

　　②大黃綠紅空頭排列趨勢下，籌碼不安定易使股價進入噴跌中。唯在大黃綠紅空頭排列趨勢下，融資常為散戶所使用，主力則常為外資及現券賣出。

情況3》散戶買賣盤淨賣超、融資差額淨買超：融資主力進場

①大黃綠紅多頭排列趨勢下，散戶買賣盤呈淨賣超，融資差額呈淨買超表示融資主力進場，籌碼安定易使股價進入噴出段。當融資主力進場時，常伴隨量價俱揚，且常見融資及融券同步增加的避險對鎖，以因應後續拉高出融資，以及壓回融券回補操作。

②大黃綠紅空頭排列趨勢下，籌碼安定易使股價進入反彈整理。唯在大黃綠紅空頭排列趨勢下，融資常為散戶所使用，主力則常為外資及現券賣出。

情況4》散戶買賣盤淨賣超、融資差額淨賣超：融資散戶出場

①大黃綠紅多頭排列趨勢下，融資常為主力使用，當融資主力進場，籌碼安定易使股價進入噴出段。

②大黃綠紅空頭排列趨勢下，融資常為散戶使用，當股價跌深後，融資散戶斷頭賣壓出場後，籌碼易安定，而進入跌深反彈。籌碼安定易使股價因融資散戶斷頭賣壓，而進入跌深反彈。

值得注意的是，以上 4 種情況中，在大黃綠紅多頭排列趨勢下，重視融資主力進場，也就是「散戶買賣盤呈淨賣超，融資差額呈淨買超」；

在大黃綠紅空頭排列趨勢下，重視融資散戶進場，也就是「散戶買賣盤呈淨買超，融資差額呈淨買超」。了解如何透過交叉比對「散戶買賣盤」與「融資差額」找出融資主力後，我們就來探討，在多頭趨勢下的融資主力與空頭趨勢下的融券主力的操作模式：

多頭趨勢》突破整理區間＋外資、融資主力同買，為做多買訊

在大黃綠紅多頭排列趨勢下，海撈 4 主力中，外資主力與融資主力是主力慣用的左右手（或分身）。1 檔股票，若可辨識外資主力及融資主力進出身影，則可判別主力著墨該股甚深，配合大黃綠紅多頭排列趨勢股價頻創新高下，可增加投資獲利的勝算。

其中，外資主力天天進出頻繁，角色分明確定，在大黃綠紅多頭排列趨勢下，常為洗盤及發動角色；而融資主力，挾其槓桿成本優勢，在出量的發動攻擊中，扮演重要角色。

因大黃綠紅多頭排列趨勢下，股價容易頻創新高，此時散戶「握怕死，放怕飛」的心態發作，容易迅速獲利了結。

在此情況下，由於融資與融券對鎖（註 1）會具有避險功能，使得大部分的融資幾乎為主力所使用。而主力使用資券對鎖的目的為何？

　　1 檔股票短線發動的訊號，在技術面上常為突破修正整理區間或下降趨勢線，在量價上，則產生爆量長紅 K，稱為量價俱揚。主力在發動股票時，若以成本為主要考量，使用融資爆量發動最為有效，且具槓桿性。

　　假使主力在盤中使用資券當沖，會使成交量放大、可以造成爆量的現象。此外，主力在盤中採用融資低點買進、融券高點賣出，進行對鎖不當沖，則除了可以賺取盤中價差外，亦可作為後續策略上的避險彈性調整應用。例如：殺融資使得股價修正後，低價回補融券；或是透過融資減，外資主力接手後，股價持續噴出後，營造融券軋空表象（註 2）。

　　另以一般技術分析的原理，當 K 線突破整理區間時，常為股價整理結束轉為噴出的臨界點，不太有投資人進行放空動作。且通常散戶因在整理區間時進場，整理時間愈長，其損益時而賺、時而賠。因此，

註 1：融資與融券對鎖就是融資與融券同時存在，進行交割，不常沖掉，其目的除了利用融資低成本交割產生爆量外，融券同時存在也可控制實質的進貨張數，以及因應未來股價修正整理時融券回補的價差賺取。

註 2：股價突破整理區間時的融資爆量常為主力成本區，當股價突破區間進行噴出後，於噴出相對高點進行融資賣出讓股價進入修正時，為「殺融資」。而股價突破整理區間時的融資與融券對鎖後，後續股價噴出時，融券於股價噴出後，產生虧損現象，稱為「融券軋空」表象。

當爆量長紅Ｋ出現時，為了降低獲利的不確定性，通常散戶買賣盤會呈現賣超。由於散戶常賣在起漲點，故此時的資券對鎖極可能為融資主力所為。

範例1》宏捷科（8086）

以宏捷科為例，可觀察在大黃綠紅多頭排列趨勢下，配合修正整理突破，辨識海撈雙主力——外資主力及融資主力進場時，短線交易勝率高，可作為做多投資進場參考依據。

從圖7可以看出，外資主力天天進出，角色分明確定，在大黃綠紅多頭排列趨勢下，成交量呈量縮整理中，常為洗盤角色（詳見圖7-❶與副圖外資）。另在整理結束時，亦有買盤推升股價脫離整理區間，也是發動股價噴出的重要主力角色（詳見圖7-❷）。而融資主力（散戶買賣盤與融資差額呈反向），挾其槓桿成本優勢，於整理區間突破前後（詳見圖7-❸），常利用資券對鎖方式，扮演出量攻擊的發動角色（詳見圖7-❷）。

顯見，在多頭趨勢下，配合整理區間的量價俱揚突破，若有外資主力及融資主力的雙主力進場下，即「外資買超＋融券差額增加＋融資差額增加＋散戶買賣盤呈賣超」的攻擊型籌碼發動下，應為短線做多

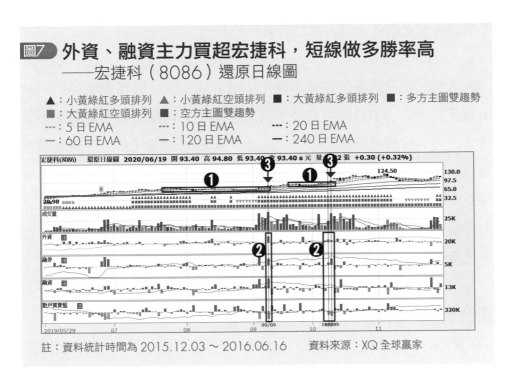

圖7 外資、融資主力買超宏捷科，短線做多勝率高
——宏捷科（8086）還原日線圖

▲：小黃綠紅多頭排列　▲：小黃綠紅空頭排列　■：大黃綠紅多頭排列　■：多方主圖雙趨勢
■：大黃綠紅空頭排列　■：空方主圖雙趨勢
---：5 日 EMA　　　---：10 日 EMA　　　---：20 日 EMA
—：60 日 EMA　　　—：120 日 EMA　　　—：240 日 EMA

註：資料統計時間為 2015.12.03 ～ 2016.06.16　　　資料來源：XQ 全球贏家

投資交易重要的買進訊號。若外資主力的買超天數及資券對鎖同步增加的天數，呈連續或天數愈長，對於後續的股價漲勢將更為明確。

空頭趨勢》跌破整理區間＋主力賣、散戶買，為做空訊號

在大黃綠紅空頭排列趨勢下，因為股價頻創新低，主力呈明顯一路賣超現象，其中外資主力為首（可配合法人賣超），另以借券賣出主

力或融券賣出為輔,而買盤只有散戶。

　　會造成此現象的原因在於,散戶認為,在空頭趨勢頻創新低下,做多易產生損失,由於散戶在面對損失時,其投資風險屬性轉為風險愛好者,有「沒賣就不算賠錢」的心理,而產生套牢現象,甚至有時會有「賭博性很強」的向下逢低攤平,且用槓桿性融資工具來加碼。故在空頭趨勢下,融資主力不復存在,融資幾乎為散戶所使用。最後主力持續賣壓下,股價創新低致使散戶融資產生斷頭現象後,股價才有大幅反彈機會。

範例2》臻鼎-KY(4958)

　　以臻鼎 -KY 為例,可觀察在大黃綠紅空頭排列趨勢下,配合反彈整理跌破,辨識空方海撈主力──外資主力為主,借券賣出主力(詳見後方介紹)及融券賣出主力為輔,進場賣出時,短線殺盤機率高,可作為做空投資進場賣出參考依據。

　　在空頭趨勢下,股價頻創新低主要係因空方海撈主力呈現經常性賣壓所致,且買盤僅以散戶為大宗,有時甚至使用融資進行加碼攤平動作。在空方海撈主力中,主要的賣壓來自外資主力,另借券賣出主力及融券賣出主力有時也占輔助性賣壓角色(詳見圖 8- ❶)。

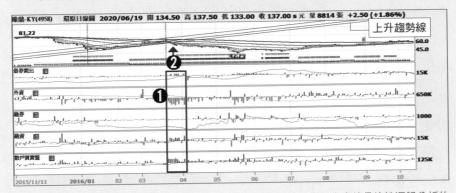

圖8 外資、融券主力賣超臻鼎-KY，短線殺盤機率高
──臻鼎-KY（4958）還原日線圖

▲：小黃綠紅多頭排列　▲：小黃綠紅空頭排列　■：大黃綠紅空頭排列　■：空方主圖雙趨勢
---：5日EMA　　　　---：10日EMA　　　　---：20日EMA
──：60日EMA　　　　──：120日EMA　　　　──：240日EMA

註：1. 資料統計時間為 2015.11.11 ～ 2016.10.14；2. 藍色垂直虛線是線性迴歸分析的
　　起始日期與結束日期標示　　資料來源：XQ 全球贏家

　　在大黃綠紅空頭排列趨勢下，成交量呈量縮反彈整理中，外資或法人的買盤常為誘多散戶的短暫性買超，一旦反彈整理結束時，空方海撈主力的賣壓再度出籠下，致使股價跌破反彈整理區間或上升趨勢線（詳見圖 8-❷），進入頻創新低殺盤。

　　前面提到多方趨勢下，融資滾量或資券對鎖出量下的突破整理區間

的融資角色是多方海撈主力之一；空方趨勢下，融資卻為散戶因損失加碼攤平的工具，使散戶買賣盤與融資差額呈同方向（詳見圖 8-❶）。

　　因此，投資人在空方趨勢下進行做空選股時，可選擇散戶使用融資買進的標的，配合反彈整理結束，其做空勝率極高。

　　顯見，在空頭趨勢下，配合反彈整理區間的量價俱跌的跌破，若有空方主力——外資主力、借券賣出主力或融券增加的賣壓下，即「外資賣超＋借券賣出增加＋融券差額增加」的空方攻擊型賣壓發動，且「散戶買賣盤呈買超＋融資差額增加」的散戶融資攤平低接下，應為短線做空投資交易重要的賣出訊號。

　　此外，對於外資主力的賣超天數及借券賣出增加的天數，呈連續或天數愈長者；或是散戶買賣盤呈買超及融資差額增加的天數，呈連續或天數愈長者，對於後續的股價跌勢將更為明確。

借券賣出主力》除放空外，亦可避險、套利

　　依證交所定義，「借券」係有價證券借貸行為，僅指出借人將有價證券出借給借券人，賺取借券費收益。而「借券」目的，除為放空外，

亦可從事避險、套利等策略性交易，或為還券、履約之用。相對於資券關係中的融券放空，有融資才會產生融券額度。融券放空，即當下就進行賣出股票放空的動作，且融券需要 9 成保證金，或其他可供融資、融券的標的當擔保品，使用的成本較高，而「借券賣出」僅需雙方議定之借券費用，相對融券保證金為低。借券相關的名詞說明如下：

1.借券成交

借券成交數量，是指當日投資人透過證交所借券中心，或是向證券商、證券金融公司借入之證券數量。相當於借券合約的訂定，尚未真正於市場中進行賣出動作。

2.借券餘額

借券餘額係指借券人所借入證券尚未返還之數額，即每日借券成交的累積量，再扣除前一日前已回補買回的還券數量。當借券餘額增加，表示借券成交數量增加，雖然還沒實際借券賣出，但也可能形成未來的賣壓。借券餘額的公式如下：

借券餘額＝本日「借券成交」數量＋累計至前一日尚未返還之數額－本日還券數量

3.借券賣出

　　借券賣出數量，是指當日投資人將已借入之證券，在證券市場中實際賣出的數量。其為重要的賣出資訊，也為本書中海撈主力之一。

4.借券賣出餘額

　　借券賣出餘額是借券餘額內，已經將借券賣出後，所剩下來的數量，即每日借券賣出的累積量，再扣除前一日前已回補買回的還券數量；相較於借券餘額，借券賣出餘額的資訊對於投資研判更重要。借券賣出餘額的公式如下：

借券賣出餘額＝本日「借券賣出」數量＋累計至前一日尚未回補數量－本日借券賣出回補數量

　　從前述可知，由於投資人借入證券不一定馬上會在證券市場中賣出，故借券成交與借券賣出是 2 種不同的交易行為！而實務上，借券賣出及借券賣出餘額資訊較具投資參考價值。

　　由於相關法令規定，法人於證券市場中不能使用融資、融券進行交易，使得法人只能透過借券市場來達到其做空的目的。故借券交易市場的最大參與者中，出借人多為擁有一定數量股票且為長期投資人，

常為法人，如投信、大股東非具申報帳號者等，或是具有一定股票數量的投資人，如長期投資人、存股投資人等。

借券人則主要以主力為主，常以外資主力為首。而券源較豐富的大型權值股，常成為外資借券賣出的主要標的，配合其現貨的進出交易，達到反向避險或同向加碼進出的動作。有了借券工具，主力的操作變得靈活，故借券賣出也形成重要的主力之一。將「外資」與「借券賣出交易」交叉比對後，其籌碼所代表的涵義整理如表 4。

了解借券主力的相關資訊後，下列我們就來探討，在多頭趨勢和空頭趨勢下，借券主力的操作模式：

多頭趨勢》外資、借券賣出主力同向做多，為做多買訊

以旺宏（2337）為例，可觀察在大黃綠紅多頭排列趨勢下，外資主力與借券賣出主力常見的操作方式。

1. **外資主力做空、借券賣出主力做多**：在多頭趨勢下，當外資出現賣超（呈綠柱），且借券賣出減少（表示借券賣出回補還券做多，呈綠柱）或少量增加下，表示多空方向不同步（詳見圖 9-❶），外資主力與借券賣出主力呈避險交易策略，常出現在整理期間（詳見圖 9 下

表4 外資淨買超＋借券賣出減少，屬做多加碼策略
——外資與借券賣出交易交叉比對

外資	借券賣出交易	籌碼分析
淨買超（＋）	增加（放空）（－）	1. 多空方向不同步，屬避險交易策略 2. 常出現在整理期間，等待多空方向出現分批解單 3. 籌碼不安定，後勢易整理等多空表態
淨買超（＋）	減少（還券）（＋）	1. 多空方向同步，屬做多加碼交易 2. 於多頭趨勢中，常出現在短線噴出期間 3. 於空頭趨勢中，常出現在短線反彈整理期間 4. 籌碼安定，後勢易有漲勢，對多方操作最有利
淨賣超（－）	增加（放空）（－）	1. 多空方向同步，屬做空加碼交易 2. 於多頭趨勢中，常為短線修正整理過程 3. 於空頭趨勢中，常出現在的短線噴跌期間 4. 籌碼極不安定，後續易有跌勢，對空方操作最有利
淨賣超（－）	減少（還券）（＋）	1. 多空方向不同步，屬避險交易策略 2. 常出現在整理期間，等待多空方向出現分批解單 3. 籌碼不安定，後勢易整理等多空表態

降趨勢線），其同時也可看出散戶買賣盤呈買超（呈紅柱）狀態，顯示籌碼不安定下的多頭趨勢係屬整理期間，投資人宜觀望。

2. **外資主力與借券賣出主力同步做多**：在多頭趨勢整理末端附近（詳見圖9-❷），因外資由賣超轉買超（呈紅柱），且借券賣出減少時，

圖9 **外資與借券賣出主力做多旺宏,視為買進訊號**
──旺宏(2337)還原日線圖

▲:小黃綠紅多頭排列 ▲:小黃綠紅空頭排列 ■:大黃綠紅多頭排列 ■:多方主圖雙趨勢
■:大黃綠紅空頭排列 ■:空方主圖雙趨勢
---:5 日 EMA ---:10 日 EMA ---:20 日 EMA
—:60 日 EMA —:120 日 EMA —:240 日 EMA

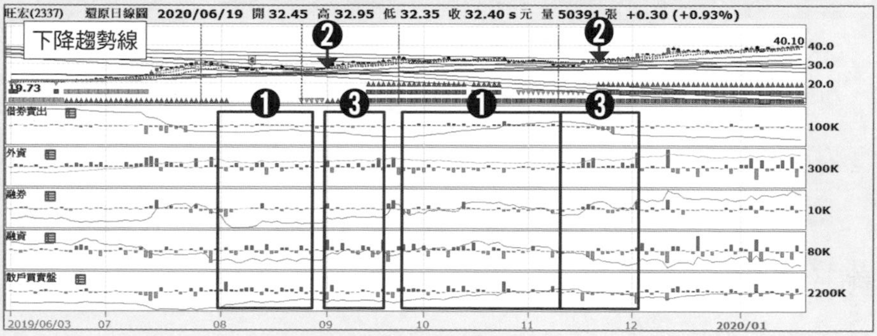

註:1. 資料統計時間為 2019.06.03 ～ 2020.01.20;2. 藍色垂直虛線是線性回歸分析的
起始日期與結束日期標示 資料來源:XQ 全球贏家

表示 2 主力同步做多(詳見圖 9-❸),此時散戶也開始由買超轉賣超,
散戶買賣盤呈賣超(呈綠柱)。

在此情況下,因為外資主力與借券賣出主力出現分批解單下,籌碼
轉趨安定,配合整理區間的向上突破,籌碼安定造就多頭趨勢再創新
高,擺脫整理區間後,展開短線噴出走勢,可作為做多投資進場買進

參考依據。

空頭趨勢》外資、借券賣出主力同向做空，為做空進場訊號

　　以裕隆（2201）為例，可觀察在大黃綠紅空頭排列趨勢下，外資主力與借券賣出主力常見的操作方式。

　　1. **外資主力做空、借券賣出主力做多**：在空頭趨勢下，當外資出現賣超，且借券賣出呈減少（還券）或少量增加下，表示多空方向不同步，外資與借券賣出主力呈避險交易策略，常出現在反彈整理期間（詳見圖 10-❶與上升趨勢線）。

　　2. **外資主力與借券賣出主力同步做多**：於空方反彈整理期間，若外資與借券賣出主力呈籌碼同向做多安定下（即外資呈買超，且借券賣出減少呈回補者），易為修正整理期間反彈相對高點的籌碼誘多現象（詳見圖 10-❷）。

　　3. **外資主力與借券賣出主力同步做空**：在空頭趨勢整理末端附近（詳見圖 10-❸），因外資由買超轉賣超，且借券賣出由回補轉為借券賣出增加（表示主力做空，呈紅柱）時，兩者同步做空（詳見圖 10-❹），此時散戶也開始由賣超轉買超，甚至使用融資買進（詳見

圖10 外資與借券賣出主力做空裕隆，為空方進場訊號
──裕隆（2201）還原日線圖

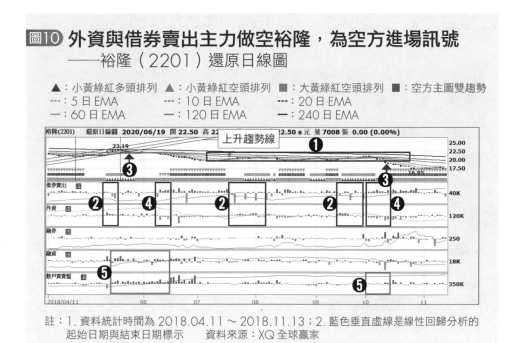

▲：小黃綠紅多頭排列　▲：小黃綠紅空頭排列　■：大黃綠紅空頭排列　■：空方主圖雙趨勢
---：5 日 EMA　　　---：10 日 EMA　　　---：20 日 EMA
—：60 日 EMA　　　—：120 日 EMA　　　—：240 日 EMA

註：1. 資料統計時間為 2018.04.11～2018.11.13；2. 藍色垂直虛線是線性回歸分析的
起始日期與結束日期標示　　資料來源：XQ 全球贏家

圖 10-❺）。

在此情況下，因為外資主力與借券賣出主力出現同步做空下，籌碼轉趨不安定，配合整理區間的向下跌破，籌碼持續不安定造就空頭趨勢再創新低，擺脫反彈整理區間後，展開短線噴跌走勢，可作為做空投資進場賣出參考依據。

權證主力》在盤中唯一可領先發現主力進場的訊號

　　權證是由證券發行商所發行，主要區分為做多型的認購權證，以及做空型的認售權證 2 種。根據證交所的定義，認購權證屬於買權（Call），其持有人有權利在特定期間內（美式）或到期日（歐式），以約定履約價格向發行人（通常是證券商）購入一定數量的特定股票，或是以現金結算方式收取差價，投資人看多則買認購權證。

　　反之，認售權證屬於賣權（Put），其持有人有權利在特定期間內（美式）或到期日（歐式），以約定履約價格向發行人賣出一定數量的特定股票，或是以現金結算方式收取差價，投資人看空則買認售權證。

　　實務上，證券商每賣出（即投資人買進）一定數量的認購權證，或是買回（即投資人賣出）一定數量的認售權證後，為了因應投資人可能履約的風險，證券商會在現貨市場中進行一定比率的「買進現貨」避險操作行為。

　　相對地，若證券商由市場買回（即投資人賣出）一定數量的認購權證，或是賣出（即投資人買進）一定數量的認售權證後，為了因應投資人可能履約的風險，證券商會在現貨市場中進行一定比率的「賣出

現貨」避險操作行為。

　　而證券商因應權證避險操作的現貨進出數量及金額，反映於自營商（避險）的進出資料中，即自營商（避險）呈買超，表示投資人於證券商庫存中，買進認購權證，或是投資人將手中的認售權證賣回證券商；自營商（避險）呈賣超，表示投資人將手中的認購權證賣回給證券商，或是投資人於證券商庫存中，買進認售權證。

　　了解完相關運作邏輯以後，接著就可以來看海撈主力之一的「權證主力」。所謂權證主力，即透過權證工具，推升股價上漲的主力，其中以買進做多的認購權證（即買進買權，Buy Call），以及賣出之前做空的認售權證（即賣出賣權，Sell Put）為主要工具。

　　而除了主力可以買進權證以外，散戶投資也可以買進權證，故權證主力的嚴謹定義，除了金額上單筆成交金額統計（權證成交金額大於3萬元），及當日累計金額統計（總金額最大的前 15 檔標的股）上有雙重限制定義外，仍要以散戶買賣盤呈賣超來進行交叉比對確認。

　　即「權證主力」做多定義為自營商（避險）呈買超，且散戶買賣盤呈賣超；做空定義為自營商（避險）呈賣超，且散戶買賣盤呈買超。

權證商品，因為證券商須於現貨市場同時進行避險操作，故具有追漲、追跌的明顯效果。且同融資主力一樣，權證亦屬槓桿型投資工具，故權證主力也是槓桿型主力之一，其槓桿倍數高（做多認購權證因避險工具多，正常為 4 倍～ 5 倍；做空認售權證因避險工具少，正常為 1 倍～ 2 倍），常常變成主力於盤中形成高點、低點，或是於極短線產生大幅波動，形成隔日沖交易，或是短線 1 週內，讓股價發動上漲的工具。

另外，權證主力因透過盤中權證進出資訊進行相關統計，故相較於盤後才統計出來的外資買賣超、借券賣出變動及融資增減變化資訊，權證主力是在盤中唯一可領先發現主力進場的訊號，可透過權證主力進出表進行觀察。

權證主力進出表是統計盤中權證單筆成交金額大於 3 萬元，且總金額最大的前 15 檔標的股（剔除 50 大權值股），再分別列出其成交價、漲幅、主力金額和主力成交比（詳見圖 11）。投資人可利用此表觀察每日盤中權證主力進出標的，作為當沖、隔日沖（指今天買、明天賣的交易行為）或短線交易的選股參考。

當做多與做空同時出現同一檔標的時，如泰鼎 -KY（4927）、旺宏

圖11 權證單筆成交金額大於3萬元的前15檔標的股——權證主力進出表（主力做多）

多 (TOP 15) / 多 (不含50權值股TOP15)

代碼	商品	成交	漲幅%	主力金額(多)	主力成交比%(多)
4927	泰鼎-KY	53.3s	+7.03	1411萬	38.92
3481	群創	8.80s	+4.64	806萬	40.32
2337	旺宏	38.00s	+4.11	2545萬	50.43
6488	環球晶	400.0s	+3.63	1747萬	42.15
2409	友達	10.10s	+3.59	867萬	50.47
>>3227	原相	161.5s	+3.19	1132萬	39.69
6669	緯穎	702s	+2.78	1388萬	52.08
3653	健策	209.0s	+2.70	1451萬	51.74
4935	茂林-KY	139.0s	+2.58	930萬	45.78
3260	威剛	70.7s	+2.46	801萬	40.04
3105	穩懋	282.0s	+2.36	1530萬	41.72
5483	中美晶	98.2s	+1.97	1047萬	39.17
3406	玉晶光	536s	+0.94	1660萬	46.93
2492	華新科	210.5s	+0.72	1208萬	48.56
3293	鈊象	486.0s	+0.21	1197萬	26.60

空 (TOP 15) / 空 (不含50權值股TOP15)

代碼	商品	成交	漲幅%	主力金額(空)	主力成交比%(空)
4927	泰鼎-KY	53.3s	+7.03	732萬	20.20
2337	旺宏	38.00s	+4.11	1107萬	21.92
6488	環球晶	400.0s	+3.63	1198萬	28.93
>>3227	原相	161.5s	+3.19	826萬	28.94
3260	威剛	70.7s	+2.46	719萬	35.99
3105	穩懋	282.0s	+2.36	1134萬	30.92
5483	中美晶	98.2s	+1.97	931萬	34.83
3406	玉晶光	536s	+0.94	992萬	27.97
2492	華新科	210.5s	+0.72	635萬	25.54
2049	上銀	306.0s	+0.66	1090萬	43.56
3293	鈊象	486.0s	+0.21	2233萬	49.88
8299	群聯	319.5s	0.00	865萬	34.07
3152	璟德	306.0s	0.00	850萬	71.81
8436	大江	225.0s	-2.81	693萬	52.08
3037	欣興	38.65s	-4.21	671萬	36.77

註：權證主力進出表屬付費資訊　　資料來源：XQ 全球贏家

（2337）、環球晶（6488）、原相（3227）等，表示主力進出頻繁，易造成盤中或極短線股價產生波動現象，以及成交量維持一定出量，常作為當沖及隔日沖選股標的參考。

唯須配合盤中江波圖及日線以下技術分析圖（常為 2 分鐘～ 5 分鐘），做多當沖及隔日沖操作時，才能產生高勝率獲利機會；反之，空方操作則以跌幅及做空排序為主，作為選股標的參考。

當主力做多發動時，常出現量價俱揚的現象，此時投資人可將權證

主力進出表依漲幅由高至低進行排序，挑選漲幅至少在 5% 以上的股票，再配合日線技術分析圖做判斷。在多頭趨勢下，於修正整理結束末端或突破初期，若出現多方權證主力進場，使成交量放大下，配合其他海撈主力籌碼安定布局者，常作為短線做多操作選股及進場標的。

當主力做空發動時，常出現量價俱跌的現象，此時投資人可將權證主力進出表依跌幅由低至高進行排序，挑選跌幅至少在 5% 以上的股票，再配合日線技術分析圖做判斷。

在空頭趨勢下，於反彈整理結束末端或跌破初期，若出現空方權證主力進場，使成交量放大，配合其他海撈主力籌碼不安定布局者，常作為短線做空操作選股及進場標的。

多頭趨勢》修正整理末端＋海撈4主力同步做多，為做多買訊

在多頭趨勢股價頻創新高下，股價波動是修正整理與噴出的交替組合。修正整理期間，成交量常量縮進行整理，主力於量縮整理期間進行上下洗盤進貨。而股價噴出時，常出現量價俱揚現象，若此時海撈 4 主力中大部分的主力皆進行做多操作，更能確定股價噴出的有效性。

而海撈 4 主力中，主要以非槓桿性的主力——外資主力，以及槓桿

性主力──融資主力為常態性進出，外資主力則配合借券賣出主力，進行反向避險操作的修正整理，以及同向加碼操作的籌碼發動，造成股價擺脫整理噴出。而融資主力，除配合融券對鎖產生成交量放大外，也配合權證主力，於修正整理末端與噴出初期期間，進行槓桿性的發動股價上漲，產生大幅的噴出獲利。

範例1》宏捷科（8086）

以宏捷科為例，可觀察在大黃綠紅多頭排列趨勢下，配合修正整理末端與噴出初期，權證主力與其他海撈主力的操作行為。

在多頭趨勢股價頻創新高特性下，為整理與噴出的交替組合，於修正整理期間（詳見圖 12-❶），海撈 4 主力同時同步進場做多的現象並不明顯，因成本效益考量，常為外資主力，配合借券賣出主力，進行反覆買超與賣超力道，使股價於黃線以上的區間內進行震盪，或形成短期跌破黃線的下降修正趨勢。

另於修正整理末端與噴出初期期間（詳見圖 12-❷），當負面表列的散戶買賣盤呈連續賣超下，正面表列的海撈 4 主力──外資主力、借券賣出主力、融資主力（空頭為融券主力）及權證主力，其中全部同步或大部分同步做多下（詳見圖 12-❸），即外資主力與借券主力

呈同向加碼操作的籌碼安定做多；融資主力，配合融券對鎖或權證主力進場，產生成交量放大的量價俱揚，進行槓桿性的發動股價上漲，產生大幅的噴出獲利。

其中槓桿性主力──融資主力及權證主力，因須與散戶買賣超交叉比對，且其槓桿性高，進場做多的連續性機會並不大，故於技術分析突破整理區間的前後，應特別注意槓桿性主力的進場做多，如此後續的股價噴出，才能致使主力獲利因槓桿工具的進場應用而得到最大化；唯若槓桿性主力呈連續進場做多者，更能明顯確認主力做多噴出的機會高。

由於在多頭趨勢下，多方海撈 4 主力不一定會全部出現，也不一定會同步出現，有時亦會分批前後出現，因此，投資人於進場買進做多時，仍應於技術分析的修正整理末端，與股價噴出的臨界點附近，配合多方海撈 4 主力頻頻出現，或是同步出現做多者，以提高做多勝率，並隨時設好停損。

空頭趨勢》反彈整理末端＋海撈4主力同步做空，為做空訊號

在空頭趨勢股價頻創新低下，股價波動是反彈整理與噴跌的交替組合。反彈整理期間，成交量常量縮進行反彈，主力於量縮整理期間進

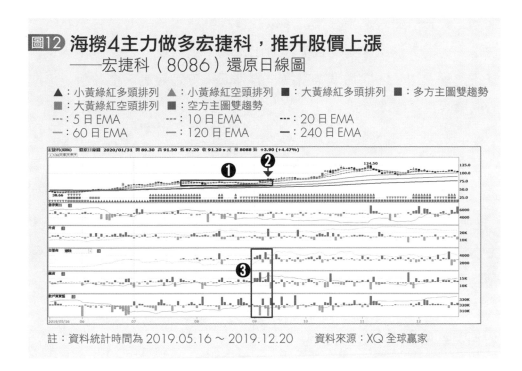

圖12 **海撈4主力做多宏捷科，推升股價上漲**
── 宏捷科（8086）還原日線圖

▲：小黃綠紅多頭排列　▲：小黃綠紅空頭排列　■：大黃綠紅多頭排列　■：多方主圖雙趨勢
■：大黃綠紅空頭排列　■：空方主圖雙趨勢
┅：5 日 EMA　　　　┅：10 日 EMA　　　　┅：20 日 EMA
─：60 日 EMA　　　　─：120 日 EMA　　　─：240 日 EMA

註：資料統計時間為 2019.05.16 ～ 2019.12.20　　　　資料來源：XQ 全球贏家

行上下洗盤誘多進貨。而股價噴跌時，常出現量價俱跌的現象，若此時海撈 4 主力中大部分的主力皆進行做空操作，更能確定股價噴跌的有效性。

主力在空頭趨勢下幾乎呈一面倒的賣壓，僅散戶在加碼攤平買進，故在海撈 4 主力中，主要以非槓桿性的主力──外資主力（有時也以

整體主力——法人進出替代），以及槓桿性主力——融券主力為常態性進出，而外資主力則配合借券賣出主力，進行反向避險操作的反彈修正整理，以及同向加碼做空操作的籌碼不安定發動股價殺盤，造成股價擺脫反彈整理噴跌。

在空頭趨勢中，因為散戶常使用融資，或是認購權證等槓桿性工具進行加碼攤平買進，使得此時的融資幾乎為散戶使用，而不是主力使用。反而主力會在反彈相對高檔，利用融券將股票賣出，也配合權證主力做空，於反彈修正整理末端與噴跌初期期間，使用槓桿性工具發動股價殺盤，產生大幅噴跌的槓桿性獲利。

範例2》中鋼（2002）

以中鋼為例，可觀察在大黃綠紅空頭排列趨勢下，配合反彈整理末端與噴跌初期，權證主力與其他海撈主力的操作行為。

在空頭趨勢股價頻創新低特性下，為反彈整理與噴跌的交替組合，於反彈整理期間（詳見圖 13-❶），海撈 4 主力同時同步進場做空的現象並不明顯，因成本效益考量，常為外資主力，配合借券賣出主力，進行反覆買超與賣超力道，使股價於黃線以下的區間內進行震盪，或是形成短期突破黃線的上升反彈趨勢。

圖13 海撈4主力做空中鋼，使股價噴跌
──中鋼（2002）還原日線圖

▲：小黃綠紅多頭排列　▲：小黃綠紅空頭排列　■：大黃綠紅多頭排列
■：大黃綠紅空頭排列　■：空方主圖雙趨勢
--- ：5 日 EMA　　--- ：10 日 EMA　　--- ：20 日 EMA
── ：60 日 EMA　　── ：120 日 EMA　　── ：240 日 EMA

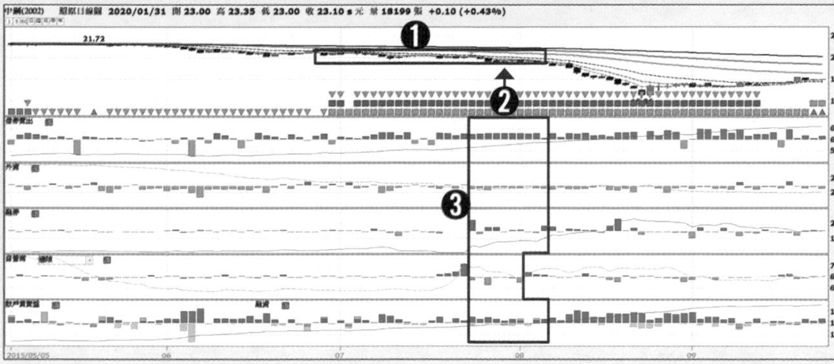

註：資料統計時間為 2015.05.05 ～ 2015.09.23　　資料來源：XQ 全球贏家

　　另於反彈整理末端與噴跌初期期間（詳見圖 13-❷），當負面表列的散戶買賣盤呈連續買超下，正面表列的海撈 4 主力──外資主力、借券賣出主力、融券主力（多頭為融資主力）及權證主力，其中全部同步或大部分同步做空下（詳見圖 13-❸），即外資主力與借券主力呈同向加碼操作的籌碼不安定做空；融券主力，配合權證主力進場做空，產生成交量放大的量價俱跌，進行槓桿性的發動股價殺盤，產生

大幅的噴跌獲利。

　　在空頭趨勢下，主力幾乎一路呈現賣壓，且散戶易使用融資加碼攤平買進，故在空頭中的資券性質主力為融券主力，非為融資主力。且槓桿性主力──融券主力及權證主力，因須與散戶買賣盤進行交叉比對，且其槓桿性高，進場做空的連續性機會並不明顯，尤以權證主力為最。

　　當於技術分析跌破反彈整理區間的前後，應特別注意槓桿性主力的進場做空，如此後續的股價噴跌，才能致使主力獲利因槓桿工具的進場應用而得到最大化。若槓桿性主力呈連續進場做空者，更能明顯確認主力做空噴跌的機會高。

　　由於在空頭趨勢下，空方海撈 4 主力不一定會全部出現，也不一定會同步出現，有時亦會分批前後出現。因此，投資人於進場賣出做空時，仍應於技術分析的反彈整理末端，與股價噴跌的臨界點附近，配合空方海撈 4 主力頻頻出現，或是同步出現做空者，以提高做空勝率，並隨時設好停損。

3-3 從投信布局與否 區分主流股與主力股

在每一次大盤修正整理後的漲勢過程中，每每會出現新的一波主流股與主力股。其中主流股常是因為產業前景好，造成產業內上、中、下游相關公司的營收及獲利成長，另在股票的量價上，常出現股價頻創新高的長紅K，以及成交量放大現象，且幾乎同產業的公司股價都全面齊揚現象！

而主力股則是由海撈 4 主力中的外資主力及融資主力所為，有時亦會配合自營商（自行買賣）的輔助拉抬，而造成股價狂飆現象（詳見表 1）。若是投資人能選中上述這 2 種類型的股票，都有很大機率可以在投資中打敗大盤，或是提升投資績效。

實務上，投資人在選股時常常因為找不到主流股或不知主流股的特性，而在大盤一波多頭趨勢中，買到漲幅不大的股票，進而使投資績

效打了折扣；或是買到飆股的主力股，但因不懂何時出場，容易賣得太早。因此，唯有認清主力股和主流股的特性，才能夠提高投資勝率。下面就來教大家如何辨別主力股和主流股：

主流股》投信持續買超，量價俱揚

先來看主流股，要如何才能找到主流股？方法很簡單，只要跟著三大法人中的投信進行選股就對了！因為投信是基本面選股的重要標竿，對各家公司的基本面有一定的研究分析，故而投信沒買的標的，是不可能成為主流股的。

再加上投信買盤是繼外資以外，於台股市場中資金第 2 大角色，且有別於海撈 4 主力，投信為推升股價的重要輔助性買盤，易造成持續量價俱揚的主流現象。因此，觀察投信是找到主流股的最佳方法。

投信的全名為「投資信託股份有限公司」，乃向投資人募集證券投資信託基金，進行證券及其衍生商品投資行為之本國證券投資信託業者，屬專業金融機構，為三大法人之一。

投信公司的基金經理人具備專業證照及實務經驗，透過研究團隊，

表1 **主流股深受海撈4主力、投信青睞**
── 主流股vs.主力股

股票類別	特性
主流股	1. 常為市場認同的產業基本面成長性佳的類股，伴隨需求大於供給，而造成產品價格調漲，以及營收、毛利率或每股盈餘（EPS）連續創歷史新高，利多題材頻頻發酵 2. 投資參與者除了海撈4主力買進明顯外，最大特色是投信積極布局買進 3. 產業內上、中、下游相關公司的股票股價紛紛創新高，或是出現價格齊漲現象，且進行一線股（指經營績效較好的個股）、二線股（指經營績效較差的個股），或是高價股、低價股輪動持續 4. 技術線型為多頭趨勢，股價頻創新高，成交值或成交量持續放大者
主力股	1. 常為主流股中的二線股，或是有短期特殊利多題材下的中低價個股，如轉單、合併、虧轉盈等 2. 投資參與者以海撈4主力中的外資主力及融資主力為主，另常有自營商（自行買賣）參與，且最大特色是投信無布局買進者 3. 技術線型為多頭趨勢，股價頻創新高，且成交價常伴隨連續跳空或出現長紅K，短線漲幅甚大且常一波到底

進行上市（櫃）公司、產業機構等訪問調查。且利用「Top-down」（由上而下，即總體經濟分析→資本市場分析→產業分析→個別公司基本面分析），或是「Bottom-up」（由下而上，與Top-down呈反向分析程序）2種證券分析模式，進行資產配置組合及最終選股決策。

此外，投信亦會透過時間序列的動態資訊變化，如GDP（國內生產毛額）成長率變化、產業技術創新動向、個別公司財務動態公布等資

訊，進行持股變動因應，最終讓基金淨值績效成長，致使投資基金的投資人能夠獲利。

綜上分析可知，投信所選擇的投資標的，其產業面具有相當的成長性或前瞻性，且個別公司基本面具有一定程度的投資價值。究其原因，投信公司有研究員或研究團隊為其標的選擇做第一層的把關，因此，投資人若以產業前景或基本面佳之標的為投資首選考量者，應特別重視投信買超者，同時也可去除基本面選股的不專業性及不確定性。

正所謂「養小孩即可，不用養研究員！」投資人只須將投信操作的個股做進一步檢視即可，不須將全部上市（櫃）公司都研究一遍。

談到投信，就不得不提「法人作帳行情」。什麼是法人作帳行情？先將字面拆開來看，其中法人指的是三大法人——外資、投信、自營商（自行買賣）。作帳則意指每季、半年或年度的投資績效表現，法人績效的呈現常於每年 3 月 31 日（第 1 季作帳）、6 月 30 日（第 2 季作帳或稱半年底作帳）、9 月 30 日（第 3 季作帳）及 12 月 31 日（第 4 季作帳或稱年底作帳）。

而法人作帳行情係指三大法人會在每季開始時，進行認養布局股票，

之後於期間股價因基本面財務資訊或題材面消息發酵，引發市場認同或追漲，且配合技術面大黃綠紅多頭排列趨勢下，使股價於接近季底或之前見到相對高點後，三大法人進行結帳，完成法人作帳行情。

　　故想要掌握法人作帳行情，應先了解法人布局的方式；且後續在技術面大黃綠紅均線呈多頭排列趨勢下，配合基本面及題材面發酵致使股價上漲；而後，法人賣壓出現致作帳行情結束。

　　三大法人中，外資因屬海撈主力──進出頻繁之洗盤角色，於法人作帳行情中，較難看出連續布局現象；而自營商（自行買賣），因為證券商自營資金，運用上多為短線交易性質（詳見後方說明），較無法人作帳的現象；投信因偏重基本面的價值投資，且屬中長期投資屬性，操作上較少發生短進短出現象，故投信作帳行情，較可為投資人所掌握。基本上，投信作帳行情會有 4 步驟：

步驟1》投信集中買超布局

　　確認投信作帳行情步驟的第 1 步，當然是於每一季季底後，新一季開始的前後期間，有投信買超者。投信買超以連續買超為主，且張數愈多愈好。若配合多頭趨勢下短期整理結束末端或突破時，可作為進場買進訊號。若於每季季初或每季上半段，無發生投信連買（2 日或

以上天期）者，則無構成投信作帳標的選擇之可能。以圖 1 為例，投信於 2019 年 7 月和 11 月開始認養嘉澤（3533），密集進行布局動作（詳見圖 1-❶）。

步驟2》檢視基本面佳的股票

配合基本面或題材面消息的發酵，其中以高價股最能反映基本面的價值，也是散戶較不會參與的股票，籌碼較安定，且股本較小易拉抬，故在投信作帳標的中以高價股為選股重心。

步驟3》檢視技術面是否出現多頭趨勢

配合在技術面大黃綠紅均線呈多頭排列趨勢之股價頻創新高特性下，才有後續股價噴出的可能，最後致使投信在當季季底前賣出，完成投信作帳的績效。

步驟4》投信出現結帳訊號

投信結帳的賣出訊號，並不一定會剛好出現在季底，投信可能會在季底前，配合股價相對高點出現時，便開始產生賣出結帳動作。投信結帳時，並不一定會實現賣壓，也可能因基本面佳及產業成長爆發，出現分批跨季作帳行情，而遞延投信結帳時間。且投信結帳並不一定會剛好在季底，可能提前或延後產生賣壓。因此，若股價出現相對高

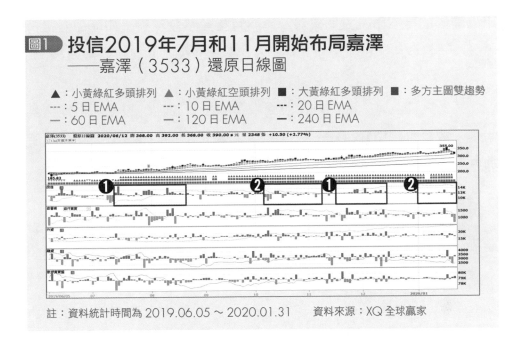

圖1 投信2019年7月和11月開始布局嘉澤
──嘉澤（3533）還原日線圖

▲：小黃綠紅多頭排列　▲：小黃綠紅空頭排列　■：大黃綠紅多頭排列　■：多方主圖雙趨勢
---：5日EMA　　　　---：10日EMA　　　---：20日EMA
──：60日EMA　　　　──：120日EMA　　──：240日EMA

註：資料統計時間為2019.06.05～2020.01.31　　　資料來源：XQ全球贏家

點，且投信有賣壓出現時，可作為離場賣出訊號（詳見圖1-❷）。

了解投信的相關資訊後，我們將進一步介紹，在多頭趨勢和空頭趨勢下，如何利用投信分別找出主流股與主跌股的操作策略：

多頭趨勢》投信持續且分批連買時，為做多重要買進訊號

在多頭趨勢股價頻創新高中，1檔股票的股價要有倍數成長，首重

市場認同的基本面具長期優勢及產業題材具爆發成長，如產品價格持續調漲、營收頻頻創歷史新高等，才能吸引各種不同投資人進場。

　　尤其是具專業研究團隊及持股屬中長期投資週期的投信，最能被其吸引，故身分別型籌碼——投信，在籌碼面分析上是投資人在選股時非常重要的觀察依據。

　　而在投信所參與的股票中，若發現與該股票同產業的其他個股，股價亦紛紛出現持續創高齊漲現象者，表示該類產業個股可謂是當期的主流股。

　　例如在 2019 年第 4 季期間，DRAM（動態隨機存取記憶體）現貨價格調漲題材下，相關 DRAM 模組製造商，如威剛（3260），在預期產品價格調漲的獲利下，除海撈 4 主力積極買超外，投信亦持續進場，形成當期的主流股。

　　在公司的基本面不錯、產業前景不差，且技術線型呈多頭趨勢下，當發現投信持續且分批連買時（詳見圖 2-❶），配合海撈主力——外資及融資主力呈買超，以及散戶呈賣超下（詳見圖 2-❷），為投資選股時重要參考依據。

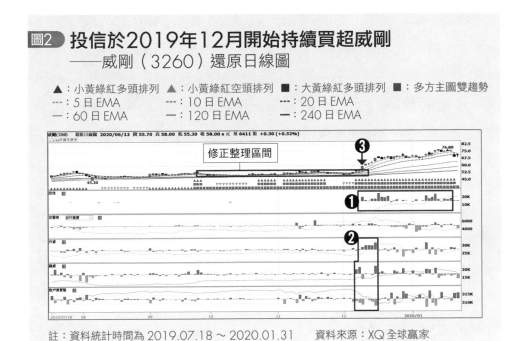

圖2 投信於2019年12月開始持續買超威剛
──威剛（3260）還原日線圖

▲：小黃綠紅多頭排列 ▲：小黃綠紅空頭排列 ■：大黃綠紅多頭排列 ■：多方主圖雙趨勢
---：5日EMA ---：10日EMA ---：20日EMA
—：60日EMA —：120日EMA —：240日EMA

註：資料統計時間為 2019.07.18 ～ 2020.01.31　　資料來源：XQ 全球贏家

　　此外，在大黃綠紅均線多頭排列趨勢下，配合整理結束末端的突破
（詳見圖2-❸），負面表列的散戶買賣超呈賣超；且正面表列的參與者，
除海撈４主力買進外，若有三大法人同買者，其中股價常因投信進場，
市場參與者眾多的認同買盤下，確認基本價值被發現，造成股價擺脫
整理噴出，而頻創新高。故三大法人同買且持續連續連買者，亦可作
為投資選股重要參考依據。

由前述可知，股價上漲主要因素來自於主動性的籌碼面安定及技術面的多頭趨勢配合，籌碼面應有海撈 4 主力籌碼齊買或分批進場，致使籌碼產生安定性，以及技術面上已呈大黃綠紅均線多頭排列趨勢形成，才會讓股價頻創新高。唯若有投信買進下，通常可以解決資訊不對稱性（即個別公司的相關財務資訊，如營收或合併等訊息，在未依法令公布前，已有相關人士先得知），以及資訊不連續性（即財務資訊的公布，如營收 1 個月公布 1 次，而股價已經產生 20 日的變化）的基本面成長或轉機題材！

空頭趨勢》三大法人同賣且持續連賣者，為做空進場訊號

在空頭趨勢股價頻創新低中，1 檔股票的股價要被腰斬、再腰斬，首重市場不認同的基本面具長期劣勢，以及產業呈大幅衰退，如產品價格持續調降、營收頻頻創歷史新低或供過於求等，才會造成法人或主力棄守，形成主力賣壓與散戶買盤的對決。尤其是具專業研究團隊及持股屬中長期投資週期的投信，最能領先看壞其產業。故身分別型籌碼——投信，在籌碼面分析上，當投信在產生賣壓時，凸顯該產業股票前景堪憂。

而在投信呈一路賣超的股票中，若發現與該股票同產業的其他個股，股價亦紛紛出現持續創低齊跌現象者，表示該類產業個股可謂是當期

的主跌股。

例如在 2019 年期間，電視液晶面板在供過於求的產業利空下，相關面板製造商，如友達（2409），在預期基本面前景不佳下，除海撈 4 主力積極賣超外，投信持續賣超下形成當期主跌股。

在公司的基本面及產業前景不佳，且技術線型呈空頭趨勢下，當發現投信持續或分批連賣時（詳見圖 3-❶），配合外資呈賣超，以及融資、散戶呈買超下（詳見圖 3-❷），為空方投資選股時重要參考依據。

此外，在大黃綠紅空頭排列趨勢下，配合反彈整理結束末端的跌破（詳見圖 3-❸），負面表列的散戶買賣超呈買超；且正面表列的參與者，除海撈 4 主力賣超外，若有三大法人同賣者，其中股價常因投信賣壓進場，法人認同賣盤下，造成股價擺脫反彈整理噴跌，而頻創新低。故三大法人同賣且持續連賣者，亦可作為空方投資選股重要參考依據。

股價下跌主要因素來自於主動性的籌碼面不安定，以及技術面的空頭趨勢配合，籌碼面應有海撈 4 主力籌碼齊賣或分批賣盤進場，致使籌碼產生不安定性，以及技術面上已呈大黃綠紅均線空頭排列趨勢形成，才會讓股價頻創新低。

唯若有投信賣壓下，通常可以解決資訊不對稱性（即個別公司的相關利空財務資訊，如營收或調降產品價格等訊息，在未依法令公布前，已有相關人士先得知），以及資訊不連續性（即財務資訊的公布，如營收 1 個月公布 1 次，而股價已經產生 20 日的變化）的基本面利空題材！

主力股》投信未買進，為主力與散戶正面對決

自營商（自行買賣）為重要輔助角色

談完主流股，接著來看主力股。所謂主力股，其最大的特色是投信沒有買進或是僅有零星買盤者。主力股的參與者少，常為主力與散戶的正面對決，其中的主力，主要以海撈 4 主力中的外資主力及融資主力（空方為融券主力）為主。

另外，在三大法人中，自營商（自行買賣）也因具法人研究能力，且有權證發行部門，故常為題材集中角色，且其操作上以短線為主要策略，故主力股中常有自營商（自行買賣）的短線積極參與。有關自營商（自行買賣）的介紹，如下分析。

何謂自營商？自營商為國內綜合證券公司的 3 大業務部門之一，其

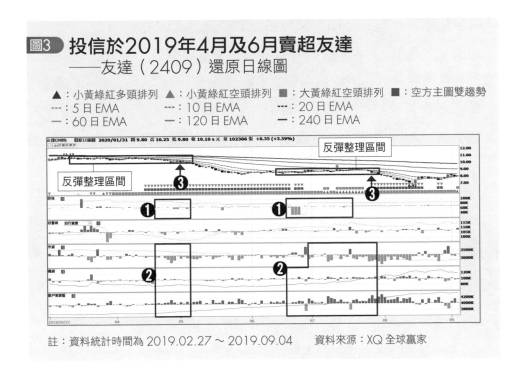

圖3 投信於2019年4月及6月賣超友達
──友達（2409）還原日線圖

▲：小黃綠紅多頭排列　▲：小黃綠紅空頭排列　■：大黃綠紅空頭排列　■：空方主圖雙趨勢
---：5 日 EMA　　　---：10 日 EMA　　　---：20 日 EMA
──：60 日 EMA　　　──：120 日 EMA　　　──：240 日 EMA

註：資料統計時間為 2019.02.27 ～ 2019.09.04　　　資料來源：XQ 全球贏家

他 2 大業務部門分別為證券經紀商及證券承銷商。

其中，證券經紀商主要從事代理買賣證券的證券業務，接受投資人委託、代為買賣證券，並收取一定手續費（即佣金），又稱為證券分公司；證券承銷商則是以包銷或代銷形式幫助發行人（上市（櫃）公司）發行有價證券，以協助其進行募資的業務。

自營商依操作模式不同，又可區分為自營商（自行買賣）及自營商
（避險）。其中，自營商（自行買賣）主要以證券公司本身自有資金，
進行自行買賣證券，賺取自有資金之證券投資利得；而自營商（避險）
主要因證券公司發行衍生性金融商品──權證，所進行的避險操作，
與自營商（自行買賣）有所區別。本書所說的自營商，則是以自營商
（自行買賣）為主。

三大法人中，除外資、投信外，另一個即是自營商，亦屬專業金融
機構之一。相較於投信是向投資人募集基金而進行股票操作，自營商
（自行買賣）主要以證券公司本身自有資金，進行自行買賣證券，在
三大法人中的交易資金部位最小，且具短期績效壓力。

自營商操盤手本身具專業背景及經驗，加上其為證券公司重要核心
部門，為市場題材消息的匯流所在，故自營商特別關注題材及技術線
型，操作上以短線交易為主，賺取低進高出的買賣價差利潤，故相對
於投信的波段交易策略，自營商（自行買賣）為短線交易實踐者。

三大法人中，外資為海撈主力之一，而投信及自營商（自行買賣）
雖屬法人身分，唯其角色特質不同，僅為股價漲／跌勢過程的輔助推
升／跌角色。其中投信因屬中長期投資，且可發現基本面佳的主流股，

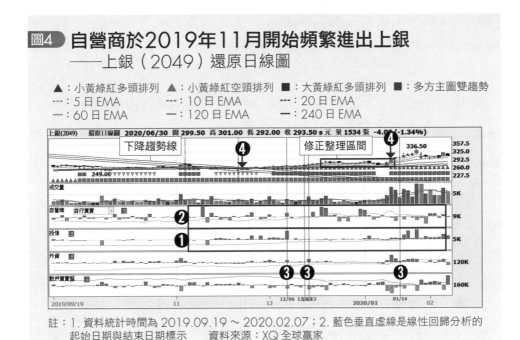

圖4 **自營商於2019年11月開始頻繁進出上銀**
——上銀（2049）還原日線圖

▲：小黃綠紅多頭排列　▲：小黃綠紅空頭排列　■：大黃綠紅多頭排列　■：多方主圖雙趨勢
---：5 日 EMA　　　---：10 日 EMA　　　---：20 日 EMA
—：60 日 EMA　　　—：120 日 EMA　　　—：240 日 EMA

註：1. 資料統計時間為 2019.09.19 ～ 2020.02.07；2. 藍色垂直虛線是線性回歸分析的
起始日期與結束日期標示　　資料來源：XQ 全球贏家

故投信連續買超布局的現象是重要選股關鍵，例如工具機關鍵零組件大廠上銀（2049，詳見圖 4-❶）。而自營商（自行買賣）常以短線交易為主，且常操作題材消息面或基本面佳的熱門股，故自營商（自行買賣）頻繁進出的現象亦是重要選股參考（詳見圖 4-❷）。

自營商（自行買賣）因其進出頻繁特質，於籌碼分析上的單一有效

性較為薄弱，須配合其他籌碼分析——三大法人同買，以及技術面的有效性——突破整理前後，才具參考意義。

其中，三大法人同買的股票，表彰法人對該股基本面一致性的認同，故三大法人同買（詳見圖 4-❸），可增強自營商（自行買賣）在籌碼分析上的有效性，此時再輔以技術面整理末端的突破前後（詳見圖 4-❹），有自營商（自行買賣）買進者，更能提高短線進場獲利的勝率。

自營商（自行買賣）因操盤具專業性，且在證券商自有資金操作績效的壓力下，進出操作較為短線，故自營商（自行買賣）所選擇的進場標的，常為盤面具題材發酵、技術面佳等強勢股為主，配合三大法人同買下，於技術指標轉強時進場，短線獲利則出場，否則斷然嚴設停損，可謂是海撈短線交易實踐者。

外資主力與融資主力為主要推升角色

實務上，主力股的產生，多半為主流股中的二線股，或是有短期特殊利多題材下的中低價個股，如轉單、合併、虧轉盈等題材加持，例如高力（8996）是特斯拉（Tesla）電動車飆漲題材。

主力股在技術線型為多頭趨勢創新高，且成交價常伴隨連續跳空或

長紅 K，短線漲幅甚大且常一波到底，股價的波動甚大，一旦主力噴出結束，股價修正常快速回到起漲區。故投資人操作主力股時，應隨時做好離場的準備。

　　因主力股參與者甚少，僅為主力與散戶對作，且常為基本面不佳的中低價位股，於多頭排列趨勢下，在主力資金買盤下，易有漲勢，且若有自營商（自營買賣）的積極進出者，除可確認其為當下熱門股外，亦可增強股價推升力道。故有自營商（自營買賣）積極進出的主力股，投資人可作為選股參考。

　　而在空頭排列趨勢中，主要買盤僅為散戶，賣盤則為外資主力（配合借券賣出）或法人為主的持續賣盤。主力股因參與者少，在空頭趨勢中少了投信賣壓，而產生低成交量現象，故對於空方的選股應以三大法人皆有參與賣壓的標的為主，主力股的做空應盡量避開。

　　以圖 5 為例，可觀察主力股的重要特色為投信沒有買進或甚少著墨，且在多頭趨勢下，股價主要拉升的主力為外資主力及融資主力（詳見圖 5-❶）。

　　另外，在三大法人中，自營商（自行買賣）也因具法人研究能力，

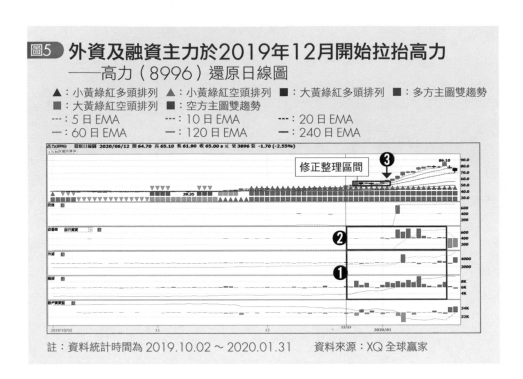

圖5　外資及融資主力於2019年12月開始拉抬高力
——高力（8996）還原日線圖

▲：小黃綠紅多頭排列　▲：小黃綠紅空頭排列　■：大黃綠紅多頭排列　■：多方主圖雙趨勢
■：大黃綠紅空頭排列　■：空方主圖雙趨勢
---：5 日 EMA　　---：10 日 EMA　　---：20 日 EMA
——：60 日 EMA　　——：120 日 EMA　　——：240 日 EMA

註：資料統計時間為 2019.10.02～2020.01.31　　資料來源：XQ 全球贏家

且有權證發行部門，故常為題材集中角色，且操作上以短線為主要策略，故主力股中常有自營商（自行買賣）的短線積極參與，若有自營商（自行買賣）的短線參與者，可增強主力股的股價推升（詳見圖5-❷）。

　　主力股在技術線型仍要為多頭趨勢才有頻創新高機會（詳見圖

5-❸），且成交價常伴隨連續跳空或長紅 K，短線漲幅甚大且常一波到底，股價的波動甚大，故投資人操作主力股時，應隨時做好離場的準備，一旦主力噴出結束，股價修正因無其他買盤支撐，常快速回到起漲區。因此，投資人應設好停利及停損機制。

3-4 內部人持股意願增強 長線投資價值浮現

　　在身分別型籌碼中，除市場影響力高的三大法人專業金融機構外，尚有大股東、主力及散戶，此 3 種市場角色，不像三大法人有極為明確的定義，須經籌碼層層交叉比對才可窺探之！其中大股東，指的就是法令定義的「內部人」之一。

　　下列我們將從內部人——籌碼最終主導者，進行如下說明分析。

內部人為海撈主力籌碼最終主導者

　　什麼是內部人？依《證券交易法》第 22-2 條及第 25 條規定，內部人的範圍包括董事、監察人、經理人（註 1）、持有公司股份超過股份總額 10% 之股東，以及前述內部人之配偶、未成年子女及利用他人名義持有者，以下簡稱為內部人。

由於內部人為上市（櫃）公司的經營者或控制者，因此《證券交易法》基於下列 4 個理由，規定內部人必須要公開其持股，使投資大眾能知悉公司重要人員持股異動情形，藉以監督，防範不法：

1. 內部人因為身分特殊，對於公司財務、業務等資訊的取得掌握絕對優勢，容易利用未發布的內部消息從事交易，致不知情之他方受有損害。

2. 內部人大多數持有公司相當數量的股份，於轉讓持股時，對公司穩定經營及證券市場的交易均有一定影響。

3. 為防範公司內部人藉由轉讓持股炒作股票，或是進行內線交易而損及投資人權益，並為維護證券市場交易秩序及交易的公平性。

4. 可經由內部人的持股變動資訊了解公司未來經營狀況，以作為投資人決策參考。

註 1：依財政部證券暨期貨管理委員會之定義，經理人是指：1. 總經理及相當等級者、2. 副總經理及相當等級者、3. 協理及相當等級者、4. 財務部門主管、5. 會計部門主管、6. 其他有為公司管理事務及簽名權利之人。

有關內部人之股權申報範圍，可區分為下列 3 種：

1. **事前申報**：指內部人持股轉讓前之申報。

2. **事後申報**：指內部人每月持股異動情形之申報。

3. **設質、解質申報**：指內部人持股設質、解質之申報，以及內部人每月設質、解質彙總之申報。其中設質是內部人將公司股票當質押品去向銀行借錢，解質則是內部人從銀行將質押的股票贖回。

辦理股權申報時，每一交易日轉讓股數未超過 1 萬股（10 張）者，免予申報。

就常理而言，1 檔股票內部人的持有股權比率，理論上應為最高，才有掌控公司經營權之可能，故其應為最終籌碼的主導者。唯因內部人持股變動時，其買賣股票受限法令規範甚多，故名目上內部人持股比率可能偏低，但實際上內部人持股角色極多，可謂「狡兔有三窟」。

由於內部人是海撈主力籌碼最終主導者，故研究其籌碼流向甚為重要。但是，基於下列理由，投資人很難進行內部人持股分析：

1. 內部人於上市（櫃）前，基於股權分散理由，常使用人頭戶進行分散，實質上確可掌握股權。

2. 內部人於上市（櫃）後，基於股權申報規範，無法自由買賣，僅於每一交易日轉讓股數未超過 1 萬股（10 張）者，免予申報。故而內部人常使用人頭戶進行分散。

雖然內部人的籌碼流向難以分析，經過籌碼分析交叉比對，以及下列理由推測後，可發現在三大法人中的外資角色，最有可能是內部人持股的影子。其他利用人頭戶及現股持股者之內部人持股，則因資訊無法取得，而難以分析（註 2）：

1. 依台灣證券交易所每日公布的「外資及陸資買賣超彙總表」可以看出，外資自營商於台股交易量比重甚低或無交易，大部分皆是不含外資自營商的外資及陸資，屬經紀業務為主。其受託買賣者，可能為

註 2：法令規定的內部人雖有資訊可取得，唯公司在上市前的內部人持股集中，為符合上市股權分散及股東人數規定，內部人通常在上市前會將股權利用人頭戶或第三地轉投資（經過多層轉投資持股且公司常在國外，較難查出實質持有人），故上市（櫃）後，法令規定的內部人常無變動，而檯面下的內部人持股則可以規避法令，進行進出，以維護股價及股權，例如在公司營運不佳時先行在相對高點賣出股票，而於公司營運轉佳時，先行在相對低點買進股票。

內部人或配合內部人聯合炒作的海撈主力。

　　2. 外資股東的股利或盈餘之扣繳率21%，採分離課稅，較國內為低。又大股東為所有股東中，持股比率甚高者，其稅負考量下，易轉為外資角色持有，故外資角色可能為大股東。

　　3. 大股東境外遺產節稅規畫需求下，也常以外資身分進行股權控股，故外資角色可能為大股東。

　　4. 上市（櫃）公司中，幾乎檔檔都有外資頻繁進出，進行洗盤或出貨，暗藏的假外資可能為大股東或配合內部人聯合炒作的海撈主力。

　　5. 上市（櫃）公司中，依台灣證券交易所官網的公開資訊觀測站公告資訊查得，內部人持股比率普遍偏低，大多在 30% 以下，甚至低於 10%，與公司永續經營前提下的內部人股權應為集中現象，有所違背。

　　6. 內部人掌握公司最新相關影響股價訊息，而股價漲跌變化，對其個人資產變化甚大。當股價漲高偏離公司價值，產生股價高估時，內部人賣出獲利調節股權的意願增強；當股價跌幅偏離公司價值，產生股價低估時，內部人則會低接增加股權。

7. 外資開戶門檻高，應提具高額財力證明，且相關交易費用較國內為高，故外資為散戶角色機會低，且在身分別型籌碼中，投信與自營商（自行買賣）有明確的法令定義及規範，故外資可能為大股東或配合內部人聯合炒作的主力。

8. 無論外資若推測為大股東或主力（非大股東之主力），當非大股東的主力進行持續買進時，其應與大股東產生一定默契之聯合炒作，即大股東與主力，有讓股價真實反映公司經營價值之共同目標。若如此，主力可能為大股東之附屬或其本身即是大股東。

由上分析，可推測海撈主力最終主導者──內部人，其角色應不只法令規定所示，可能包含外資、人頭戶（融資及現股持有者）等，其中以外資角色的進出，最能讓投資人進行投資上的參考。

內部人持股比率高，可作為長線布局選股參考

一般來說，上市（櫃）公司之內部人持股比率，為了規避進出要公告及檯面下可維護股價及股權較方便等原因，使得名目上的數值偏低，但仍有增加的時候！那麼投資人該如何依據內部人持股比率進行投資參考呢？首先，要先了解內部人的心態及其長線布局的屬性：

1. 名目上的內部人持股比率增加，未來賣出需要申報，故能買在長線低點最好。因此，內部人持股比率連續增加月數，愈多愈好。

2. 內部人因身分特殊，對公司財務業務資訊之取得掌握絕對優勢，正所謂「春江水暖鴨先知。」產業循環的落底，內部人最先知道，買進持股誘因增強，易帶動市場其他投資人跟進。

3. 當經濟景氣低檔時，而股價也處於長線相對低檔，內部人買進持股誘因增強。而股價長線相對低檔如何判斷呢？配合股價與財報資訊，下列項目皆表彰股價位於相對低檔，易使公司出現價值低估，內部人持股增加意願高，同時也可作為投資人長線進場布局的選股參考：①股價創歷史新低或相對歷史低檔、②股價跌破 10 元或接近票面金額、③股價淨值比低於 1 或接近 1，或出現歷年相對低檔的比率。

以美律（2439）還原月線圖和歷年股價淨值比圖為例，觀察內部人持股比率連續月份增加時，配合股價淨值比相對低檔或低估時，可為投資人長線布局進場時機（詳見圖 1、圖 2）。

美律的內部人持股比率偏低，與公司永續經營前提下的內部人股權應為集中現象，有所違背，顯見內部人持有股票非僅為法令所規範。

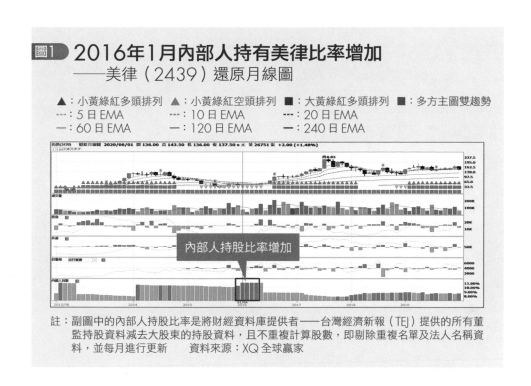

圖1 **2016年1月內部人持有美律比率增加**
── 美律（2439）還原月線圖

▲：小黃綠紅多頭排列　▲：小黃綠紅空頭排列　■：大黃綠紅多頭排列　■：多方主圖雙趨勢
---：5日EMA　　　---：10日EMA　　　---：20日EMA
──：60日EMA　　　──：120日EMA　　──：240日EMA

註：副圖中的內部人持股比率是將財經資料庫提供者──台灣經濟新報（TEJ）提供的所有董
　　監持股資料減去大股東的持股資料，且不重複計算股數，即剔除重複名單及法人名稱資
　　料，並每月進行更新　　資料來源：XQ全球贏家

內部人持有比率常僅為經營者持股（董監事）的名目角色而已，另內
部人持股比率增加期間，外資持股亦增加，基於股利節稅及海外遺產
規畫等需求等理由，外資身分可能為內部人持股增加的另一實質角色。

當股價處於長線相對低檔，且股價淨值比低於1或歷年相對低檔時，
內部人持股比率若開始增加或持續增加時，表示內部人持股意願增強，

圖2　2016年1月，美律股價淨值比位於相對低檔
——美律（2439）股價淨值比變化

註：資料統計時間為 2013.10 ～ 2019.09　　資料來源：XQ 全球贏家

可確認長線投資價值浮現。

　　內部人因其為籌碼最終主導者，且身分特殊，對公司財務業務資訊之取得掌握絕對優勢，具資訊不對稱，故使用內部人持股變動之籌碼分析，進行投資策略時，應偏重長線投資布局，短線策略易失效。

3-5 透過3種分析方法 強化主力籌碼安定性

到這裡，我們已經介紹了各種不同類型的籌碼，不知道大家還記得嗎？在這裡幫大家複習一下：

3-1 首先確立整體方向的負面表列籌碼及正面表列籌碼。負面表列籌碼主要為「散戶買賣超」（張數，散戶買賣超深度）及「分公司別的收集派發指標」（分公司家數，散戶買賣超的廣度）；正面表列籌碼則區分為「主力進出」（分公司家數，前 15 大券商買賣超）、「控盤者買賣超」（張數，金額別籌碼）及「法人買賣超」（張數，身分別籌碼）。

接著透過身分別與散戶買賣超交叉比對出海撈 4 主力（外資主力、借券賣出主力、融資主力和權證主力），其中以外資主力為主體，其餘三者皆屬槓桿性主力。而外資與借券賣出為一體，有時兩者反向呈

避險策略，以利後續解單操作（註 1）；有時兩者同向呈加碼策略。

　　3-2 透過與散戶買賣超交叉比對呈反向者，得出融資主力（散戶買賣超與融資增減呈反向者）與權證主力（散戶買賣超與自營商（避險）呈反向者），係股價整理末端與噴出初期產生量價俱揚的 2 大主力。

　　3-3 透過外資以外的三大法人身分特質，將投信連續買超標的定義為可能的主流股；以及投信沒進出，唯有自營商（自行買賣）進出，輔助推升的主力股。

　　3-4 則是利用籌碼最終主導者「內部人」之內部人持股比率變化，進行長線投資布局參考。

　　了解不同的籌碼分類後，本節將透過市場常用的籌碼分析統計方法，去增強其有效性，也就是籌碼的安定性，作為投資人在選股及進場時，籌碼安定與否的參考。

註 1：解單就是原來同時存在的外資增加及借券賣出部位，於未來股價波動的過程中，不同時間前後，分別進行反向操作，目的多為配合股價整理及噴出過程中的價差獲利操作，例如：於股價相對低點進行外資買超及現券賣出，於股價高檔時外資賣超，讓股價修正後，於股價低檔進行借券賣出的回補動作。

　　一般而言，籌碼分析統計方法，主要區分為各項買賣超、大戶與散戶持股趨勢及動態成本線 3 類。其中正向籌碼分析統計，例如外資連續買超，控盤者連續買超等，應配合技術面的大黃綠紅均線呈多頭排列趨勢作為選股重要考量，而進場的買進訊號則須同時配合多頭排列趨勢下的整理末端與噴出的臨界點附近，出現量價俱揚，帶動 K 線及乖離指標向上轉折共振，發揮均線漲不停的力量。

　　反之，負向籌碼分析統計，例如外資連續賣超，控盤者連續賣超等，應配合技術面的大黃綠紅均線呈空頭排列趨勢作為選股重要考量，而進場的放空訊號則配合空頭排列趨勢下的反彈整理末端與噴跌的臨界點附近，出現量價俱跌，帶動 K 線及乖離指標向下轉折共振，發揮均線跌不停的力量。

　　要注意的是，在使用籌碼分析統計方法之前，必須要先確立重要或明確身分，才能增強其籌碼有效性。

　　常見有整體性的三大法人、主力進出或控盤者買賣盤；單一性身分則以外資、投信、自營商（自行買賣）及融資主力為主。

　　現將不同的籌碼分析方法分別說明如下：

籌碼分析方法1》各項買賣超

籌碼分析的第 1 種方法是「各項買賣超」，可再細分為買賣超張數、連續買賣超、同步買賣超、連買連賣轉折、買賣超／股本比（周轉率）、買賣超／成交量（集中度）。

其中買賣超張數、連續買賣超、同步買賣超、連買連賣轉折這 4 種籌碼分析統計方法，所呈現買賣超變化速度較快，有時難以明顯區分判斷，因此，除應確認當日呈淨買超外，連續淨買賣超的資訊亦為一動態籌碼安定的重要判斷。

此外，投資人尚可進一步利用期間拉長的累計型買賣超資訊──買賣超／股本比（周轉率）、買賣超／成交量（集中度）來排除買賣超變化速度快的雜訊，常以排行前 N 大進行選股。其中，買賣超／股本比可以用來確定量價熱門的選股，而買賣超／成交量則可用來確定近期主力呈進貨買超集中的籌碼安定有效性。分別介紹如下：

①買賣超張數

買賣超張數以散戶買賣超、外資、投信、法人、主力進出、控盤者買賣超、融資主力、借券賣出還券及權證主力等為統計主體。

在多頭趨勢下，除散戶買賣超是看淨賣超張數外，其餘皆以淨買超張數為主，進行張數排行統計。空頭趨勢則剛好相反，除散戶買賣超是看淨買超張數外，其餘皆以淨賣超張數為主，進行張數排行統計。

買賣超張數排行統計期間單位以日、週或月為主，區分為 1 日／週／月，或累計 N 日／週／月內，常見為 20 日／週／月內。在這期間的買賣超張數愈多，表示籌碼愈具有效性，可配合長期均線趨勢作為選股考量。

②連續買賣超

連續買賣超以散戶買賣超、外資、投信、法人、主力進出、控盤者買賣超、融資主力、借券賣出還券及權證主力等為統計主體。

連續買賣超排行統計期間單位以日、週或月為主。連續買賣超的期間愈長，且其累計買賣超張數愈多，表示籌碼愈積極且具有效性，可配合長期均線趨勢作為選股考量。

③同步買賣超

同步買賣超以外資、投信、法人、主力進出、控盤者買賣超、融資主力、借券賣出還券及權證主力等正面表列籌碼為統計主體。其中以

三大法人同買、外資、投信同買,以及海撈 4 主力(外資主力、融資主力(做空為融券主力)、權證主力及借券賣出主力)任 2 身分別以上同買最為常見。

同步買賣超的籌碼身分別愈多愈好,且同步期間愈長及累計買賣超張數愈多,表示籌碼愈具有效性,且不同身分別的籌碼一致性認同基本面或有聯合炒作之意,可配合長期均線趨勢作為選股考量。

④連買連賣轉折

連買連賣轉折以外資、投信、法人、主力進出、控盤者買賣超等正面表列籌碼統計主體。其轉折方式大致可分為下列 2 種:

❶由連買轉為連賣:表示籌碼漸趨不安定,多頭趨勢常發生在漲勢的末端,空頭趨勢則常發生在反彈整理末端。

❷由連賣轉為連買:表示籌碼漸趨安定,多頭趨勢常發生在修正整理結束的末端,空頭趨勢則常發生在股價噴跌的末端。

然而無論是由連買轉為連賣,或是由連賣轉為連買,只要在連買連賣轉折前的連買或連賣期間愈長,其之後發生的轉折的籌碼有效性愈

高，可配合長期均線趨勢作為選股考量。

⑤買賣超／股本比（周轉率）

買賣超／股本比（周轉率）以外資、投信、法人、主力進出、控盤者買賣超等正面表列籌碼統計主體。

由於每一檔個股的股價高低及股本大小都不一樣，對於絕對買賣超張數所形成的比較基礎不一致，因此，經除以股本換算出的公司流通在外張數（股本周轉率）進行標準化後據以進行排行，更具有籌碼周轉有效性。

買賣超／股本比排行統計期間單位以日、週或月為主。區分為 1 日／週／月，或累計 N 日／週／月內，常見為 20 日／週／月內。

買賣超／股本比愈大，表示股本周轉率愈高，顯示其成交量係屬出量現象，形成資金追逐的熱門焦點股。其中，股本若進一步扣除董監事、大股東等經常性不會變動股權的內部人持股者，其股本比排行的資訊更具參考性，可配合長期均線趨勢作為選股考量。

⑥買賣超／成交量（集中度）

買賣超／成交量（集中度）以外資、投信、法人、主力進出、控盤者買賣超、及整體籌碼收集指標等正面表列籌碼為統計主體，其中以整體籌碼收集指標最為重要（註 2）。整體籌碼收集指標公式如下：

> **整體籌碼收集指標＝整體主力買賣超張數 ÷ 當日淨交易張數**
>
> **整體主力買賣超張數＝外資買賣超張數＋投信買賣超張數＋自營商買賣超張數＋主力買賣超張數－融資增減張數＋融券增減張數**
>
> **當日淨交易張數＝成交量－現股當沖張數**

「整體籌碼收集指標」即一段期間內主力所買進的籌碼累積分析，透過其期間內累計淨買賣超張數，經過淨成交量標準化後，得出動態集中度的變化，為主力籌碼集中度變化的重要指標。通常短期集中度較敏銳，長期集中度較穩定（詳見表 1）。

一般來說，籌碼集中度表示，在期間內主力買超集中與否，又可區

註 2：「整體籌碼收集指標」為看盤軟體「XQ 全球贏家」內建的籌碼集中度指標，可直接置於技術分析圖的副圖中進行分析。其他外資集中度等則要投資人自行計算，且無法置於技術分析圖的副圖中進行分析。

表1 整體籌碼由負值轉為正值，常為加碼買進訊號
──整體籌碼收集指標的變化分析

指標情境	分析
由負值轉為正值	1. 整體主力期間累積由淨賣超變成淨買超，表示洗盤進貨成功 2. 於多頭趨勢常為整理與噴出的臨界點，常為加碼買進訊號 3. 空頭趨勢中常為反彈過程，應注意均線反壓的反彈結束
正值上升段	1. 整體主力期間積極買進，輔以各項買賣超呈連續淨買超者佳 2. 於多頭趨勢屬噴出段，應注意創新高背離訊號，獲利了結 3. 於空頭趨勢為反彈誘多，配合均線反壓成功，形成止跌訊號
正值下降段	1. 整體主力期間調節賣出，輔以各項買賣超，由連買轉為連賣 2. 於多頭趨勢屬修正開始，注意均線跌破持續修正或止跌訊號 3. 於空頭趨勢中，配合均線反壓確立，為反彈誘多後殺盤開始
由正值轉為負值	1. 整體主力期間累積由淨買超變成淨賣超，表示主力持續賣壓 2. 於多頭趨勢中常為修正下跌過程，應注意均線跌破等待支撐測試成功，為減碼訊號 3. 於空頭趨勢中為噴跌過程，注意均線破線，為加碼放空訊號
負值下降段	1. 整體主力期間積極賣出，輔以各項買賣超呈連續淨賣超者佳 2. 於多頭趨勢屬修正末段，配合均線支撐成功，形成止跌訊號 3. 於空頭趨勢常為噴跌過程，應注意創低背離訊號，回補空單
負值上升段	1. 整體主力期間賣壓減緩，逢低進貨，輔以各項買賣超，由連賣轉連買 2. 於多頭趨勢修正止跌，配合均線支撐確立回升，為買進訊號 3. 於空頭趨勢為噴跌結束反彈開始，配合均線突破進入反彈

分為短期籌碼集中度和長期籌碼集中度。其中短期籌碼集中度是極短期天數的計算，常為 5 日，其算出的籌碼集中度數值變化較長期籌碼集中度為大，故稱敏銳。應配合整理區間的末端一起觀察，若短期籌碼集中度呈正值且上升趨勢，股價易上漲而脫離整理區。

　　而長期籌碼集中度是較長期天數的計算，常為 20 日，其算出的籌碼集中度數值變化較短期籌碼集中度為小，故稱為穩定。應配合整理區間一起觀察，若長期籌碼集中度呈正值且上升趨勢，表示主力於整理區間進行洗盤進貨現象。

　　若籌碼集中度呈正且正值愈大，表示主力該期間買進數量多，籌碼更形安定，股價後續較容易上漲；反之，若籌碼集中度呈負且負值愈大，表示主力讓期間賣出數量多，籌碼更形不安定，股價後續較容易下跌。

　　基本上，買賣超／成交量的概念與買賣超／股本比相同，由於每一檔個股的成交量大小不一，對於絕對買賣超張數所形成的比較基礎不一致，經除以成交量後據以進行排行，更具有籌碼集中有效性。

　　對於主力籌碼集中度期間的決定，沒有一定的準則。投資人可依自訂期間或可取得的期間資訊，去發現主力累積買進集中標的，作為選股依據。常見以短期 5 日（即週籌碼集中度）或是長期 20 日（即月籌碼集中度）為主，其中尤以週籌碼集中度為主要進場判斷。

　　買賣超／成交量愈大，表示排行統計期間籌碼集中度愈高，顯示主

力積極買進,可配合長期均線趨勢作為選股考量。其中,成交量計算若扣除當沖數量者,更能顯現主力買賣超集中深度。

此外,當買賣超／成交量發生轉折時,如集中度由負轉正,常為重要買進訊號;反之,如集中度由正轉負,則常為重要賣出訊號。

前述各項買賣超籌碼指標除配合長期均線多頭排列趨勢作為做多選股外,若能配合股價突破整理區間前後者,更增強其有效性,且各種籌碼指標同時出現更佳;反之,空方亦然。相關各項買賣超資訊的取得,可參考 XQ 嘉實資訊(含全球贏家、操盤高手)軟體,或是上 Goodinfo! 台灣股市資訊網(goodinfo.tw/StockInfo/index.asp)查詢。

籌碼分析方法2》大戶與散戶持股趨勢

籌碼分析的第 2 種方法是「大戶與散戶持股趨勢」,可再細分為大戶持股、散戶持股,分別說明如下:

①大戶持股

透過持股一定門檻以上的人數及其累積張數的統計資訊,可以用來辨識主力,稱為大戶持股型主力籌碼。大戶持股,市場或稱為千張大

戶持股，其定義是在台灣集中保管結算所每週公布的集保張數資訊中，有持股張數為單一揭示 N 張級距以「上」的人數，其持有的張數累計數／公司流通在外張數的比率。

然而，到底 N 等於多少，才算是大戶呢？依 XQ 嘉實資訊統計資料，大戶持股張數級距由低至高可以區分為 10 張、50 張、100 張、200 張、400 張、600 張、800 張、1,000 張等 8 個級距。大戶持股張數的級距愈高，判斷籌碼有效性愈準確。

市場統計以千張大戶持股變動呈連續或發生轉折等變化，作為籌碼有效性判斷依據，且常以「週」呈現，例如千張大戶連續週數增加，或是千張大戶較上週增加，藉以分析 1 檔股票的持股張數集中度。

大戶持股重視轉折向上，即上週減少，本週增加，若再配合技術面的轉強訊號，如 KD 指標黃金交叉等，對多方有利，可配合長期均線趨勢作為選股考量。另因週計算基礎，亦重視大戶持股趨勢變化，其連續增加期間愈長，顯示籌碼安定性愈高；反之亦然。

投資人在觀察時，除注意千張大戶的持股變化外，亦應注意其他級距的變化，有時千張大戶的持股雖然減少，唯其他級距如 800 張大戶

卻呈現增加，表示千張大戶僅部分調節而已。此外，在各項級距中，若某一級距的大戶持股比率呈持續增加，表示主力仍在積極進貨中，尤以愈高級距的觀察愈佳；反之亦然。

由於每檔股票的價格高低不一，有些屬於高價股，有些則是低價股，為了防止千張大戶分析失真或無效率，另可以利用「市值」進行大戶持股標準化分析。例如可以利用「股價 × 級距張數 ×1,000 股≒千萬市值」，作為大戶持股的級距選定參考。透過市值千萬以上的持股張數級距的變化進行分析時，也應重視該級距的持股累積比率轉折向上及連續增加趨勢。

②散戶持股

散戶持股的定義是在台灣集中保管結算所每週公布的集保張數資訊中，有持股張數為單一揭示 N 張級距以「下」的人數，其持有的張數累計數／公司流通在外張數的比率。

散戶持股中的 N，依 XQ 嘉實資訊統計資料，由低至高可以區分為10 張、50 張、100 張、200 張、400 張、600 張、800 張、1,000張等 8 個級距。但與大戶持股不同的地方在於，散戶持股的級距愈低，判斷籌碼有效性愈準確。

相對於大戶持股，散戶持股也可進行負面表列觀察，市場統計以 10 張或 50 張散戶持股增減變化，作為籌碼有效性判斷依據。在股價上漲過程中，若該 2 級距的散戶持股呈下降趨勢，則顯見籌碼安定集中；唯在股價相對高檔時，若該二級距的散戶持股不斷攀升，則表示籌碼開始渙散現象，應進行減碼或出清手中庫存持股，進行獲利了結動作。

此外，當散戶持股變動呈連續或發生轉折時，常為籌碼有效性的判斷，如 10 張以下散戶連續週數減少，或是 10 張以下散戶較上週減少，對多方有利，可配合長期均線多頭排列趨勢作為選股考量。

由於每檔股票的價格高低不一，為了防止 10 張散戶分析失真或無效率，另可以利用「股價 × 級距張數 ×1,000 股≒百萬市值」作為散戶持股的級距選定參考。

就籌碼分析而言，散戶持股變化應與大戶持股變化一起比較，且應以週為計算基礎，較偏向長期的明顯趨勢變化作為其判斷的有效性。此外，大戶及散戶持股變化至少應有一方具明顯趨勢，若兩者同時呈明顯反向趨勢，對籌碼有效性判斷更佳。

就常理來説，1 檔股票，若大戶持股持續增加，表示散戶持股愈來

愈少，籌碼集中少數大戶手中。在持股張數集中的情況下，籌碼就會因此漸漸安定，而適時發動漲勢，此漲勢非為短期噴出，而是因大戶持續布局後，產生的大波段行情；反之亦然。

籌碼分析方法3》動態成本線

籌碼分析的第 3 種方法為「動態成本線」，可以區分為單一身分的外資、投信、自營商、融資、融券均價線，以及整體身分的主力做多成本線及控盤者成本線，是一動態籌碼平均成本概念，類似移動平均線，但可以更精確計算出單一主力或整體主力的成本，作為投資選股或進出場參考。

原則上，整體身分的成本線是重要參考依據，單一身分的均價線，則端視每檔個股單一身分的著墨程度，著墨程度深者，較具平滑化均價線的參考價值，例如三大法人中以外資為主力，其進出頻繁，故其均價線較為平滑，同時也較具參考價值。

其中，常以主力做多成本線、外資均價線及融資均價線為主要考量的動態成本線；另外在融資均價線的判斷中，在多頭趨勢中常為融資主力買進的成本，在空頭趨勢中，融資均價線大多為散戶買進的成本。

　　動態成本線的期間選定，常與主圖雙趨勢中的參數期間為主，即 5 日、10 日、20 日、60 日、120 日、240 日，其運用方式，同均線使用方式。其中單條動態成本線常以 20 日（月線）和 60 日（季線）為主，進行葛蘭碧 8 大法則的買進與賣出訊號判斷。

　　2 條均線則以短期均線 5 日、10 日、20 日任一均線，以及長期均線 60 日、120 日、240 日，進行交叉運行穩定的買進與賣出訊號判斷。3 條均線則是短期均線與長期均線各自形成的排列趨勢，作為多空選股及進出場的依據。

　　一般而言，均價線與成本線的應用，在選股上較重視長期均線，如長期均線多頭／空頭排列趨勢；在進出場訊號的判斷，則較重視短期均線的突破／跌破與黃金交叉／死亡交叉，以及趨勢剛剛形成。

　　介紹完 3 種籌碼分析方法以後，下列將用 2 個範例說明，如何將籌碼分析方法運用在實務上：

範例1》籌碼安定：原相（3227）

　　在觀察籌碼安定時，首先我們可選擇三大法人中，外資、投信及自營商買賣超的張數、金額及連續買賣超的排行列表，據以初步進行選

圖1 以「投信連續買賣超排行」進行多方選股
—— 投信連續買賣超排行

		投信連續買賣超排行														
							投信連續買賣超2日排行 ▼ ◉上市櫃合併 ○上市 ○上櫃 日期：02/07									
			買超								賣超					
名次	股票名稱	買進	賣出	買賣超張數	收盤價	漲跌	備註	名次	股票名稱	買進	賣出	買賣超張數	收盤價	漲跌	備註
4	原相(3227)	4,869	0	4,869	176.50	6.00	連3買	1	旺宏(2337)	35	11,884	-11,849	39.45	-1.45	連2賣
60	嘉澤(3533)	145	64	81	336.00	3.00	連3買	2	金像電(2368)	0	3,804	-3,804	14.30	-0.65	連2賣
56	旭富(4119)	95	0	95	103.50	2.50	連2買	3	定穎(6251)	100	3,500	-3,400	14.15	-0.55	連2賣
67	億豐(8464)	46	0	46	258.00	2.00	連17買	4	欣興(3037)	4	3,347	-3,343	38.90	-1.30	連3賣
30	宇峻(3546)	314	3	311	113.50	1.50	連3買	5	世芯-KY(3661)	0	2,650	-2,650	198.00	-21.00	連7賣
35	中華電(2412)	243	0	243	109.00	0.50	連3買	6	晶電(2448)	0	2,467	-2,467	33.00	-1.00	連2賣
25	神隆(1789)	400	0	400	28.25	0.40	連2買	7	聯發科(2454)	21	2,230	-2,209	381.00	-1.00	連15賣
31	彰銀(2801)	303	0	303	22.90	0.15	連3買	8	台表科(6278)	0	1,904	-1,904	96.00	-1.10	連3賣
3	聯電(2303)	8,079	0	3,079	16.35	0.10	連3買	9	美時(1795)	0	1,185	-1,185	88.70	-1.50	連13賣
15	元大金(2885)	535	0	535	20.30	0.05	連3買	10	三貝德(8489)	0	986	-986	76.00	0.00	連6賣
19	合庫金(5880)	454	0	454	21.20	0.00	連3買	11	華通(2313)	9	846	-837	41.05	-1.20	連3賣
26	大江(8436)	404	17	387	212.50	0.00	連2買	12	貿聯-KY(3665)	25	825	-800	209.50	-10.50	連2賣
57	緯創(3231)	82	0	82	28.25	0.00	連3買	13	智邦(2345)	42	815	-773	174.00	-2.00	連2賣
65	訊連(5203)	50	0	50	105.00	0.00	連2買	14	同欣電(6271)	5	563	-558	148.00	-5.00	連2賣
75	力成(6239)	23	0	23	110.50	0.00	連7買	15	和大(1536)	23	531	-508	117.00	-5.00	連2賣
81	英業達(2356)	16	0	16	23.05	0.00	連3買	16	智原(3035)	0	463	-463	47.15	-1.15	連6賣
77	華航(2610)	20	0	20	8.32	-0.02	連3買	17	宣德(5457)	0	446	-446	73.50	-2.10	連7賣
12	中鋼(2002)	597	0	597	23.30	-0.05	連3買	18	臻鼎-KY(4958)	22	408	-386	121.00	-1.50	連2賣
17	第一金(2892)	486	0	486	24.10	-0.05	連3買	19	世紀鋼(9958)	20	400	-380	67.40	-1.50	連5賣
41	東隆興(4401)	213	0	213	41.00	-0.05	連4買	20	台郡(6269)	13	388	-375	108.00	-1.50	連3賣
48	仁寶(2324)	168	0	168	18.55	-0.05	連3買	21	濱川(1569)	0	375	-375	18.20	-0.35	連5賣
66	圓展(3669)	50	0	50	18.80	-0.05	連6買	22	台耀(6274)	0	364	-364	128.00	-4.00	連3賣
91	王道銀行(2897)	6	0	6	7.58	-0.06	連3買	23	聯詠(3034)	11	359	-348	214.00	-4.50	連14賣
16	永豐金(2890)	509	0	509	13.05	-0.10	連3買	24	環球晶(6488)	27	354	-327	418.00	-10.00	連3賣

註：資料日期為 2020.02.07　　資料來源：XQ 全球贏家

股依據。此處以觀察當日「投信連續買賣超排行」為例（詳見圖 1，進入 XQ 全球贏家頁面，點選「快捷頁」後，依序選取「法人買什麼？」、「投信連續買賣超排行」）。

在多頭趨勢中，投信雖屬輔助拉抬角色，但投信買超標的具有一定基本面認證，且投信有連續買進的標的，易為主流股，投信沒有買進的標的則為主力股，故多頭趨勢選股時，較重視投信有連續買進的標的。本範例以觀察投信連續買進標的進行案例解說，讀者亦可透過外資連續買進標的進行選股（註 3）。若僅有外資連續買進，而投信沒有買進者，為主力股，因波動較大，應嚴守停損停利機制。

另外，在法人買賣超列表中，另有張數排行及金額排行等，原則上使用張數排行要考慮股價高低，使其成交金額較大，如此較有意義，投資人亦可使用期間內買賣超金額排行來進行選股，唯其可能沒有連續買超狀況。

其次，可以觀察當日「強勢股列表」（詳見圖 2，進入 XQ 全球贏家頁面，點選「快捷頁」後，依序選取「即時排行」、「強勢股」）。

強勢股列表是取當日漲幅前 100 名，濾除昨日量小於 500 張者，

註 3：籌碼初步選股沒有一定是要使用哪一種，選出來之後，其他的籌碼分析仍要一一去檢查是否符合，如文中說明一一檢視其他籌碼項目，例如大戶持股或收集派發指標等，最後仍要配合技術面可能多方修正結束或空方反彈結束，若沒配合技術面分析多方的籌碼安定性或空方的籌碼不安定性之有效性，較無法帶動量價及 K 線、指標的轉折成功。

圖2 當日漲幅前100名為強勢股
——強勢股籌碼欄位列表

代碼	商品	成交值	成交	漲跌	漲幅	單量	總量	散戶買賣超	借券賣出	當日還券	外資買賣超	投信買賣超
2303	聯電	13.1億	16.35s	▲0.10	+0.62	8275	80067	-6699	10238	335	8982	4785
>>3227	原相	51.8億	176.5s	▲6.00	+3.52	931	29410	-286	2	140	1336	3223
8016	矽創	2.80億	157.5s	▲3.00	+1.94	95	1786	-320	26	0	28	204
1789	神隆	1.13億	28.25s	▲0.40	+1.44	163	4027	-558	44	26	299	200
6245	立端	8692萬	57.2s	▲0.10	+0.18	30	1510	-120	4	2	-194	130
3533	嘉澤	4.49億	336.0s	▲3.00	+0.90	43	1336	-70	0	0	235	70
3546	宇峻	6.56億	113.5s	▲1.50	+1.34	260	5666	91	9	9	11	61
3026	禾伸堂	12.3億	108.5s	▲2.00	+1.88	669	11307	-407	95	168	-267	40
4966	譜瑞-KY	13.8億	658s	▲6.00	+0.92	65	2060	0	0	8	255	19
2885	元大金	2.51億	20.30s	▲0.05	+0.25	2189	12373	-1025	0	0	2329	16
4119	旭富	1.51億	103.5s	▲2.50	+2.48	40	1471	-467	0	7	781	15
2801	彰銀	1.77億	22.90s	▲0.15	+0.66	477	7754	-1660	8	0	-2466	11
6462	神盾	14.7億	211.0s	▲2.00	+0.96	421	6787	555	193	37	-22	10
2412	中華電	8.15億	109.0s	▲0.50	+0.46	1183	7512	-108	251	44	1834	7
8464	億豐	2.73億	258.0s	▲2.00	+0.78	27	1059	-15	0	0	32	5
8131	福懋科	5656萬	38.00s	▲0.50	+1.33	37	1490	-125	0	0	154	1
4133	亞諾法	1.04億	32.45s	▲2.95	+10.00	12	3225	-286	0	0	5	0
4121	優盛	1.22億	14.30s	▲1.30	+10.00	12	8700	-573	0	0	46	0
1732	毛寶	8840萬	21.05s	▲1.90	+9.92	9	4403	-140	0	0	-3	0
6504	南六	12.5億	166.5s	▲15.00	+9.90	6	7624	-164	155	0	54	0
3373	熱映	5985萬	24.45s	▲2.20	+9.89	11	2508	-899	0	0	0	0
1325	恆大	2.22億	31.15s	▲2.80	+9.88	18	7242	-1	0	0	-6	0
9103	美德醫療-DR	1.87億	3.69s	▲0.33	+9.82	43	51237	5097	100	0	-417	0
9919	康那香	2.96億	18.45s	▲1.65	+9.82	217	16757	1205	0	293	-10	0
4707	磐亞	1.19億	11.30s	▲1.00	+9.71	300	10718	-1995	0	0	145	0
1730	花仙子	5.32億	77.6s	▲5.00	+6.89	252	6883	210	167	0	-140	0
6452	康友-KY	10.8億	222.5s	▲13.50	+6.46	153	4933	-359	13	29	135	0
4934	太極	1.21億	14.00s	▲0.75	+5.66	142	8807	999	0	0	-15	0
4735	豪展	2.88億	55.1s	▲2.80	+5.35	204	5217	-108	22	0	-140	0
1905	華紙	6750萬	9.06s	▲0.46	+5.35	254	7524	322	17	28	184	0
1907	永豐餘	2.34億	13.95s	▲0.70	+5.28	913	17288	-1258	0	0	2065	0
1714	和桐	2.10億	7.88s	▲0.37	+4.93	795	26586	-639	1874	0	-2918	0
4142	國光生	7.57億	27.50s	▲1.10	+4.17	1509	28096	-1084	182	30	1430	0
1734	杏輝	1.19億	22.70s	▲0.90	+4.13	232	5212	399	0	0	-6	0
1904	正隆	2.07億	20.80s	▲0.80	+4.04	604	10134	-753	0	0	1288	0
1474	弘裕	2347萬	10.70s	▲0.40	+3.88	135	2228	208	0	0	7	0
1731	美吾華	5873萬	14.40s	▲0.50	+3.60	198	4066	-32	2	0	25	0
5309	系統電	1.82億	19.15s	▲0.65	+3.51	121	9601	-492	0	0	267	0

（表頭：強勢股　▼ 漲幅前100名・昨量小於500張者濾除(全部)）

註:資料日期為 2020.02.07　　資料來源:XQ 全球贏家

相關籌碼欄位可自行設定。籌碼欄位主要加入負面列表的散戶買賣超，以及正面列表列的三大法人及海撈 4 主力細項等，為單日盤後籌碼列表，相關連續買賣超可從個股技術分析圖副圖設定中進行觀察分析。

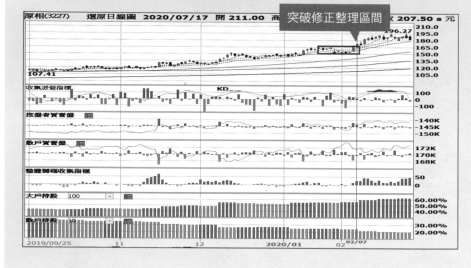

圖3 **2020年2月，原相量價俱揚、籌碼安定**
——原相（3227）還原日線圖

　　投資人可自行依相關籌碼欄位，進行買賣超排序，先進行第 1 步篩選出籌碼安定的標的。本範例依 2020 年 2 月 7 日投信連續買賣超排行和強勢股列表進行交叉選股，由於原相投信連三買，符合投信連續買進可能成為主流股，再加上當日原相成交值放大到 51 億 8,000 萬元，成交量放大至 2 萬 9,410 張，具備可能量價俱揚的噴出徵兆，故以原相為籌碼分析案例（詳見圖 3 黃色垂直線前）。

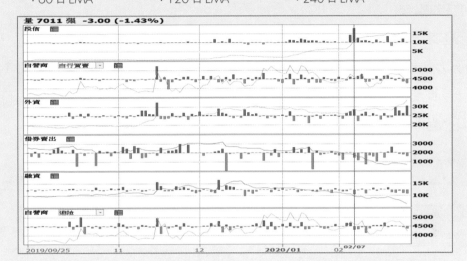

---：5 日主力做多成本線　　---：10 日主力做多成本線　　---：20 日主力做多成本線
━━：60 日 EMA　　　　　　━━：120 日 EMA　　　　　　━━：240 日 EMA

量 7011 張　-3.00 (-1.43%)

註：資料統計時間為 2019.09.25 ～ 2020.02.27　　　資料來源：XQ 全球贏家

　　籌碼分析過程如下：經觀察漲幅前 100 名的強勢股，也就是 K 線呈
紅 K 者，大都是控盤者買賣盤呈買超，散戶買賣盤呈賣超；故以紅 K
進場買進，即與主力一起買進，正所謂「避開散戶得噴出」。

　　在金額別籌碼中，散戶買賣盤連續呈淨賣超，控盤者買賣盤連續呈
淨買超，顯見近期主力確定進場。另再觀察收集派發指標，發現呈連

3 紅柱，表示連續 3 日市場散戶呈賣超（當日紅 K 可預測盤後散戶買賣盤呈淨賣超），主力進行收集進貨，也顯示籌碼安定。

在身分別籌碼中，應觀察三大法人同買或外資、投信同買。從圖 3 可以看出，原相的三大法人同買（外資、投信和自營商（自行買賣）呈淨買超），屬籌碼安定。另可再觀察法人之投信及外資皆連續 3 日以上呈淨買超狀況，表示身分別籌碼安定性高，可能為主流股之一。

在海撈 4 主力中，近期外資、借券賣出回補及自營商（避險）皆呈淨買超現象，表示主力進場現象明顯。

在籌碼集中度部分，整體籌碼收集指標（參數 5 日）呈紅柱上升段，表示主力積極進貨，籌碼集中，也顯示籌碼安定具有效性。

在大戶持股與散戶持股變化上，由於原相的股價在 176 元左右，因此大戶持股選擇 100 張以上級距（1,000 萬元 ÷176 元 ÷1,000 股＝ 56，因超過 50 張的級距，故取 100 張的級距）；在散戶持股選擇 10 張以下（100 萬元 ÷176 元 ÷1,000 股＝ 5.68）級距比較，明顯看出近 4 個月內，10 張以下散戶持股呈下降趨勢，且 100 張以上大戶持股呈上升趨勢，顯見短期動態籌碼安定具有效性。

　　對於大戶持股與散戶持股變化的級距判斷沒有一定標準，大戶持股大多以 1,000 張以上的持股比率變化進行判斷。若屬高價股，例如股價 500 元，則當週要產生市值 5 億元（500 元 × 1,000 張 × 1,000 股）以上的新增持股人數，較為少數，故作者認為，持有千萬市值以上的持股者可稱為大戶。

　　而散戶持股人數變化的級距，大多以 10 張或 50 張以下的持股比率增減為判斷，作者考量股價高低，則取市值百萬元以下為散戶持股級距依據。

　　對於大戶持股與散戶持股變化上，原則上同時都要進行觀察，唯其中只要有大戶持股動態上升趨勢或散戶持股動態下降趨勢，即可判斷該標的動態籌碼的穩定度。當然，若同時符合則是更為明確！在大戶持股與散戶持股變化上雖有符合動態籌碼安定，其仍屬一段期間的變化，在買進上仍須關注短期如 5 日內的其他籌碼分析，如控盤者有無連續買超？收集派發指標有無連續紅柱？再配合技術面整理區間突破，才有可能形成買進訊號。

　　在動態成本線中，K 線站上所有短期主力做多成本線，且呈多頭排列趨勢（5 日（黃色虛線）＞ 10 日（綠色虛線）＞ 20 日（紅色虛

線）），顯見短期主力做多明確。

　　經上述籌碼統計分析後，確認主力籌碼安定具有效性，配合技術面長期黃綠紅多頭排列趨勢下，且為突破短期整理區間，實為一重要買進訊號。

範例2》籌碼不安定：友達（2409）

　　與範例 1 相同，在觀察籌碼不安定情形時，首先可以選擇法人買賣超中，外資、投信及自營商買賣超張數、金額及連續買賣超排行列表，作為初步選股依據。

　　本範例以「外資買賣超金額排行」為例（詳見圖 4，進入 XQ 全球贏家頁面，點選「快捷頁」後，依序選取「法人買什麼？」、「外資買賣超金額排行」），選擇友達（2409）為籌碼分析案例（詳見圖 5）。

　　當選出外資金額賣超排行後，另加看其他籌碼不安定的分析，再結合技術面上呈反彈結束，有機會在籌碼不安定及空頭反彈結束產生下殺開始，故以友達為例，其同時符合黃綠紅空頭分析模式。

　　在空頭趨勢中，主要是主力與散戶的對決，故以外資主力為主，投

圖4 以「外資買賣超金額排行」進行空方選股
──外資買賣超金額排行

外資買賣超金額排行

請選擇　自設區間:從2019/07/25 到 2019/07/25　GO

●上市櫃合併 ○上市 ○上櫃・日期：07/25 單位：千元

買超

名次	股票名稱	買進	賣出	買超張數	買超金額	收盤價	漲跌
1	台積電(2330)	24,392	19,493	4,899	1,291,213	265.00	0.00
2	南亞科(2408)	21,516	8,571	12,945	967,780	76.50	4.70
3	旺宏(2337)	28,174	6,572	21,602	686,456	32.40	1.85
4	聯發科(2454)	3,956	2,132	1,824	567,527	313.00	5.00
5	欣興(3037)	15,443	3,727	11,716	477,952	40.60	1.10
6	統一(1216)	11,727	6,398	5,329	437,282	82.40	1.10
7	大立光(3008)	338	252	85	367,833	4365.00	110.00
8	華邦電(2344)	24,762	7,931	16,831	304,453	18.50	1.00
9	環球晶(6488)	2,802	1,979	823	282,663	342.00	3.00
10	元大台灣50(0050)	3,374	48	3,326	278,313	83.80	0.25
11	元大滬深300正2(006371)	21,624	9,452	12,172	221,023	18.23	0.18
12	上海商銀(5876)	7,454	4,017	3,437	179,533	51.70	-1.80
13	台聚(1301)	3,642	1,880	1,762	178,131	101.50	0.50
14	瑞軒(2367)	7,676	877	6,799	162,882	24.10	0.75
15	亞泥(1102)	6,923	3,553	3,370	142,338	42.10	-0.80
16	中美晶(5483)	1,983	540	1,443	126,749	88.40	1.50
17	台郡(6269)	1,444	163	1,281	122,232	95.80	1.70
18	台半(5425)	2,445	105	2,340	119,311	50.50	0.50
19	美利達(9914)	738	162	576	114,225	199.50	2.50

賣超

名次	股票名稱	買進	賣出	賣超張數	賣超金額	收盤價	漲跌
1	穩懋(3105)	2,474	4,771	-2,297	-627,300	272.50	-3.50
2	元大美債1-3(00719B)	0	15,500	-15,500	-505,769	32.64	-0.04
3	玉山金(2884)	14,479	31,854	-17,375	-459,225	26.30	0.75
4	鴻海(2317)	10,034	14,843	-4,809	-377,224	78.60	1.30
5	奇鋐(3017)	1,473	8,996	-7,523	-347,438	45.70	-1.20
6	台泥(1101)	1,193	7,878	-6,685	-297,478	44.30	-0.50
7	雙鴻(3324)	22	1,765	-1,743	-278,394	158.50	-3.00
8	友達(2409)	2,973	33,047	-30,074	-265,388	8.81	-0.09
9	可成(2474)	907	1,991	-1,084	-250,757	231.00	1.00
10	智易(3596)	634	2,769	-2,135	-243,642	110.50	-1.50
11	玉晶光(3406)	449	1,006	-557	-234,959	420.00	7.00
12	群創(3481)	6,713	36,967	-30,254	-220,658	7.27	-0.07
13	元大金(2885)	4,656	16,857	-12,201	-213,801	17.45	-0.15
14	聚陽(1477)	613	1,709	-1,096	-206,811	188.50	0.00
15	亞德客-KY(1590)	124	682	-558	-191,715	341.50	-5.50
16	力成(6239)	1,722	3,789	-2,067	-179,930	87.00	-0.20
17	瑞儀(6176)	471	1,848	-1,377	-167,492	122.00	-1.00
18	貿聯-KY(3665)	151	846	-695	-164,029	236.00	-7.50

註：資料日期為 2019.07.25　　資料來源：XQ 全球贏家

信僅是輔助角色，故空頭選股較重視外資角色。在空方選股上，個別法人的買賣超張數、金額及連續買賣超的排行列表，都可形成初步的篩選，唯在張數上因為有股價高低之分，故以金額為排行列表者易形成量價俱跌，另連續買賣超排行中的連續淨賣超，則是顯示個別法人對該股票不看好且進行出脫，也是初步選股條件之一，本範例以金額

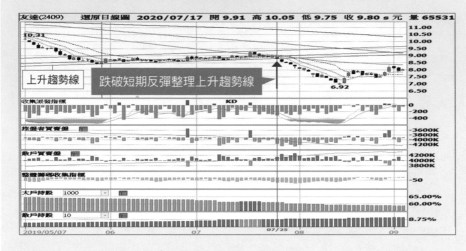

圖5 2019年7月，友達量價俱跌、籌碼不安定
——友達（2409）還原日線圖

別進行初步空方選股，投資人也可利用外資連續賣超來進行空方選股。

籌碼分析過程如下：從圖 5 黃色垂直線前可以看出，在金額別籌碼中，散戶買賣盤呈連續淨買超，控盤者買賣盤連續呈淨賣超，顯見近期主力賣壓大。另再觀察收集派發指標呈連 6 綠柱，表示連 6 日分公司散戶皆呈淨買超，同時主力連續 6 日呈淨賣超，顯示籌碼不安定。

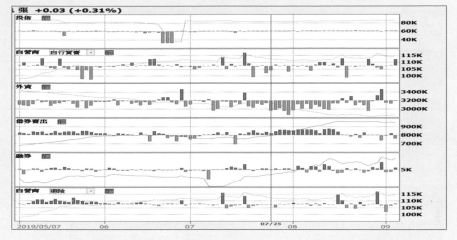

--- : 5 日主力做多成本線　--- : 10 日主力做多成本線　--- : 20 日主力做多成本線
── : 60 日 EMA　　　　　── : 120 日 EMA　　　　　── : 240 日 EMA

註：1. 資料統計時間為 2019.05.07 ～ 2019.09.04；2. 藍色垂直虛線是線性回歸分析的
　　起始日期與結束日期標示　　資料來源：XQ 全球贏家

　　在身分別籌碼中，空方應觀察三大法人同賣，或外資、自營商（自行買賣）同賣的籌碼不安定型態。本範例屬後者，另再觀察外資連續 6 日呈淨賣超，表示身分別籌碼不安定性高。

　　在海撈 4 主力中，外資及借券賣出及融券者皆呈同向加碼賣出，表示多種主力齊力賣壓現象明顯。

　　在籌碼集中度部分，整體籌碼收集指標（參數 5 日）呈綠柱下跌段，表示主力積極賣出，籌碼不集中，也顯示籌碼不安定具有效性。

　　在大戶持股與散戶持股變化上，因友達的股價在 10 元以下，大戶持股可以選擇千張（1,000 萬元 ÷10 元 ÷1,000 股＝ 1,000）級距比較，明顯看出 2019 年 5 月～ 2019 年 9 月，散戶持股呈明顯上升趨勢，且千張大戶持股呈明顯下降趨勢，顯見短期動態籌碼不安定具有效性。

　　在動態成本線中，K 線低於短期主力做多成本線，且呈空頭排列趨勢（5 日（黃色虛線）＜ 10 日（綠色虛線）＜ 20 日（紅色虛線）），顯見短期主力做空明確。

　　經上述籌碼統計分析後，確認主力籌碼不安定具有效性，配合技術面長期黃綠紅空頭排列趨勢下，且跌破短期反彈整理上升趨勢線時，實為一重要放空訊號（詳見圖 5 紅箭頭處）。

【第 **4** 章】

看量價與指標
抓對轉折訊號

4-1 了解量價與多空關係 掌握最佳買賣點

在經過了第 2 章的均線分析後,我們可以得出一個結論,在大黃綠紅多頭排列趨勢下,若出現多方主圖雙趨勢的情形,股價具頻創新高的特性。而股價創新高的過程,是一次又一次的修正整理,與股價噴出的交替組合。在此情況下,若選股策略上能配合第 3 章的主力籌碼分析,挑出具安定性的股票時,做多勝率高。

同樣的,大黃綠紅空頭排列趨勢下,若出現空方主圖雙趨勢的情形,股價具頻創新低的特性。而股價創新低的過程,是一次又一次的反彈整理,與股價噴跌的交替組合。在此情況下,若選股策略上能配合主力籌碼分析,挑出具不安定性的股票時,做空勝率高。

至於做多股票時,該如何買在修正整理與股價噴出的臨界點?以及放空股票時,該如何做空在反彈整理與股價噴跌的臨界點?可觀察黃

綠紅海撈操作法「籌碼決定量價，量價決定 K 線、指標，K 線、指標決定均線漲不停的力量」中的「量價、K 線、指標轉折」。

區別在於多方趨勢是根據「量價俱揚、K 線轉折向上、指標轉折向上」；空方趨勢則是根據「量價俱跌、K 線轉折向下、指標轉折向下」。

本章將透過量價、K 線、指標轉折共振，綜合判斷出有效性的進出場訊號，提供投資人進行買進／賣出的確認。

同時觀察「量價、K 線、指標」，提高投資勝率

以操作做多股票而言，投資人在進場時，有時只考慮量價俱揚，而忽略了趨勢沒有多頭；或是有考慮多頭趨勢，卻沒有考慮修正整理末端會有股價噴出起漲的現象，而買在噴出末端的量價俱揚，被套在短線高點；或者，沒有考慮量價帶動的 K 線轉折及技術指標轉折。

抑或是投資人在進場做多操作股票時，有時只考慮量價俱揚及 K 線轉折，忽略了技術指標尚未轉折或已在過熱的背離區；或是僅專注單一「技術指標轉折」，忽略了量價俱揚或 K 線轉折確立，導致對該技術指標產生有效性的疑慮，進而不停替換各式技術指標。

而黃綠紅海撈操作法則沒有上述這些困擾，其對於做多選股及進出場的決定有必要規範。其中，選股主要確立在趨勢是否為大黃綠紅多頭排列，以及主力籌碼是否安定且有效。而進場策略上，則同時考量「量價俱揚、K 線轉折向上、指標轉折向上」的綜合向上共振。

因為籌碼決定量價，而量價決定 K 線及指標計算，三者是具有連動性及連續性的，若沒有考量共振，容易呈現假突破或噴出力道不強。因此，為求高勝率操作績效，明確的進場訊號應綜合考量「量價、K 線、指標轉折」。

反之，於空方進場操作時，亦是如此。選股主要確立在趨勢是否為大黃綠紅空頭排列，以及主力籌碼是否不安定，並同時考量「量價俱跌、K 線轉折向下、指標轉折向下」的綜合向下共振。

本章內容主要是延續第 3 章主力籌碼分析，同時也是進出場訊號分析重點。因為主力籌碼進場後，便開始產生量價關係的變化，由於主力籌碼的分析要等到盤後進行統計，故於盤中量價關係的顯示，確實能同步發現主力進場的跡象。

再者，當日量價關鍵形成後，同時 K 線轉折是否形成，來延續股價

的漲勢，以及多日 K 線形成的技術指標，如 MACD 及 KD 等指標，是否延續 K 線轉折，而讓指標力道增強，讓漲勢得到確認，都必須一一確認。

當「量價關鍵」帶動「K 線轉折」，「K 線轉折」也帶動「技術指標轉折」時，股價的短期趨勢才會確立，是故進場訊號，應注意量價／K 線／技術指標三者同步，或是極短時間內皆轉折成功；而出場訊號則在量價／K 線／技術指標三者無法同步，或是極短時間內無持續進行的背離訊號出現時，獲利離場。下列我們將分成 3 個階段進行說明：

階段 1》首先，要先探討多頭趨勢下的修正整理與股價噴出階段的量價關係，以及空頭趨勢下的反彈整理與股價噴跌階段的量價關係；再透過量價關鍵，配合 K 線及指標同步轉折形成進場訊號；最後在漲勢與跌勢的末端，透過量價背離，配合指標背離，形成出場訊號（詳見本節）。

階段 2》接著，簡單介紹 K 線，及 3 日內的 K 線轉折型態，以及變種 K 線──寶塔線、平均 K 線，配合量價關鍵及技術指標轉折形成進場訊號。之後在漲勢與跌勢的末端，透過量價背離，配合指標背離，形成出場訊號（詳見 4-2）。

　　階段 3》最後，介紹 MACD 及 KD 等 2 大常用的乖離型指標，確認在量價關鍵及 K 線轉折時，同時帶動 2 項技術指標轉強，形成進場訊號，另在漲勢與跌勢的末端，透過指標背離，配合量價背離，形成出場訊號（詳見 4-3）。

主力籌碼進場後的第1個關鍵訊號是量價變化

　　我們先來看量價關係。對於量價關係，市場流傳一句話：「新手看價，老手看量，主力看籌碼！」其實，依黃綠紅海撈操作法「籌碼決定量價，量價決定 K 線、指標，K 線、指標決定均線漲不停的力量」是更為貼切。

　　初學者通常先關注與投資損益最相關的價格，但其實籌碼、量價、K線、指標、均線，都是一氣呵成的，存在著連動的關係，只是使用各種外在的型式表達。

　　也就是說，籌碼最後的流向是均線，若主力要做多，透過量價及 K 線、指標的累積，最後必形成均線的多頭排列趨勢；反之，主力若是偏空操作，透過量價及 K 線、指標的形成，最終顯示在均線上必為空頭排列趨勢。是故在選股上，首重均線排列趨勢與籌碼安定性與否，

而過程中，量價及Ｋ線、指標則可歸納為進出場訊號。

一般來說，主力籌碼進場後的第１個訊號是量價。其中「量」可以分為量增、量平、量縮３種情境，「價」可以分為股價上漲、下跌及持平３種情境。習慣上，會將價的情況寫在前面，量的情況寫在後面。

若將前述幾種情況全部列出可以發現，在量價分析上，主要可以區分為價漲量增、價漲量縮、價漲量平、價跌量增、價跌量縮、價跌量平、價平量增、價平量縮、價平量平等９種類型。

其中「價漲量增」及「價跌量縮」是屬於多頭中的量價關係，常為多頭趨勢中股價噴出（價漲量增）與修正整理（價跌量縮）的重要特徵，另外，「價漲量縮」則是多頭高檔量價背離重要的轉折訊號；反之，「價跌量增」及「價漲量縮」是屬於空頭中的量價關係，常為空頭趨勢中股價噴跌（價跌量增）與反彈整理（價漲量縮）的重要特徵，另外，「價跌量縮」則是空頭低檔量價背離重要的轉折訊號。

在股價的波動過程中，有關量價關係的變化，應先對長期均線趨勢進行判別，再區分趨勢中的股價噴出，與整理區間中的量價對應關係，才能讓量價成為重要進出場訊號之一。

　　然而量價關鍵進出場訊號的定義為何呢？其中「量」的主要關鍵訊號為爆量（即今日成交量較昨日量增加1倍以上）、連續爆量及突破均量（即突破5日均量）等3種量的關鍵訊號；「價」的關鍵訊號主要為股價創新高／低（股價創5或10日新高／低）、長紅Ｋ／黑Ｋ（漲／跌幅5%（半根漲／跌停板）以上）。

　　下列將分別探討多頭趨勢和空頭趨勢下，量價的關鍵進出場訊號：

多頭趨勢》修正整理與股價噴出情況交替出現

　　前面有提到，大黃綠紅多頭排列趨勢下，股價創新高的過程，是一次又一次的修正整理，與股價噴出的交替組合。而修正整理與股價噴出之絕對成交量關係，是股價噴出成交量明顯大於修正整理成交量。下列就修正整理區間和股價噴出區間，不同量價關係做介紹：

1. 修正整理區間

　　在修正整理區間，因應修正整理的時間長短，以及修正幅度的不同，存在各式量價關係。下列就修正整理區間的各個階段分別介紹：

　　①修正整理初期：修正過程常是「價跌量縮」，顯示主力賣壓不大，僅是整理，而非賣壓湧現的趨勢反轉。

②修正整理過程中：無論是黃線（60日EMA）以上的箱型整理區間，或是黃線以下的下降趨勢線，股價會反覆來回測試均線，於向上段（含假突破）容易呈現價漲量增，唯仍在整理區間內；於向下段（含假跌破）則容易呈現價跌量縮。

③修正整理末端：伴隨時間整理的有效性（常為整理時間3週以上，且未突破修正整理區間），最常出現價跌量縮與價平量縮2種情況。其中價平量縮表現較為強勢，若成交量出現絕對的窒息量或凹洞量者（註1），表示主力殺低意願低，股價隨時有可能會突破修正整理區間。

綜上所述，整理區間的成交量應關注絕對成交量明顯低量且呈量縮，表示主力沒有賣壓；若整理區間中出現少數單日的異常絕對成交量明顯大且呈黑K者，因成交量放大並沒有造成價格突破區間，表示可能為主力持續洗盤或實質賣壓出現，故應等到該根K線的高點突破後，才能確立主力是洗盤，而不是賣壓。

此外，整理末端的量價做多進場關鍵訊號為「量」──爆量／連續

註1：窒息量意指絕對成交量明顯低於近期最大成交量的1/10以內；凹洞量，是跟前後交易日成交量相比，呈現形成1個「凹洞」。

爆量及剛剛突破 5 日均量;「價」──收盤價或最高價創 5 日或 10日新高,或是漲幅達 5% 以上(半根漲停板)者。值得注意的是,量與價須同時符合,且仍須配合帶動 K 線或指標轉折向上,才是量價進場關鍵。

2. 股價噴出區間

在股價噴出區間,由於股價噴出的時間短,常出現價漲量增、價平量縮及價漲量縮等現象。下列就以股價噴出區間的各個階段分別介紹:

①股價噴出初期:常出現價漲量增,顯示主力爆量長紅(量價俱揚)突破整理區間之噴出決心。假若長紅 K 遇到重大利多漲停者,也會出現價漲量縮現象。由於股價噴出初期常是修正整理區間的突破當下,故其量價進場關鍵訊號,與修正整理末端相同。

②股價噴出過程中:成交量應關注絕對成交量明顯放大且呈量增常態(成交量經常性大於 5 日均量),表示主力持續滾量推升股價;另股價常沿著 5 日 EMA 運行,在沒跌破 5 日 EMA 的噴出中,有時常出現股價小幅持平的價平量縮,或是股價下跌的價跌量縮現象。

③股價噴出末端:常出現股價創波段新高,但成交量卻沒創該次或

前次噴出段的新高，形成價漲量縮的高檔量價背離賣出訊號。或者當成交量明顯爆出近期最大量、單根 K 線呈長上影線的紅 K 或黑 K，且隔日明顯成交量急縮、2 根 K 線出現高不過昨高，且低破昨低者，常為該段股價噴出的結束。

下列以博智（8155）為例，觀察在大黃綠紅多頭排列趨勢下，配合修正整理與股價噴出的多頭量價關係，以及量價關鍵形成重要進出場訊號。

從圖 1 中可以看出，修正整理區間（詳見圖 1-❶），與股價噴出區之量價關係分別為價跌量縮及價漲量增。在股價來回測試均線過程，或是修正測試均線支撐過程中，向上段仍呈小幅量增；下跌段中仍呈小幅量縮，其仍存在價漲量增及價跌量縮的多頭量價關係，唯股價仍在整理區中震盪。

之後，於修正整理末端，出現爆量（成交量比昨天多出 1 倍以上，或突破 5 日均量，詳見圖 1 主圖桃紅色圓點）及價漲（股價創新高、出現 5% 以上的長紅 K 或出現向上跳空紅 K，詳見圖 1 主圖桃紅色 8 圓圈）的量價關鍵訊號，同時配合籌碼安定，如收集派發指標呈現連續紅柱的散戶連續賣超，以及 K 線轉折（第 1 次高過高，低不破低，

寶塔線翻紅或突破寶塔箱，詳見 4-2）、指標轉折向上（MACD 指標 DIF 線零軸上且 OSC 轉紅柱，或是 KD 指標出現黃金交叉、高檔鈍化，詳見 4-2、4-3），為有效性修正整理結束與股價噴出的臨界點，即為重要買進訊號（詳見圖 1-❷紅色箭頭）。

待進入股價噴出區的過程中，成交量常呈量增或大於 5 日均量，股價則具頻創新高特性。之後，於股價噴出末端，若出現股價創新高，成交量沒創新高的量價背離，以及其他乖離指標，如 MACD 指標 DIF 線零軸上之 OSC 紅柱沒創新高，或是 KD 指標沒出現高檔鈍化、K 值沒創高等高檔背離訊號者，常為該次噴出相對高檔，股價易進入回檔修正，為一重要賣出訊號（詳見圖 1-❸）。

空頭趨勢》反彈整理與股價噴跌情況交替出現

與多頭趨勢相反，在大黃綠紅均線空頭排列趨勢下，股價創新低的過程，是一次又一次的反彈整理，與股價噴跌的交替組合。而反彈整理與股價噴跌的絕對成交量關係，常是股價噴跌的成交量明顯大於反彈整理的成交量。下列就反彈整理區間和股價噴跌區間，不同量價關係做介紹：

1. 反彈整理區間

圖1 修正整理末端量增價漲、籌碼安定，為買進訊號
──博智（8155）還原日線圖

▲：小黃綠紅多頭排列　▲：小黃綠紅空頭排列　■：大黃綠紅多頭排列　■：多方主圖雙趨勢
━：60 日 EMA　　　━：120 日 EMA　　　━：240 日 EMA
●：大黃綠紅多頭排列趨勢下爆量紅 K　　⑧：大黃綠紅多頭排列趨勢下跳空紅 K
┅：主力做多成本線（20 日）

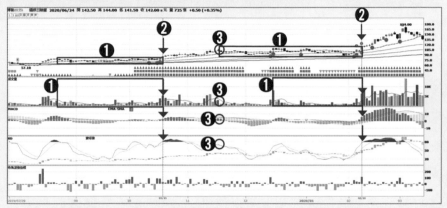

註：1. 資料統計時間為 2019.07.29 ～ 2020.03.12；2. 副圖「EMA–SMA」是季線敏感帶差額、寶塔線的參數為 5 日　　資料來源：XQ 全球贏家

　　在反彈整理區間，因應反彈整理的時間長短，以及反彈幅度的不同，存在各式量價關係。下面茲就反彈整理區間的各個階段分別介紹：

　　①反彈整理初期：反彈過程常是價增量增，顯示散戶融資斷頭或虧損擴大出現恐慌性賣壓，同時主力低接後股價開始進入反彈，誘多新

散戶入場。

　②反彈整理過程中：無論是黃線以上的上升趨勢線，或是黃線以下的箱型整理區間，股價會反覆來回測試均線，於向上段（含假突破）易為價漲量增，唯仍在整理區間內；於向下段（含假跌破）易為價跌量縮。

　③反彈整理末端：伴隨時間整理的有效性（常為整理時間 3 週以上，且未跌破反彈整理區間），常出現股價創反彈新高，唯成交量沒創該次或前次噴出段的新高，形成價漲量縮的量價背離反彈結束訊號。或者成交量明顯爆出近期最大量、單根 K 線呈長上影線的紅 K 或黑 K，隔日明顯成交量急縮、2 根 K 線出現高不過昨高，且低破昨低者，常為該段反彈的結束。

　綜上所述，反彈整理區間的成交量應關注絕對成交量明顯低量且呈量縮，表示主力沒有做多反轉趨勢的意願；若反彈整理區間中出現少數單日的異常絕對成交量明顯大且呈紅 K 者，因成交量放大並沒有造成價格突破區間，表示可能為主力持續誘多或實質做多洗盤進貨出現，故應等到該根 K 線的低點跌破後，才能確立主力是於空頭趨勢中誘多散戶進場，而不是做多反轉趨勢的洗盤進貨。

此外，反彈整理末端放空進場的量價關鍵訊號為「量」──爆量／連續爆量及剛剛突破 5 日均量；「價」──收盤價或最低價創 5 日或10 日新低，或跌幅達 5% 以上（半根跌停板）。值得注意的是，量與價須同時符合，且仍須配合帶動 K 線或指標轉折向下，才是量價進場關鍵。

2. 股價噴跌區間

在股價噴跌區間，由於股價噴跌的時間短，常出現價跌量增現象。下面茲就股價噴跌區間的各個階段分別介紹：

①股價噴跌初期：在股價噴跌初期，常出現價跌量增現象，顯示主力爆量長黑（量價俱跌）跌破反彈整理區間之噴跌決心。假若長黑 K 遇重大利空跌停者，也會出現價跌量縮現象。由於股價噴跌初期常是反彈整理區間的跌破當下，故其量價進場關鍵訊號，與反彈整理末期相同。

②股價噴跌過程中：在股價噴跌過程中，成交量應關注絕對成交量明顯放大且呈量增常態（成交量經常性大於 5 日均量），表示主力持續滾量下殺股價；另股價常沿著 5 日 EMA 運行，在沒突破 5 日 EMA 的噴跌中，有時常出現股價小幅持平的價平量縮，或股價小漲的價漲

量縮現象。

　③股價噴跌末端：在股價噴跌末端，常出現股價創波段新低，但成交量卻沒創該次或前次噴跌段的新高，形成價跌量縮的低檔量價背離回補買進訊號。或者當成交量明顯爆出近期最大量的紅 K，且隔日明顯成交量急縮者，常為融資斷頭賣壓，造成該段股價噴跌的結束。

　下列以億光（2393）為例，觀察在大黃綠紅空頭排列趨勢下，配合反彈整理與股價噴跌的空頭量價關係，以及量價關鍵形成重要進出場訊號。

　從圖 2 中可以看出，反彈整理之上升趨勢線或反彈整理區間（詳見圖 2-❶及上升趨勢線），與股價噴跌區之量價關係分別為價漲量縮及價跌量增。在股價來回測試均線過程，或是反彈測試均線壓力過程中，向上段仍呈小幅量增；下跌段中仍呈小幅量縮，其仍存在價漲量縮及價跌量增的空頭量價關係，唯股價仍在整理區中震盪。

　另於反彈整理末端，出現爆量（成交量比昨天多出 1 倍以上，或突破 5 日均量，詳見圖 2 主圖藍色圓點處）及價跌（股價創新低、出現 5% 以上長黑 K，或向下跳空黑 K，詳見圖 2 主圖藍色 8 圓圈）的量價關

圖2 反彈整理末端量增價跌、籌碼不穩，為賣出訊號
──億光（2393）還原日線圖

▲：小黃綠紅多頭排列　▲：小黃綠紅空頭排列　■：大黃綠紅空頭排列　■：空方主圖雙趨勢
─：60 日 EMA　　　　─：120 日 EMA　　　　─：240 日 EMA
●：大黃綠紅空頭排列趨勢下爆量黑 K　　　⑧：大黃綠紅空頭排列趨勢下跳空黑 K
---：主力做多成本線（20 日）

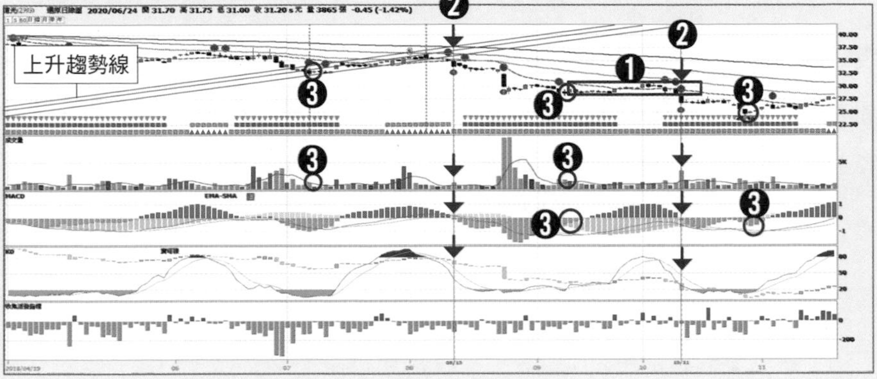

註：1. 資料統計時間為 2018.04.19 ～ 2018.11.20；2. 藍色垂直虛線是線性回歸分析的
　　起始日期與結束日期標示；3. 副圖「EMA–SMA」是季線敏感帶差額、寶塔線的參數為
　　5 日　　資料來源：XQ 全球贏家

鍵訊號，同時配合籌碼不安定，如收集派發指標呈現連續綠柱的散戶
連續買超，以及 K 線轉折（第 1 次低破低，高不過高，寶塔線翻黑或
跌破寶塔箱）、指標轉折向下（MACD 指標 DIF 線零軸下且 OSC 轉
綠柱，或是 KD 指標出現死亡交叉、低檔鈍化）者，為有效性反彈整
理結束與股價噴跌的臨界點，是重要賣出訊號（詳見圖 2-❷紅色箭

頭）。

　　待進入股價噴跌區的過程中，成交量常呈量增或大於 5 日均量，股價則具頻創新低特性。之後，於股價噴跌末端，若出現股價創新低，成交量沒創新低的量價背離，以及其他乖離指標，如 MACD 指標 DIF 線零軸下之 OSC 綠柱沒創新低，或是 KD 指標沒出現低檔鈍化、K 值沒創新低等低檔背離訊號者，常為該次噴跌相對低檔，股價易進入反彈整理，為一重要回補買進訊號（詳見圖 2-❸）。

4-2 解讀K線型態 3日內轉折為最重要訊號

當主力籌碼進場後,首先形成量價關係(詳見 4-1),而價格於當日則形成 K 線。K 線又稱為陰陽線、蠟燭線和紅黑線,其構造是由最高價、最低價、開盤價和收盤價組成,為當日盤中多空近距離接觸的結果。

K線的形成即為多空籌碼交戰的結果

開盤價與收盤價之間的差異,可以形成 K 線的「實體」,而依開盤價與收盤價相對位置不同,又可區分為紅 K 與黑 K(有些看盤軟體會以綠色表示,但實務上習慣稱為黑 K)。其中「紅 K」為開低收高,容易呈現主力買進,籌碼上較偏多方及安定;「黑 K」為開高收低,容易呈現散戶買進,籌碼上較偏空方及不安定。而最高價與開盤價/收盤價之間的差異,以及最低價與開盤價/收盤價之間的差異,可以形成 K 線的上影線和下影線(詳見圖 1)。

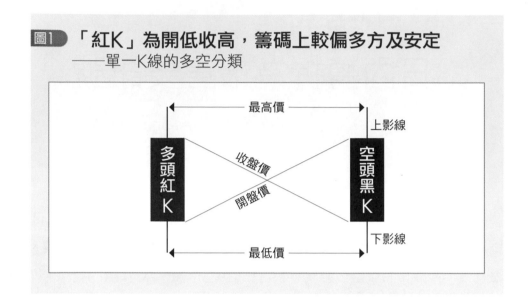

圖1 「紅K」為開低收高，籌碼上較偏多方及安定
——單一K線的多空分類

若將最高價、最低價、開盤價、收盤價合在一起形成完整K線型態，則可以發現，共有實體紅K、下影線紅K、上影線紅K、上下影線紅K、實體黑K、下影線黑K、上影線黑K、上下影線黑K、十字K、一字K、T字K和倒T字K等12種單一K線型態（詳見表1）。

基本上，K線的形成，主要是由當日多空籌碼交戰的結果，後續影響短期乖離指標的變化，進而影響均線的趨勢及運行等。故K線的轉折分析，對於進出場點訊號的決定亦非常重要，有關K線的轉折通常

表1 **實體紅K愈大，對多方愈有利**
　　——單一K線型態分析

	單一 K 線型態	圖例	説明
紅K	實體紅 K		1. 最高價＝收盤價＞開盤價＝最低價 2. 實體紅 K 愈大，對多方愈有利 3. 若收盤價較開盤價上漲 5% 以上，為強烈做多 K 線
	下影線紅 K		1. 最高價＝收盤價＞開盤價＞最低價 2. 盤中小跌後拉高上漲，有強力買盤支撐 3. 實體紅 K 及下影線愈長，對多方愈有利
	上影線紅 K		1. 最高價＞收盤價＞開盤價＝最低價 2. 盤中多方勝出，上影線表示有賣壓 3. 實體紅 K 愈長及上影線愈短，對多方愈有利
	上下影線紅 K		1. 最高價＞收盤價＞開盤價＞最低價 2. 盤中多空交戰，且多方勝出，上影線表示高檔有賣壓 3. 實體紅 K 及下影線愈長，且上影線愈短，對多方愈有利
黑K	實體黑 K		1. 最高價＝開盤價＞收盤價＝最低價 2. 實體黑 K 愈長，對空方愈有利 3. 若收盤價較開盤價下跌 5% 以上，為強烈做空 K 線
	下影線黑 K		1. 最高價＝開盤價＞收盤價＞最低價 2. 空方勝出，唯多方有買盤測試低點後拉回 3. 實體黑 K 愈長，及下影線愈短，對空方愈有利
	上影線黑 K		1. 最高價＞開盤價＞收盤價＝最低價 2. 空方勝出，反彈測試壓力後賣壓湧現 3. 實體黑 K 及上影線愈長，對空方愈有利
	上下影線黑 K		1. 最高價＞開盤價＞收盤價＞最低價 2. 盤中多空交戰，空方勝出，下影線表示低檔有買盤 3. 實體黑 K 及上影線愈長，且下影線愈短，對空方愈有利
其他	十字 K	＋	1. 最高價＞開盤價＝收盤價＞最低價 2. 盤中多空交戰，多空勢均力敵，後勢待變 3. 於漲／跌勢末端出現者，易發生反轉
	一字 K	－	1. 最高價＝開盤價＝收盤價＝最低價，即漲停或跌停 2. 開盤一價到底，漲停對多方有利，跌停對空方有利
	T 字 K	⊤	1. 最高價＝開盤價＝收盤價＞最低價 2. 開盤後就下跌，唯盤中買盤積極，收在最高價 3. 於漲／跌勢末端出現者，易發生反轉
	倒 T 字 K	⊥	1. 最高價＞開盤價＝收盤價＝最低價 2. 開盤後就上漲，唯盤中賣壓湧現，收在最低價 3. 於漲／跌勢末端出現者，易發生反轉

以 3 日內為最重要，3 日以上的 K 線，則可被短期乖離指標所取代。

　　為何如此說呢？以 KD 指標（參數 9,3,3）為例，KD 參數為 9 日內的統計資訊，3 日以上的 K 線，已影響 KD 指標變化近 1/3 強，故可直接轉換成技術指標轉折訊號。故「量價關鍵」帶動「K 線轉折」，「K 線轉折」帶動「技術指標轉折」，是一氣呵成且密不可分的 3 種共振進出場訊號。故投資人於買進或賣出時，應一一確認這 3 種訊號，將可提高投資勝率。

　　實務上，有關 K 線轉折訊號的判斷，可以區分為單一 K 線型態、2 根 K 線轉折及 3 根 K 線轉折，配合多空趨勢位階形成進出場訊號。其中 3 根 K 線轉折的有效性最高，其次為 2 根 K 線轉折，最後為單一 K 線轉折。且上述的 K 線轉折訊號中，若有陸續發生者，更能確定 K 線轉折的有效性。下列分別介紹在多頭趨勢和空頭趨勢下，K 線轉折買進訊號及 K 線轉折賣出訊號：

大黃綠紅多頭排列》K線轉折買進及賣出訊號

1.K 線轉折買進訊號

　　於多頭趨勢短期修正整理區間內，或是股價突破修正整理區時，出現下列 4 種 K 線型態時，常為買進訊號：

①長紅（單一 K 線）：實體 K 的收盤價較開盤價上漲超過 5%。

②紅 K 吃黑 K（2 根 K 線）：昨天黑 K，今日紅 K，且收盤價或最高價呈高過高，且低不破低。

③向上跳空缺口（2 根 K 線）：今日最低價＞昨日最高價，且今日呈紅 K 佳。

④第 1 次高過高，且低不破低紅 K（3 根 K 線）：在連續低破低的 K 線中，出現第 1 次高過高、低不破低，且今日為紅 K。

上述 K 線轉折訊號常陸續出現，若同時出現量價關鍵，或是帶動指標轉折訊號，可增強買進有效性。

2.K 線轉折賣出訊號

於多頭趨勢股價上漲噴出末端，若帶量出現下列 4 種單一 K 線型態時，常為該次短線噴出漲勢受阻的變盤訊號（詳見表 2）。

後續若發生 2 根 K 線低破昨低且高不過昨高，致使股價跌破 5 日 EMA，或是 KD 指標高檔鈍化結束或出現死亡交叉，持股應減碼或獲

利了結。

①高檔流星線：為上影線紅／黑 K 的特殊型態，即無下影線，實體 K 較短，上影線常為實體 K 的 2 倍～ 3 倍左右。無論實體是紅 K 或黑 K，皆稱為流星線。

②高檔吊人線：為高檔出現的鎚子線，下影線很長，通常是實體 K 的 2 倍以上。

③高檔天地劍線：為十字 K 的特殊型態，又可分為天劍線（上影線比下影線長）和地劍線（下影線比上影線長）。無論是何種天地劍線，都是上或下影線很長，實體 K 僅一點點或沒有。

④高檔墓碑線：倒 T 字 K 的特殊型態，即上影線很長且沒有實體 K。

範例》士紙（1903）

以士紙為例，可觀察在大黃綠紅多頭排列趨勢下，配合修正整理與股價上漲噴出位階辨識後，形成 K 線轉折進出場訊號。

多頭趨勢下的 K 線向上轉折，可以區分為 1 根、2 根及 3 根 K 線轉折。

表2 高檔吊人線的影線通常是實體K的2倍以上
──多頭趨勢下的單一K線轉折賣出訊號

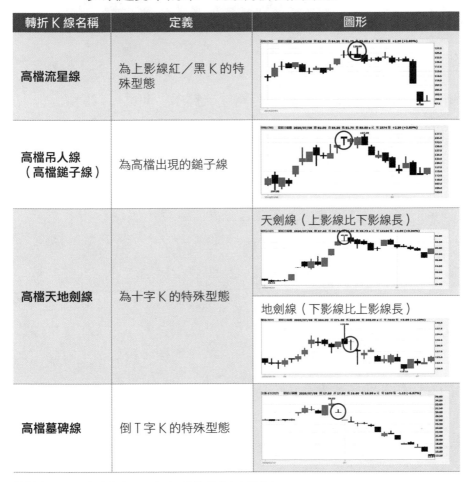

轉折 K 線名稱	定義	圖形
高檔流星線	為上影線紅／黑 K 的特殊型態	
高檔吊人線 （高檔鎚子線）	為高檔出現的鎚子線	
高檔天地劍線	為十字 K 的特殊型態	天劍線（上影線比下影線長） 地劍線（下影線比上影線長）
高檔墓碑線	倒 T 字 K 的特殊型態	

資料來源：XQ 全球贏家　　整理：溫首盛（文字部分）

K線參考數量愈多，且單根K線轉折若出現於修正整理區的底部位置、2根及3根K線轉折若出現於修正整理區的上緣位置，其K線向上轉折的有效性愈強。本範例說明僅列示3根K線轉折訊號。

從圖2中可以看出，多頭趨勢下的修正整理區間（詳見圖2-❶），股價來回測試均線過程或修正測試均線支撐中，向上段常開始於「紅K吃黑K，且高過高」的2根K線向上轉折；下跌段常開始於「黑K吃紅K，且低破低」的2根K線向下轉折。

之後，於修正整理末端，若在整理區間上緣處，出現3根K線向上轉折──「第1次高過高、低不破低，且呈紅K」（詳見圖2-❷），配合量價關鍵訊號、籌碼安定，如收集派發指標呈現連續紅柱的散戶連續賣超、其他K線轉折（寶塔線翻紅或突破寶塔箱），以及指標轉折向上（MACD指標DIF線零軸上且OSC轉紅柱，或是KD指標出現黃金交叉或高檔鈍化），為有效性修正整理結束與股價上漲噴出的臨界點，即為重要買進訊號（詳見圖2-❸、黃色垂直線）。

多頭趨勢下的股價上漲噴出區的過程中，K線常呈高過高，且低不破低者，是持有訊號。之後，於股價上漲噴出末端，若出現3根K線向下轉折──「第1次高不過高、低破低，且呈黑K」（詳見圖2-❹），

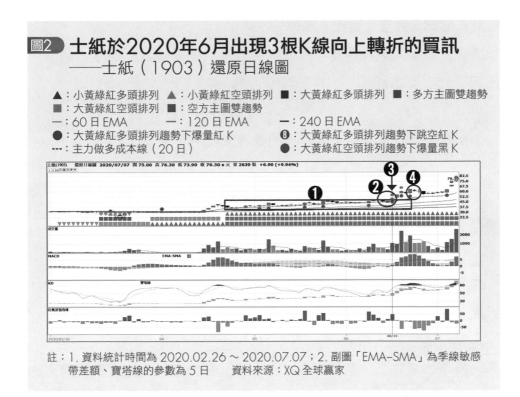

圖2　士紙於2020年6月出現3根K線向上轉折的買訊
──士紙（1903）還原日線圖

▲：小黃綠紅多頭排列　▲：小黃綠紅空頭排列　■：大黃綠紅多頭排列　■：多方主圖雙趨勢
■：大黃綠紅空頭排列　■：空方主圖雙趨勢
─：60日EMA　　　　─：120日EMA　　　─：240日EMA
●：大黃綠紅多頭排列趨勢下爆量紅K　　⑧：大黃綠紅多頭排列趨勢下跳空紅K
┈：主力做多成本線（20日）　　　　　●：大黃綠紅空頭排列趨勢下爆量黑K

註：1. 資料統計時間為2020.02.26～2020.07.07；2. 副圖「EMA-SMA」為季線敏感帶差額、寶塔線的參數為5日　　資料來源：XQ全球贏家

配合量價背離，以及其他乖離指標，如MACD指標及KD指標高檔背離；或是KD指標高檔鈍化結束，常為該次股價上漲噴出的相對高檔，股價易進入回檔修正，為一重要賣出訊號。

大黃綠紅空頭排列》K線轉折放空及回補訊號

1.K 線轉折放空（賣出）訊號

於空頭趨勢短期反彈整理區間內，或是股價跌破反彈整理區間時，出現下列 4 種 K 線型態，常為賣出訊號：

①長黑（單一 K 線）：實體 K 的收盤價較開盤價下跌超過 5%。

②黑 K 吃紅 K（2 根 K 線）：昨天紅 K，今日黑 K，且收盤價或最低價呈低破低，且高不過高。

③向下跳空缺口（2 根 K 線）：今日最高價＜昨日最低價，且今日呈黑 K 佳。

④第 1 次低破低，且高不過高黑 K（3 根 K 線）：在連續高過高的 K 線中，出現第 1 次低破低、高不過高，且今日為黑 K。

上述 K 線轉折訊號常陸續出現，且同時出現量價關鍵，或是帶動指標轉折訊號，可增強賣出有效性。

2.K 線轉折回補（買進）訊號

於空頭趨勢跌勢末端，若帶量出現下列 3 種單一 K 線型態時，常為

表3 低檔鎚子線的影線通常是實體K的2倍以上
——空頭趨勢下的單一K線轉折回補訊號

轉折 K 線名稱	定義	圖形
低檔鎚子線	為下影線紅／黑 K 特殊型態	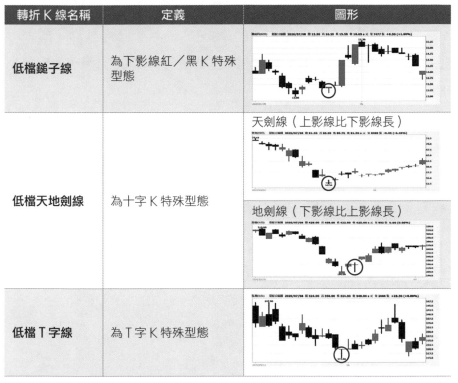
低檔天地劍線	為十字 K 特殊型態	天劍線（上影線比下影線長） 地劍線（下影線比上影線長）
低檔 T 字線	為 T 字 K 特殊型態	

資料來源：XQ 全球贏家　　整理：溫首盛（文字部分）

該次短線噴跌下殺受阻的變盤訊號（詳見表 3）。後續若發生 2 根 K 線高過昨高，且低不過昨低，致使股價突破 5 日 EMA，或 KD 指標低

檔鈍化結束，或是出現黃金交叉，則短線應進行放空回補，獲利了結出場。

①低檔鎚子線（單一 K 線）：為下影線紅／黑 K 特殊型態，即下影線很長，常為實體 K 的 2 倍以上。實體 K 無論是紅 K 或黑 K，皆稱為鎚子線。

②低檔天地劍線（單一 K 線）：為十字 K 特殊型態，又可分為天劍線（上影線比下影線長）和地劍線（下影線比上影線長）。無論是何種天地劍線，都是上／下影線都很長，實體 K 僅一點點或沒有。

③低檔 T 字線（單一 K 線）：為 T 字 K 特殊型態，即下影線很長且沒有實體 K。

範例》東聯（1710）

以東聯為例，可觀察在大黃綠紅空頭排列趨勢下，配合反彈整理與股價下殺噴跌位階辨識後，形成 K 線轉折進出場訊號。

空頭趨勢下的 K 線向下轉折，可以區分為 1 根、2 根及 3 根 K 線轉折。K 線參考數量愈多，且單根 K 線轉折若出現於反彈整理區的頂部位置、

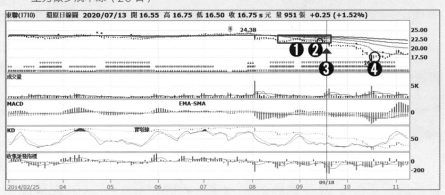

圖3 東聯於2014年9月出現3根K線向下轉折的賣訊
──東聯（1710）還原日線圖

▲：小黃綠紅多頭排列　▲：小黃綠紅空頭排列　■：大黃綠紅多頭排列　■：多方主圖雙趨勢
■：大黃綠紅空頭排列　■：空方主圖雙趨勢
－：60日EMA　　　　－：120日EMA　　　　－：240日EMA
●：大黃綠紅空頭排列趨勢下爆量黑K　　⑧：大黃綠紅空頭排列趨勢下跳空黑K
┄：主力做多成本線（20日）

註：1. 資料統計時間為2014.02.25～2014.11.10；2. 副圖「EMA-SMA」為季線敏感
　　帶差額、寶塔線的參數為5日　　資料來源：XQ全球贏家

2及3根K線轉折若出現於反彈整理區的下緣位置，其K線向下轉折的有效性愈強。本範例說明僅列示3根K線轉折訊號。

　　從圖3中可以看出，空頭趨勢下的反彈整理區間（詳見圖3-❶），股價來回測試均線過程或反彈測試均線壓力中，向上段常開始於「紅

K 吃黑 K，且高過高」的 2 根 K 線向上轉折；下跌段常開始於「黑 K 吃紅 K，且低破低」的 2 根 K 線向下轉折。

　之後，於反彈整理末端，若在整理區間下緣處，出現 3 根 K 線向下轉折──「第 1 次低破低、高不過高，且呈黑 K」（詳見圖 3-❷），配合量價關鍵訊號、籌碼不安定，如收集派發指標呈現連續綠柱的散戶連續買超、其他 K 線轉折（寶塔線翻綠或跌破寶塔箱），以及指標轉折向下（MACD 指標 DIF 線零軸下且 OSC 轉綠柱，或是 KD 指標出現死亡交叉或低檔鈍化），為有效性反彈整理結束與噴跌的臨界點，即為重要賣出訊號（詳見圖 3-❸、黃色垂直線）。

　空頭趨勢下的下殺噴跌區的過程中，K 線常呈低破低，或且高不過高者，是放空持有訊號。於股價噴跌末端，若出現 3 根 K 線向上轉折──「第 1 次高過高、低不破低，且呈紅 K」（詳見圖 3-❹），配合量價背離，以及其他乖離指標如 MACD 指標及 KD 指標低檔背離；或 KD 低檔鈍化結束，常為該次股價下殺噴跌的相對低檔，股價易進入反彈整理，為一重要回補買進訊號。

　前述提到的傳統 K 線，是技術分析上非常重要的判斷指標，然而在股價的波動過程中，無論是在修正／反彈整理區或股價上漲噴出／下

殺噴跌區，常有紅、黑 K 交雜及上下影線的訊號，投資人當下常產生對後勢的判斷的不確定性。

例如在股價上漲噴出過程中出現黑 K 時，怕會有見高點的疑慮，或是在股價下跌的過程中出現紅 K，認為是止跌訊號的懷疑，以上的 K 線情境常會造成投資人的誤判，而讓投資績效打了折扣。

因此，本書除了對於前述傳統 K 線的轉折訊號介紹以外，另介紹 2 種特殊 K 線——寶塔線及平均 K 線的轉折訊號，以期能對於投資人在進出場訊號的判斷上，更為精準。

變種K線1》寶塔線：從顏色判斷轉折訊號

寶塔線是以不同顏色的棒線來區分股價漲跌，且不考慮開盤價、最高價和最低價，是以收盤價作為參照。

當今日收盤價較昨日收盤價高時，則自昨日收盤價向上至今日收盤價畫 1 個紅長條（即紅寶塔）；反之，若今日收盤價低於昨日收盤價時，則自昨日收盤價向下畫 1 個綠長條（即綠寶塔）。由於寶塔線與 K 線的外型相似，故可說是「變種 K 線」。

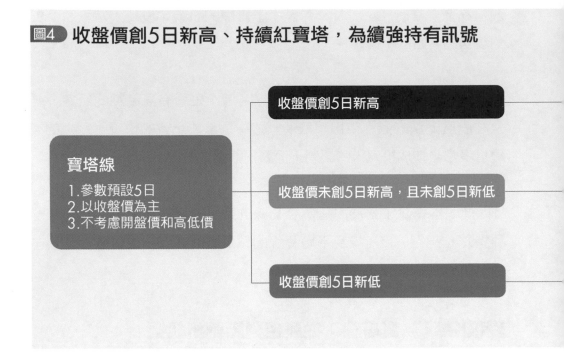

圖4 收盤價創5日新高、持續紅寶塔,為續強持有訊號

實務上,寶塔線可在設定期間(本書參數預設為5日,註1)內,進行收盤價的比較,利用連續的紅寶塔或綠寶塔觀察股票的轉折與方向。由於寶塔線沒有跳空缺口或上下影線的干擾,實為一簡單又有效

註1:對於寶塔線參數的選擇,本書以費波南希數列的時間轉折中的5日轉折作為參數的設定,投資人也可使用3日、8日或13日的轉折來進行分析。

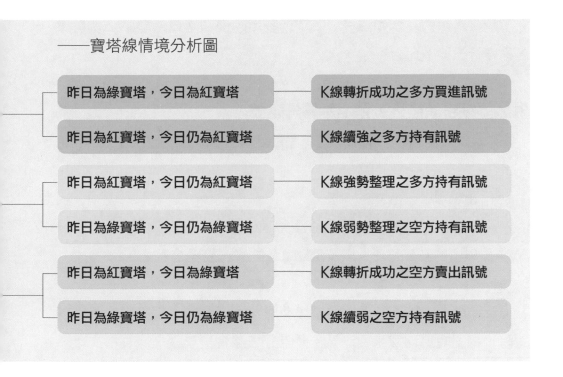

——寶塔線情境分析圖

昨日為綠寶塔，今日為紅寶塔	——	K線轉折成功之多方買進訊號
昨日為紅寶塔，今日仍為紅寶塔	——	K線續強之多方持有訊號
昨日為紅寶塔，今日仍為紅寶塔	——	K線強勢整理之多方持有訊號
昨日為綠寶塔，今日仍為綠寶塔	——	K線弱勢整理之空方持有訊號
昨日為紅寶塔，今日為綠寶塔	——	K線轉折成功之空方賣出訊號
昨日為綠寶塔，今日仍為綠寶塔	——	K線續弱之空方持有訊號

的K線轉折分析方法。

寶塔線最主要的應用在於：1. 透過寶塔線的變色，發現K線轉折的進出場訊號；2. 在股價方向出來時，利用寶塔線持續不變色，進行持有訊號，掌握股價上漲噴出，或是股價下殺噴跌時的主要利潤（詳見圖4）。

　　了解寶塔線的基本知識後，下列就多頭趨勢和空頭趨勢下，寶塔線各種轉折訊號做介紹：

大黃綠紅多頭排列》寶塔線轉折訊號

　　在大黃綠紅多頭排列趨勢下，主要可分為 2 種情況，分別說明如下：

1. 修正整理

　　大黃綠紅多頭排列趨勢下的修正整理，又可以區分為黃線（60 日 EMA）以上的修正整理，以及黃線以下的修正整理 2 種情況：

　　①黃線以上的修正整理：多頭趨勢修正整理區中，當股價於黃線以上時，易對短期均線來回測試。此時寶塔線會形成紅、綠寶塔交雜，進而形成寶塔箱（註 2）。於寶塔箱中，任一寶塔線翻紅為相對低檔買進訊號。之後，當紅寶塔突破寶塔箱時，意味著修正整理結束的突破買進訊號。

　　②黃線以下的修正整理：多頭趨勢修正整理區中，當股價於黃線以

註 2：寶塔箱畫法，即修正整理區間中，紅寶塔最高水平切線與綠寶塔最低水平切線形成箱型區間。

下時，短期均線易變成空頭排列，而呈下降趨勢線的修正。在下降趨勢線中，任一寶塔線翻紅為相對止跌低檔的轉折買進訊號。當紅寶塔突破寶塔箱上緣時，意味著修正整理結束的突破買進訊號。

2. 股價上漲噴出

多頭趨勢的股價上漲噴出，起始於副圖中紅寶塔突破寶塔箱，或是主圖中價格整理區間突破。在股價上漲噴出過程中，寶塔線常呈紅寶塔持續，是多方持有訊號。紅寶塔呈現時間愈長，則表示該次股價上漲噴出易為主噴段。

實務上，當寶塔線由綠寶塔翻紅寶塔時，為股價修正過程中的止跌訊號，為一整理區間中相對低檔的低接買進訊號；當寶塔箱突破時，常同時突破主圖的價格整理區間，此時若同時出現量價關鍵，且帶動 K 線及指標轉折訊號，可增強買進訊號的有效性。

之後，於股價上漲噴出末端，若出現寶塔線由紅寶塔翻成綠寶塔，配合量價背離，及其他乖離指標，如 MACD 指標及 KD 指標高檔背離者，或是 KD 指標高檔鈍化結束，為 K 線向下轉折，常為該次股價上漲噴出的相對高檔，股價易進入回檔修正，此時多頭趨勢易進入向下修正整理過程，為一重要賣出訊號，短線應獲利出場。

範例》家登（3680）

　以家登為例，可觀察在大黃綠紅多頭排列趨勢下，配合修正整理與股價上漲噴出位階辨識後，形成寶塔線轉折之進出場訊號。

　多頭趨勢下的寶塔線（參數預設為 5 日）向上轉折，即以 5 日內收盤價是否創新高為主要轉折依據，且寶塔線由綠寶塔翻成紅寶塔者，為多方寶塔線轉折向上訊號；即在多頭趨勢中，任一寶塔線翻紅為重要轉折向上買進訊號。

　在修正整理區間（詳見圖 5- ❶），股價來回測試均線過程或測試均線支撐中，向上段常開始於「綠寶塔低走平且過昨高」；下跌段常開始於「紅寶塔高走平且破昨低」。且修正整理過程中，常因寶塔線轉折不穩定之紅寶塔與綠寶塔交雜運行，而形成寶塔箱（詳見圖 5- ❷）。

　之後，在修正整理末端，於修正整理區間上緣處，出現紅寶塔突破寶塔箱，配合量價關鍵、籌碼安定，如收集派發指標呈連續紅柱的散戶連續賣超、其他 K 線轉折（出現長紅 K，或是第 1 次高過高、低不破低）及指標轉折向上（MACD 指標 DIF 線零軸上且 OSC 轉紅柱，或是 KD 指標出現黃金交叉或高檔鈍化），為有效性整理結束與噴出的臨界點，是重要買進訊號（詳見圖 5- ❸、黃色垂直線）。

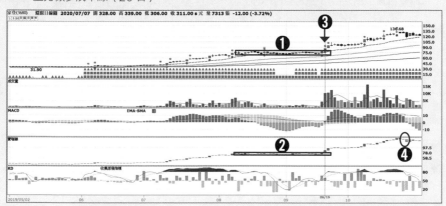

圖5 家登2019年10月寶塔線由紅翻綠，為重要賣訊
——家登（3680）還原日線圖

▲：小黃綠紅多頭排列　■：大黃綠紅多頭排列　■：多方主圖雙趨勢
—：60日EMA　　　　—：120日EMA　　　—：240日EMA
●：大黃綠紅多頭排列趨勢下爆量紅K　　⑧：大黃綠紅多頭排列趨勢下跳空紅K
┈┈：主力做多成本線（20日）

註：1.資料統計時間為 2019.05.02 ～ 2019.11.04；2.副圖「EMA–SMA」為季線敏感
　　帶差額、寶塔線的參數為5日　　　資料來源：XQ全球贏家

　　寶塔箱突破後，形成短線股價噴出，其噴出過程中，主圖K線雖有
黑K交雜，唯寶塔線皆呈紅寶塔持續，為噴出過程中安心持有的訊號。
於該次漲勢的末端，當寶塔線由紅寶塔翻成綠寶塔時（詳見圖5-❹），
表示K線進入向下轉折階段，股價即將進入修正整理，是一重要賣出
訊號。

大黃綠紅空頭排列》寶塔線轉折訊號

在大黃綠紅空頭排列趨勢下，主要可分為 2 種情況，分別說明如下：

1. 反彈整理

大黃綠紅空頭排列趨勢下的反彈整理，又可以區分為黃線以下的修正整理，以及黃線以上的修正整理 2 種情況：

①黃線以下的修正整理：空頭趨勢反彈整理區中，當股價於黃線以下時，易對短期均線來回測試。此時寶塔線會形成紅、綠寶塔交雜，進而形成寶塔箱。於寶塔箱中，任一寶塔線翻綠為相對高檔賣出訊號。之後，當綠寶塔跌破寶塔箱時，意味著反彈整理結束的跌破賣出訊號。

②黃線以上的修正整理：空頭趨勢反彈整理區中，當股價於黃線以上時，短期均線易變成多頭排列，而形成上升趨勢線的反彈。在上升趨勢線中，任一寶塔線翻綠為相對止漲高檔的轉折賣出訊號。當綠寶塔跌破寶塔箱下緣時，意味著反彈整理結束的跌破賣出訊號。

2. 股價下殺噴跌

空頭趨勢的股價下殺噴跌，起始於副圖中綠寶塔跌破寶塔箱，或是主圖中價格整理區間跌破。在股價下殺噴跌過程中，寶塔線常呈綠寶

塔持續，是空方持有訊號。綠寶塔呈現時間愈長，該次股價下殺噴跌易為主跌段。

實務上，當寶塔線由紅寶塔翻成綠寶塔時，為股價反彈過程中的止漲訊號，為一整理區間中相對高檔的逢高放空訊號；當寶塔箱跌破時，常同時跌破主圖的價格整理區間，此時若同時出現量價關鍵，帶動 K 線及指標轉折訊號，可增強放空賣出的有效性。

之後，於股價下殺噴跌末端，若出現寶塔線由綠寶塔翻成紅寶塔，配合量價背離，及其他乖離指標，如 MACD 指標及 KD 指標低檔背離者，或是 KD 指標低檔鈍化結束，為 K 線向上轉折，常為該次噴跌相對低檔，股價易進入反彈整理，此時空頭趨勢易進入反彈整理過程，是一重要回補買進訊號。

範例》中石化（1314）

以中石化為例，可觀察在大黃綠紅空頭排列趨勢下，配合反彈整理與股價下殺噴跌位階辨識後，形成寶塔線轉折之進出場訊號。

空頭趨勢下的寶塔線（參數預設為 5 日）向下轉折，即以 5 日內收盤價是否創新低為主要轉折依據，且寶塔線由紅寶塔翻成綠寶塔，為

空方寶塔線轉折向下訊號；即在空頭趨勢中，任一寶塔線翻綠為重要轉折向下放空賣出訊號。

在反彈整理區之上升趨勢線中，係股價來回測試均線或反彈測試均線壓力過程，向上段常開始於「綠寶塔低走平且過昨高」；下跌段常開始於「紅寶塔高走平且破昨低」。且反彈整理區中，因寶塔線轉折不穩定之紅寶塔與綠寶塔交雜運行，而形成寶塔箱（詳見圖 6-❶）。

之後在反彈整理末端，於上升趨勢線下緣處，出現綠寶塔跌破寶塔箱下緣，配合量價關鍵訊號、籌碼不安定，如收集派發指標呈連續綠柱的散戶連續買超、其他 K 線轉折（出現長黑 K，或是第 1 次高不過高、低破低）及指標轉折向下（MACD 指標 DIF 線零軸下且 OSC 轉綠柱，或 KD 指標出現死亡交叉或低檔鈍化），為有效性反彈結束與噴跌的臨界點，為放空賣出訊號（詳見圖 6-❷、黃色垂直線）。

寶塔箱跌破後，形成短線噴跌，其噴跌過程中，主圖 K 線雖有紅 K 交雜，唯寶塔線皆呈綠寶塔持續，為噴跌過程中安心持有的訊號。於該次跌勢的末端，當寶塔線由綠寶塔翻成紅寶塔時（詳見圖 6-❸），表示 K 線進入向上轉折階段，股價即將進入反彈整理，是一重要回補買進訊號。

圖6 **中石化2020年2月寶塔線由綠翻紅，為重要買訊**
──中石化（1314）還原日線圖

▲：小黃綠紅多頭排列　▲：小黃綠紅空頭排列　■：大黃綠紅空頭排列　■：空方主圖雙趨勢
—：60 日 EMA　　　—：120 日 EMA　　　—：240 日 EMA
●：大黃綠紅空頭排列趨勢下爆量黑 K　　　⑧：大黃綠紅空頭排列趨勢下跳空黑 K
‥‥：是主力做多成本線（20 日）

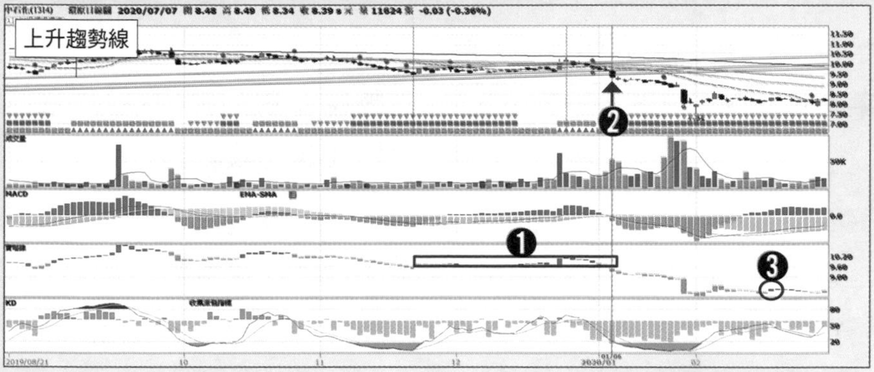

註：1. 資料統計時間為 2019.08.21 ～ 2020.03.03；2. 副圖「EMA–SMA」為季線敏感
　　帶差額、寶塔線的參數為 5 日；3. 藍色垂直虛線是線性回歸分析的起始日期與結束日期
　　標示　　資料來源：XQ 全球贏家

變種K線2》平均K線：重視前一日的資訊

　　有別於寶塔線僅以收盤價作為股價波動轉折與方向性持有的判斷，
另一種變種 K 線為平均 K 線（或是稱為 Heiken-Ashi、裁縫線）。平
均 K 線同樣有實體和上、下影線，然而無論是開盤價、最高價、最低價、

收盤價,其 K 線代表涵義皆和傳統 K 線有區別,其計算公式如下:

> 平均 K 線的開盤價=(前根平均 K 線的開盤價+前根平均 K 線的收盤價)/2
>
> 平均 K 線的收盤價=(傳統 K 線的開盤價+收盤價+最高價+最低價)/4
>
> 平均 K 線的最高價=最高值 Max(傳統 K 線的最高價,平均 K 線的開盤價,平均 K 線的收盤價)
>
> 平均 K 線的最低價=最低值 min(傳統 K 線的最低價,平均 K 線的開盤價,平均 K 線的收盤價)

從平均 K 線的計算方式可知,平均 K 線重視昨日的資訊,且利用傳統 K 線當日的開盤價、最高價、最低價、收盤價,進行簡單計算,重新計算出平均 K 線的開盤價、最高價、最低價、收盤價。

值得注意的是,平均 K 線是 2 根 K 線的資訊組合,投資人看到的收盤價不是傳統 K 線的收盤價,而是傳統 K 線的當日開盤價、最高價、最低價、收盤價的平均。

開盤價則是昨日平均線的開盤價與收盤價的平均。此外,平均 K 線

的最高價及最低價，可能等於或不等於傳統 K 線的最高價或最低價，
應稍微留意。

當股價上漲噴出創新高時，平均 K 線呈紅 K，且傳統 K 線的最高價
常等於平均 K 線的最高價；而傳統 K 線的最低價常小於平均 K 線的開
盤價，故在此情況下，平均 K 線呈紅 K 時常有上影線，沒有下影線，
且其實體收盤價常呈高過高、低不破低的情況。

反之，當股價下殺噴跌創新低時，平均 K 線呈綠 K，且傳統 K 線的
最低價常等於平均 K 線的最低價；而傳統 K 線的最高價常小於平均 K
線的收盤價，故在此情況下，平均 K 線呈綠 K 時常有下影線，沒有上
影線，且其實體收盤價常呈低破低、高不過高。

關於平均 K 線、寶塔線及傳統 K 線的異同分析，如表 4 所示。

平均 K 線可以避免傳統 K 線出現跳空或紅、黑 K 交雜不連續的雜訊，
同時可因其 K 線連續不變色，看出股價的方向趨勢，不像傳統 K 線噴
出時有黑 K 干擾，下跌時有紅 K 干擾。

另外，平均 K 線的紅、綠 K 變色時，易發生 K 線轉折訊號（平均 K

線技術分析圖的查詢方式詳見圖解教學）。

　　了解平均 K 線的基本知識以後，下列就多頭趨勢和空頭趨勢下，平均 K 線各種轉折訊號做介紹：

大黃綠紅多頭排列》平均K線轉折訊號

　　在大黃綠紅多頭排列趨勢下，主要可分為 2 種情況，分別說明如下：

1. 修正整理

　　大黃綠紅多頭排列趨勢下的修正整理，又可以區分為黃線以上的修正整理，以及黃線以下的修正整理 2 種情況：

　　①黃線以上的修正整理：多頭趨勢修正整理區中，當股價於黃線以上時，易對均線來回測試。此時平均 K 線會形成紅、綠 K 交雜，進而形成平均 K 線箱（註 3）。於平均 K 線箱中，任一平均 K 線由綠 K 翻成紅 K，為相對低檔買進訊號。之後，一旦有紅 K 突破平均 K 線箱時，意味著修正整理結束的突破買進訊號。

註 3：平均 K 線箱畫法，即整理區中紅 K 最高水平切線，與綠 K 最低水平切線形成箱型區間。

表4 平均K線轉折較傳統K線容易判斷
──傳統K線、寶塔線與平均K線比較

分析項目	傳統 K 線	寶塔線	平均 K 線
採樣內容	含開盤價、收盤價、最高價和最低價	僅使用收盤價	含開盤價、收盤價、最高價和最低價
計算方法	僅採當日資訊	參數期間收盤比較	2 日內平均計算及比較最大／小值
K 線連續	有跳空產生不連續現象	連續，不會有跳空缺口	連續，不會有跳空缺口
K 線上漲噴出	易被黑 K 干擾，影響判斷	易判斷，持續不變色紅寶塔	易判斷，持續不變色紅 K
K 線下殺噴跌	易被紅 K 干擾，影響判斷	易判斷，持續不變色綠寶塔	易判斷，持續不變色綠 K
K 線整理	紅、黑 K 雜亂	紅、綠寶塔交替有秩序出現	紅、綠 K 交替有秩序出現
K 線轉折	較不易判斷，需多根 K 線輔助	較易判斷，即寶塔線變色時	較易判斷，即平均 K 線變色時
上影線意義	高檔賣壓	無上影線	1. 僅有上影線的紅 K 表示強勢，當出現上下影線時，易變盤
下影線意義	低接買盤	無下影線	2. 僅有下影線的黑 K 表示弱勢，當出現上下影線時，易變盤
實體 K 意義	1. 紅 K 表示多方有利，實體愈長愈好 2. 黑 K 表示空方有利，實體愈長愈好	1. 紅寶塔表示多方有利，實體愈長，且高過高愈好。若紅寶塔高走平且低破低者，易變盤 2. 綠寶塔表示空方有利，實體愈長，且低破低愈好。若綠寶塔低走平且高過高者，易變盤	1. 紅 K 表示多方有利，實體愈長，且高過高愈好。若紅 K 實體變小且不過高，配合出現下影線者，易變盤 2. 綠 K 表示空方有利，實體愈長，且低破低愈好。若綠 K 實體變小且不破低，配合出現上影線者，易變盤

②黃線以下的修正整理：多頭趨勢修正整理區中，當股價於黃線以下時，易形成下降趨勢線的修正。在下降趨勢線中，任一平均 K 線由綠 K 翻成紅 K，為相對低檔轉折買進訊號。之後，一旦有紅 K 突破下降趨勢線或突破平均 K 線箱時，意味著修正整理結束的突破買進訊號。

2. 股價上漲噴出

多頭趨勢的股價上漲噴出，起始於紅 K 突破平均 K 線箱或下降趨勢線。在股價上漲噴出過程中，平均 K 線常呈紅 K 持續，其紅 K 型態常為無下影線，且其上影線及收盤價頻頻過高，是多方持有訊號。

但若紅 K 出現下影線，或是實體不過高，代表漲勢受阻。紅 K 呈現時間愈長，則表示該次股價上漲噴出易為主噴段。

實務上，當平均 K 線由綠 K 翻成紅 K 時，為股價修正過程中的止跌訊號，為一整理區間中相對低檔的低接買進訊號。當平均 K 線箱突破時，此時若同時出現量價關鍵，帶動 K 線及指標轉折訊號，可增強做多買進訊號的有效性。

之後，於股價上漲噴出末端，若出現平均 K 線由紅 K 翻成綠 K，配合量價背離，及其他乖離指標，如 MACD 指標及 KD 指標高檔背離者，

或是 KD 指標高檔鈍化結束時，常為該次股價上漲噴出的相對高檔，股價易進入回檔修正，為一重要賣出訊號，短線應獲利出場。

範例》家登（3680）

以家登為例，可觀察在大黃綠紅多頭排列趨勢下，配合修正整理與股價上漲噴出位階辨識後，形成平均 K 線轉折之進出場訊號。

在修正整理區間，股價來回測試均線過程或修正測試均線支撐中，向上段常開始於「平均 K 線由綠 K 變成紅 K」；下跌段常開始於「平均 K 線由紅 K 變成綠 K」。且修正整理過程中，常因平均 K 線轉折不穩定之紅 K 與綠 K 交雜運行，而形成平均 K 線箱（詳見圖 7-❶）。

之後，在修正整理末端，於修正整理區上緣處，出現平均 K 線突破平均 K 線箱者，配合量價關鍵訊號、籌碼安定，如收集派發指標呈連續紅柱的散戶連續賣超、其他 K 線轉折（出現長紅 K，或是第 1 次高過高、低不破低）及指標轉折向上（MACD 指標 DIF 線零軸上且 OSC 轉紅柱，或是 KD 指標出現黃金交叉或高檔鈍化），為有效性短期整理結束與噴出的臨界點，是重要買進訊號（詳見圖 7-❷）。

平均 K 線箱突破後，形成短線股價噴出。其噴出過程中，平均 K 線

皆呈紅 K 持續，為噴出過程中安心持有的訊號。

　於該次漲勢的末端，當平均 K 線由紅 K 翻成綠 K 時（詳見圖 7-❸），
表示 K 線進入向下轉折，股價即將進入修正整理，是一重要賣出訊號。

大黃綠紅空頭排列》平均K線轉折訊號

　在大黃綠紅空頭排列趨勢下，主要可分為 2 種情況，分別說明如下：

1. 反彈整理

　大黃綠紅空頭排列趨勢下的反彈整理，又可以區分為黃線以下的反
彈整理，以及黃線以上的反彈整理 2 種情況：

　①黃線以下的反彈整理：空頭趨勢反彈整理區中，當股價於黃線以
下時，易對均線來回測試。此時平均 K 線會形成紅、綠 K 交雜，進而
形成平均 K 線箱。於平均 K 線箱中，任一平均 K 線由紅 K 翻成綠 K，
為相對高檔賣出訊號。之後，一旦有綠 K 跌破平均 K 線箱時，意味著
反彈整理結束的跌破賣出訊號。

　②黃線以上的反彈整理：空頭趨勢反彈整理區中，當股價於黃線以
上時，易形成上升趨勢線的反彈。在上升趨勢線中，任一平均 K 線由

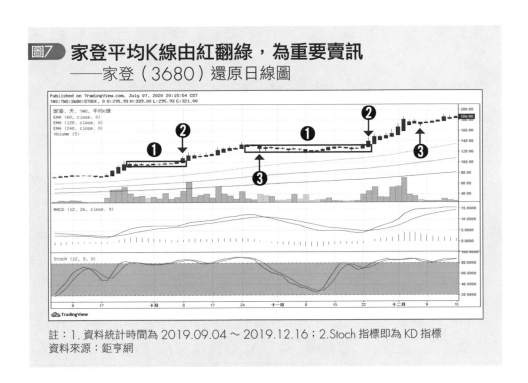

圖7 家登平均K線由紅翻綠，為重要賣訊
——家登（3680）還原日線圖

註：1. 資料統計時間為 2019.09.04 ～ 2019.12.16；2.Stoch 指標即為 KD 指標
資料來源：鉅亨網

紅 K 翻成綠 K，為相對高檔轉折賣出訊號。之後，一旦有綠 K 跌破上升趨勢線或跌破平均 K 線箱時，意味著反彈整理結束的跌破賣出訊號。

2. 股價下殺噴跌

空頭趨勢的股價下殺噴跌，起始於綠 K 跌破平均 K 線箱或上升趨勢線。在股價下殺噴跌過程中，平均 K 線常呈綠 K 持續，其綠 K 型態常

為無上影線，且其下影線及收盤價頻頻創新低，是空方持有訊號。

　但若綠 K 出現上影線，或是實體不破低，代表跌勢受阻。綠 K 呈現時間愈長，該次股價下殺噴跌易為主跌段。

　實務上，當平均 K 線由紅 K 翻成綠 K 時，為股價反彈過程中的止漲訊號，為一反彈整理區間中相對高檔的逢高放空賣出訊號。當平均 K 線箱跌破時，此時若同時出現量價關鍵，帶動 K 線及指標轉折訊號，可增強放空賣出訊號的有效性。

　之後，於股價下殺噴跌末端，若出現平均 K 線由綠 K 翻成紅 K，配合量價背離，及其他乖離指標，如 MACD 指標及 KD 指標高檔背離者，或是 KD 指標低檔鈍化結束時，常為該次股價噴跌的相對低檔，股價易進入反彈整理，為一重要回補買進訊號，短線空單應獲利出場。

範例》中石化（1314）

　以中石化為例，可觀察在大黃綠紅空頭排列趨勢下，配合反彈整理與股價下殺噴跌位階辨識後，形成平均 K 線轉折之進出場訊號。

　在反彈整理區間，股價來回測試均線過程或反彈測試均線壓力中，

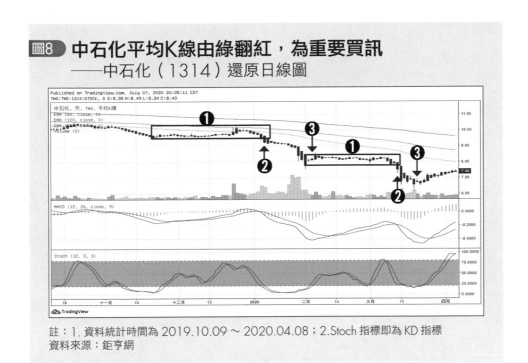

圖8 中石化平均K線由綠翻紅,為重要買訊
──中石化（1314）還原日線圖

註:1. 資料統計時間為 2019.10.09～2020.04.08;2.Stoch 指標即為 KD 指標
資料來源:鉅亨網

向上段常開始於「平均 K 線由綠 K 變成紅 K」;下跌段常開始於「平均 K 線由紅 K 變成綠 K」。且反彈整理區間,常因平均 K 線轉折不穩定之紅 K 與綠 K 交雜運行,而形成平均 K 線箱（詳見圖 8-❶）。

之後,在反彈整理末端,於反彈整理區下緣處,出現平均 K 線跌破平均 K 線箱,配合量價關鍵訊號、籌碼不安定,如收集派發指標呈連

續綠柱的散戶連續買超、其他 K 線轉折（出現長黑 K，或是第 1 次高不過高、低破低）及指標轉折向下（MACD 指標 DIF 線零軸上且 OSC 轉綠柱，或是 KD 指標出現死亡交叉或低檔鈍化），為有效性反彈整理結束與股價下殺噴跌的臨界點，是重要放空賣出訊號（詳見圖 8-❷）。

　平均 K 線箱跌破後，形成短線股價噴跌。其噴跌過程中，平均 K 線皆呈綠 K 持續，為噴跌過程中做空安心持有的訊號。

　於該次跌勢的末端，當平均 K 線由綠 K 翻成紅 K 時（詳見圖 8-❸），表示 K 線進入向上轉折，股價即將進入反彈整理，是一重要空方回補買進訊號。

圖解教學

查詢個股平均K線圖

Step 1 首先，登入鉅亨網首頁（cnyes.com）後，依序點選❶「股市 Talk」、❷「台股股市 Talk」。

Step 2 待頁面跳轉後，在上方輸入欲查詢的股票名稱或代號，此處以❶「家登（3680）」為例，輸入完畢後按下鍵盤的 Enter，頁面會自動跳轉。

接續下頁

Step 3 接著，點選技術線圖左上方的❶ K 線符號，在下拉選單中點選❷「平均 K 線」即可。

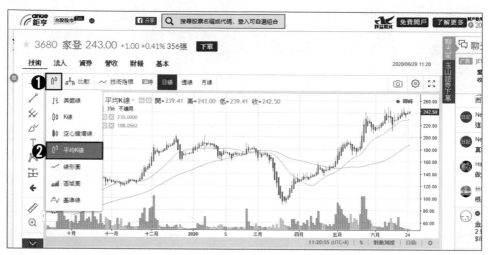

資料來源：鉅亨網

利用MACD、KD指標
預測股價走勢與相對高低檔

4-3

　　股價的進場訊號中，是量價關鍵、K線轉折及指標轉折等 3 種訊號共振，三者都要一一確認已經出現轉折訊號，進場訊號才具有效性。假若只有量價帶動 K 線轉折，而無法帶動指標轉折，其進場訊號的有效性不足。而轉折的指標很多，常見的是短期的乖離指標，如MACD、KD 指標等。

　　黃綠紅海撈操作法中選定的指標轉折，以常見的 MACD 及 KD 等 2大指標為主要。其中 MACD 指標即以「均線」為原理所計算出的乖離指標，本質上具備穩定性，且屬於「無限制型乖離」（指標相關數值無介於 0 ～ 100 的限制），可預測股價的趨勢；KD 指標即以「最高價和最低價」為原理所計算出的乖離指標，本質上具備敏銳性，且屬於「限制型乖離」（指標相關數值只能介於 0 ～ 100），可預測股價的相對高低檔。兩者分別介紹如下：

MACD指標》穩定型、無限制型乖離指標

　MACD 指標（Moving Average Convergence Divergence）的中文譯名為「平滑異同移動平均線」，由美國人查拉爾·阿佩爾（Gerald Appel）於 1970 年代提出，是 1 種常見的技術分析工具，可用來研判股票價格變化的強度、方向、能量，以及趨勢週期。

　MACD 指標包含 DIF 線、MACD 線、OSC 柱體，主要以 2 條均線的差額計算出的乖離指標，由於均線的變化較股價為穩定，故 MACD 屬穩定型乖離指標，依參數不同可以反映長短期的乖離訊號。

　就常理而言，參數的數字愈小，MACD 指標就會愈敏感，常可反映短期均線的乖離變化，但錯誤訊號也愈多；反之，參數的數字愈大，MACD 所反映的長期均線乖離變化愈不明顯，但所發出的訊號通常更穩定及可靠。

　一般會將參數設為 MACD（12,26,9），即快速 EMA 參數設為 12、慢速 EMA 指標設為 26、DIF 參數設為 9，本書亦採用此較為短期參數的設定值。下列就來介紹 MACD 的計算方式，大致可分為 4 步驟：

步驟1》決定樣本股價（P_t）

首先，計算當日（假設為t）收盤價、最高價及最低價的加權平均值，作為該指標的原始樣本股價。由於樣本股價包含了最高價和最低價，並非僅以收盤價為原始樣本股價，故為攻擊型樣本股價。公式如下：

$$P_t = C_t \times \frac{1}{2} + H_t \times \frac{1}{4} + L_t \times \frac{1}{4}$$

其中 P_t 為 t 日樣本股價、C_t 為 t 日收盤價、H_t 為 t 日當日最高價、L_t 為 t 日當日最低價

步驟2》計算12日EMA、26日EMA與DIF線（快線）

首先，利用步驟 1 的攻擊型樣本股價計算出 12 日 EMA 與 26 日 EMA 等 2 條均線數值，之後，再計算兩者之差額，形成 MACD 第 1 個指標──DIF 線（快線）。公式如下：

12 日 EMA 與 26 日 EMA 均線算法：

$$EMA_t = EMA_{t-1} + \alpha \times (P_t - EMA_{t-1})$$

其中 EMA_t 為 t 日 EMA 值、EMA_{t-1} 為 t-1 日 EMA 值、P_t 為 t 日樣本股價、$\alpha = 2/(1+n)$、n 為計算 EMA 的樣本天數，即 12、26

DIF 線算法：DIF = 12 日 EMA － 26 日 EMA

　　DIF 線是攻擊型樣本數計算出的 EMA 均線離差值的連線，為一乖離線，且因為其是用 EMA 計算，故具有較敏銳及平滑化的特性。由於 DIF 線為 2 條均線的差額，可動態解釋均線的交叉運行穩定性，故可以作為選股情境。

　　實務上，若 DIF 線＞ 0（即 DIF 線在零軸之上），表示 12 日 EMA 與 26 日 EMA 等 2 條均線呈黃金交叉運行穩定，短期走勢對多方有利；反之，若 DIF 線＜ 0（即 DIF 線在零軸之下），表示 12 日 EMA 與 26 日 EMA 等 2 條均線呈死亡交叉運行穩定，短期走勢對空方有利。故 MACD 指標之 DIF 線的正負值，可以判斷股價的短期多空方向，即做多選股要在 MACD 指標的 DIF 線＞ 0；做空選股要在 MACD 指標的 DIF 線＜ 0。

步驟3》計算MACD線

　　依步驟 2 的方法算出 DIF 線以後，可計算出其 9 日 EMA，形成 MACD 的第 2 個指標──MACD 線，公式如下：

$$MACD_t = MACD_{t-1} + \alpha \times (DIF_t - MACD_{t-1})$$

其中 $MACD_t$ 為 t 日 MACD 線、$MACD_{t-1}$ 為 t-1 日 MACD 線、DIF_t 為 t 日 DIF 線、$\alpha = 2/（1 + n）$、n 為計算的樣本天數，即 9

MACD 線是 DIF 線的 9 日 EMA 平均線,為乖離樣本數的平均線,由於平均線的本質是穩定,故 MACD 線有穩定的乖離特質。此外,MACD 線同時也表示 DIF 線所選定的 2 條均線交叉運行的差額穩定性,故亦可以作為選股情境。

實務上,若 MACD 線 > 0(即 MACD 線在零軸之上)且呈上升趨勢,意味著 12 日 EMA 與 26 日 EMA 均線在 9 日內呈穩定且擴大的黃金交叉運行中,反映股價短期呈上漲趨勢。反之,若 MACD < 0(即 MACD 線在零軸之下)且呈下降趨勢,表示 12 日 EMA 與 26 日 EMA 均線在 9 日內呈穩定且擴大的死亡交叉運行中,反映短期股價呈下跌趨勢。

步驟4》計算OSC柱狀體

透過 DIF 線與 MACD 線的差額,可以得出 MACD 的第 3 個指標──OSC 柱狀體。公式如下:

OSC 柱狀體= DIF 線－ MACD 線

從公式可以看出,OSC 柱狀體是乖離樣本數(12 日 EMA 與 26 日 EMA)與其平均線(9 日 EMA)的離差值,為均線乖離中的再乖離指

標，可以作為噴出與修正的判斷，從而形成進出場訊號。

　　當 OSC 柱狀體＞０，表示乖離樣本數＞乖離樣本數的９日平均，為正乖離，以紅色柱狀體表示（簡稱紅兵）；當 OSC 柱狀體＜０，表示乖離樣本數＜乖離樣本數的９日平均，為負乖離，以綠色柱狀體表示（簡稱綠兵）。

　　實務上，由於 OSC 柱狀體是 DIF 的衍生計算，故對於 OSC 柱狀體的判斷，應配合當下 DIF 位於零軸上（DIF ＞０）的短期多方趨勢，或是零軸下（DIF ＜０）的短期空方趨勢，其分析如下（詳見表１）：

DIF線位於零軸上（DIF＞０）的OSC柱狀體判斷

　　當 DIF 線位於零軸上（DIF ＞０）時，可就同一時間 OSC 柱狀體是屬於紅兵區或綠兵區來判斷個股情況，分別探討如下：

1. 紅兵區（DIF ＞０，且 OSC ＞０）：短期多方噴出上漲區

　　在 DIF 線位於零軸上的短期多方趨勢下，當 OSC 柱狀體＞０，表示短期為正乖離的噴出區，是股價噴出上漲的意思。若此時 OSC 柱狀體呈上升段（紅兵上升段），是短期股價噴出上漲的意思；若此時 OSC 柱狀體呈下跌段（紅兵收斂段），則因為其正乖離縮小，而反映

表1　DIF線、OSC柱狀體＞0，短期股價噴出上漲
　　　──DIF線和OSC柱狀體各種情境分析

DIF 線	OSC 柱狀體		代表涵義
位於零軸上	紅兵區 （短期多方噴 出上漲區）	紅兵上升段	短期股價噴出上漲
		紅兵收斂段	股價漲多出現高檔止漲或高檔震盪情況
		紅兵轉綠兵	股價噴出結束，進入短期修正整理區
	綠兵區 （短期多方修 正整理區）	綠兵下跌段	股價修正下跌持續
		綠兵收斂段	股價修正止跌回升
		綠兵轉紅兵	修正整理結束，股價再度噴出上漲的開始
位於零軸下	綠兵區 （短期空方噴 跌下殺區）	綠兵下跌段	短期股價噴跌下殺
		綠兵收斂段	股價跌深出現低檔止跌或低檔震盪情況
		綠兵轉紅兵	股價噴跌結束，進入短期反彈整理區
	紅兵區 （短期空方反 彈整理區）	紅兵上升段	股價反彈持續
		紅兵收斂段	股價為反彈整理可能結束
		紅兵轉綠兵	反彈整理結束，股價再度噴跌下殺的開始

股價為漲多高檔止漲（或高檔震盪）。一旦 OSC 柱狀體由逐漸正轉負（紅兵轉綠兵），則股價確認噴出結束，進入短期修正整理區。

2. 綠兵區（DIF ＞ 0，且 OSC ＜ 0）：短期多方修正整理區

在 DIF 線位於零軸上的短期多方趨勢下，當 OSC 柱狀體 ＜ 0，表示短期為負乖離的整理區，是股價修正整理的意思。若此時 OSC 柱狀體呈下降段（綠兵下跌段），是股價修正下跌的意思；若此時 OSC

柱狀體呈上升段（綠兵收斂段），則因其負乖離縮小，而反映股價為修正止跌回升。一旦 OSC 柱狀體逐漸由負轉正（綠兵轉紅兵），則為修正整理結束，股價再度噴出上漲的開始。

　　上述分析係屬短期多方趨勢下的股價噴出上漲（DIF 線位於零軸上，且 OSC 柱狀體位於紅兵區）及修正整理（DIF 線位於零軸上，且 OSC 柱狀體位於綠兵區）情境。若選股時，可架構在大黃綠紅長期多頭排列趨勢的保護或共振下，可增強其有效性。

DIF線位於零軸下（DIF＜0）的OSC柱狀體判斷

　　當 DIF 線位於零軸下（DIF ＜ 0）時，可就同一時間 OSC 柱狀體是屬於綠兵區或紅兵區來判斷個股情況，茲分別探討如下：

1. 綠兵區（DIF ＜ 0，且 OSC ＜ 0）：短期空方噴跌下殺區

　　在 DIF 線位於零軸下的短期空方趨勢下，當 OSC 柱狀體＜ 0，表示短期為負乖離的噴跌區，是股價噴跌下殺的意思。若此時 OSC 柱狀體呈下降段（綠兵下跌段），是短期股價噴跌下殺的意思；若此時 OSC 柱狀體呈上升段（綠兵收斂段），則因為其負乖離縮小，而反映股價為跌深低檔止跌（或低檔震盪）。一旦 OSC 柱狀體逐漸由負轉正（綠兵轉紅兵），則股價確認噴跌下殺結束，進入短期反彈整理區。

2. 紅兵區（DIF ＜ 0，且 OSC ＞ 0）：**短期空方反彈整理區**

在 DIF 線位於零軸下的短期空方趨勢下，當 OSC 柱狀體 ＞ 0，表示短期為正乖離的反彈整理區，是股價反彈整理的意思。若此時 OSC柱狀體呈上升段（紅兵上升段），是股價反彈持續的意思；若此時OSC 柱狀體呈下跌段（紅兵收斂段），則因其正乖離縮小，而反映股價為反彈整理可能結束。一旦 OSC 柱狀體逐漸由正轉負（紅兵轉綠兵），則為反彈整理結束，股價再度噴跌下殺的開始。

上述分析係屬短期空方趨勢下的股價噴跌下殺（DIF 線位於零軸下，且 OSC 柱狀體位於綠兵區）與反彈整理（DIF 線位於零軸下，且OSC 柱狀體位於紅兵區）情境。

若選股時，可架構在大黃綠紅長期空頭排列趨勢的保護或共振下，可增強其有效性。

介紹完 MACD 指標的計算方式後，下列將探討在多頭趨勢和空頭趨勢 2 種情況下，MACD 指標的運用方式：

大黃綠紅多頭排列》MACD指標的運用方式

大黃綠紅多頭排列趨勢下，又可分為「海撈段」和「現撈段」2 種

情況，分別介紹如下：

1. 海撈段（MACD 指標之 DIF 線持久性在零軸以上）

多頭趨勢海撈段意指在大黃綠紅多頭排列趨勢下，MACD 指標之 DIF 線持久性在零軸以上，即 12 日 EMA 與 26 日 EMA 呈持久性（常為 3 個月～6 個月）黃金交叉運行穩定。此時因股價呈頻創新高特性，若 OSC 呈正值（簡稱紅兵），為股價上漲噴出區；OSC 呈負值（簡稱綠兵），為修正整理區。在此前提下，常見的情況有下列幾種：

①第 1 次 OSC 綠兵未使 DIF 線跌破零軸，常是多頭海撈段開始。

② OSC 綠兵收斂到轉紅兵初期，為重要多方選股情境，其中若配合量價關鍵、K 線轉折及其他指標轉折，更具有效性，即為重要買進訊號。

③ OSC 紅兵區呈連續者（紅兵收斂後再度轉紅兵上升段，未轉成綠兵），為海撈段中重要的多方主噴段。

④股價創新高，但 OSC 紅兵柱狀體未創新高（應等紅兵收斂時進行確認），即為 MACD 指標高檔背離，常為多方短線重要賣出訊號。

多方海撈段持續一段時間後，當 OSC 綠兵來時，導致 DIF 線跌破零軸（DIF 線持久性在零軸以上的情境消失），為多方海撈段結束，可作為多方波段單的離場訊號。

2. 現撈段（MACD 指標之 DIF 線非持久性在零軸以上）

多頭趨勢現撈段意指在大黃綠紅多頭排列趨勢下，MACD 指標之 DIF 線非持久性在零軸以上，即 12 日 EMA 與 26 日 EMA 呈黃金交叉與死亡交叉交替出現的不穩定特性。

在多頭趨勢現撈段中，因股價呈較大區間震盪特性下，除 MACD 指標的 DIF 線在零軸出現上下不穩定的情況外，K 線轉折及其他乖離指標亦呈不穩定狀態，例如：K 線轉折指標──寶塔線出現紅、綠寶塔交雜的寶塔箱；KD 指標出現高檔鈍化與低檔鈍化等情形。

多頭趨勢現撈段因股價波動不穩定，非為重要選股邏輯，唯其安全的做多進場訊號為 DIF 線突破零軸，出場訊號則配合 K 線或其他乖離指標向下轉折，如寶塔線翻綠，或是 KD 指標出現死亡交叉等。

大黃綠紅空頭排列》MACD指標的運用方式

大黃綠紅空頭排列趨勢下，又可分為「海撈段」和「現撈段」2 種

情況，分別介紹如下：

1. 海撈段（MACD 指標之 DIF 線持久性在零軸以下）

空頭趨勢海撈段意指在大黃綠紅空頭排列趨勢下，MACD 之 DIF 線持久性在零軸以下，即 12 日 EMA 與 26 日 EMA 呈持久性（常為 3 個月～6 個月）死亡交叉運行穩定。

此時因股價呈頻創新低特性，若 OSC 呈正值（簡稱紅兵），為反彈整理區；OSC 呈負值（簡稱綠兵），為股價下殺噴跌區。在此前提下，常見的情況有下列幾種：

①第 1 次 OSC 紅兵未使 DIF 線突破零軸，常是空頭海撈段開始。

②OSC 紅兵收斂到轉綠兵初期，為重要空方選股情境，其中若配合量價關鍵、K 線轉折及指標轉折，更具有效性，即為重要賣出訊號。

③綠兵區呈連續者（綠兵收斂後再度轉綠兵下跌段，未轉成紅兵），為海撈段中重要的空方主跌段。

④股價創新低，而零軸下的綠兵柱狀體未創新低（應等綠兵收斂時

進行確認），即為 MACD 指標低檔背離，常為空方短線重要回補買進訊號。

空方海撈段持續一段時間後，當 OSC 紅兵來時，導致 DIF 線突破零軸（DIF 線持久性在零軸以下的情境消失），為空方海撈段結束，可作為空方波段單的離場訊號。

2. 現撈段（MACD 指標之 DIF 線非持久性在零軸以下）

空頭趨勢現撈段意指在大黃綠紅空頭排列趨勢下，MACD 指標之 DIF 線非持久性在零軸下，即 12 日 EMA 與 26 日 EMA 呈黃金交叉與死亡交叉交替出現的不穩定特性。

在空頭趨勢現撈段中，因股價呈較大區間震盪特性下，除 MACD 指標的 DIF 線在零軸出現上下不穩定的情況外，K 線轉折及其他乖離指標亦呈不穩定狀態，例如：K 線轉折指標──寶塔線出現紅、綠寶塔交雜的寶塔箱；KD 指標出現高檔鈍化與低檔鈍化等情形。

空頭趨勢現撈段因股價波動不穩定，非為重要選股邏輯，唯其安全的做空進場訊號為 DIF 線跌破零軸，出場訊號則配合 K 線或其他乖離指標向上轉折，如寶塔線翻紅，或是指標 KD 出現黃金交叉等。

KD指標》敏感型、有限制型乖離指標

看完MACD指標以後，接著來看KD指標。KD指標又稱「隨機指標」（Stochastic Oscillator），由美國的喬治‧連（George C. Lane）於1957年提出，是1種用來判斷股價強弱趨勢，以及尋找轉折點的重要技術指標。

KD指標包含RSV值、K值和D值，依參數不同可以製作不同的訊號線。一般會將參數設為KD（9,3,3），即RSV值的設定為9天、K值的平滑值取3、D值的平滑值取3，但本書配合穩定型及非限制型的MACD指標參數（12,26,9）中的短期均線——12日EMA的參數，係採KD（12,3,3）作為敏感型及有限制型的KD期間參數。讀者亦可使用MACD指標參數（12,26,9）中的另一短期均線——26日EMA的參數，作為KD指標參數的訂定，即KD（26,3,3）。

有關KD指標的計算方式大致可分為下列3步驟：

步驟1》計算RSV值（未成熟隨機值）

首先，先計算今天收盤價落於12日內最高價到最低價距離中的位置，求出RSV值（未成熟隨機值）。亦即KD指標重視股價有沒有創

新高，以及目前股價落點於期間內高低點區間的位階，敏感性的指出股價於 12 日內是強勢或弱勢。公式如下：

RSV＝（今日收盤價－最近 12 天最低價）÷（最近 12 天最高價－最近 12 天最低價）×100

　　若今日收盤價創 12 日內新高，且收盤價＝最高價，依上述公式計算得出 RSV＝100，並透過 KD（12,3,3）的 1/3 權重計算，可知 K 值會快速上升，亦即當股價創新高時，KD 指標的 K 值上升速度會加快，故 KD 指標為敏感性乖離指標；反之，若今日收盤價創 12 日內新低，且收盤價＝最低價，依上述公式計算得出 RSV＝0，並且透過 KD（12,3,3）的 1/3 權重計算，可知 K 值會快速下降，亦即當股價創新低時，KD 指標的 K 值下降速度會加快，故 KD 指標為敏感性乖離指標。

步驟2》計算K值

　　其次，以今日的 RSV 值 1/3 權重，加上昨日 K 值 2/3 權重，計算出當日的 K 值。故 K 值是今日收盤價的敏感性表示，且因加入權值計算，故而最大值僅為 100，最小值為 0，可明確預測股價近期的相對高低點。

今日 K 值 =2/3× 昨日 K 值+ 1/3× 今日 RSV 值

　　一般來說，K 值＞ 50，表示 12 日內股價處於相對強勢區；K 值＜ 50，表示 12 日內股價處於相對弱勢區。而當 K 值＞ 80 的高檔極端區時，表示目前股價進入絕對強勢區，若 K 值連續多天在 80 以上，稱為高檔鈍化，為短期股價噴出的重要正乖離訊號；K 值＜ 20 的低檔極端區時，表示目前股價進入絕對弱勢區，若 K 值連續多天在 20 以下，稱為低檔鈍化，為短期股價噴跌的重要負乖離訊號。

步驟3》計算D值

　　最後，透過 K 值權重比例計算出 D 值。從下方公式可以看出，D 值為 K 值的加權平均值，為敏感性的穩定度。也就是說，假設 K 值是 K 線者，那 D 值就是 K 值的加權平均線，故實務上，D 值與 K 值的黃金交叉與死亡交叉，常被視為操作進行訊號，也為 KD 指標轉折的重要訊號。

今日 D 值 =2/3× 昨日 D 值 +1/3× 今日 K 值

　　雖然 KD 指標也是乖離指標的 1 種，但其與前述提及的 MACD 指標，無論在採樣基礎或數值限制上，皆有不同，分述如下：

1. 採樣基礎：MACD 指標使用均線為採樣基礎，具穩定性；KD 指標則是使用股價的高、低點為採樣基礎，即為 K 線的延伸指標，較具敏感性。

2. 數值限制：MACD 指標利用均線採樣計算，產生乖離的攻擊性（原始樣本含高、低價）及穩定性（利用均線差額採樣計算）特質，及因無權重計算，故為無限制型乖離指標（指標相關數值無介於 0 ～ 100 的限制），較可明確判斷股價短期趨勢。

KD 指標因採樣計算為股價高、低點的落點位置，故為具攻擊性且敏感性。另因計算過程中，有使用權重計算所致，故為限制型乖離指標（KD 值介於 0 ～ 100），較可明確判斷股價的相對高檔與低檔。

實務上，配合 MACD 指標的穩定性及無限制型乖離特質，KD 指標常作為投資進出場的重要判斷依據。下列將探討在多頭趨勢和空頭趨勢 2 種情況下，KD 指標的運用方式：

大黃綠紅多頭排列》KD指標的運用方式

大黃綠紅多頭排列趨勢下，又可分為「海撈段」和「現撈段」2 種情況，分別介紹如下：

1. 海撈段（MACD 指標之 DIF 線持久性在零軸以上）

多頭趨勢海撈段意指在大綠紅多頭排列趨勢下 MACD 指標之 DIF 線持久性在零軸上，即 12 日 EMA 與 26 日 EMA 呈持久性（常為 3 個月～6 個月）黃金交叉運行穩定。

因股價頻創新高的特性下，KD 指標中的 K 值不易低檔鈍化，較容易因股價創高而高檔鈍化，且 K 值常在 50 以上的股價相對強勢區中運行。在此前提下，常見的 KD 指標有下列幾種情況：

①KD 指標呈穩定黃金交叉期間，配合 MACD 指標之 DIF 線零軸上、OSC 柱狀體紅兵區，常為股價上漲噴出區；KD 指標呈穩定死亡交叉期間時，配合 MACD 指標之 DIF 線零軸上、OSC 柱狀體綠兵區，則常為修正整理區。

②KD 指標中的 K 值黃金交叉 D 值，常為修正整理結束末端，配合 MACD 指標之 DIF 線零軸上、OSC 柱狀體綠兵區（修正整理區），為 KD 指標多方轉折買進訊號。若能配合量價關鍵、K 線轉折及其他指標轉折者，更具有效性。

③KD 指標中的 K 值突破 80，進入高檔鈍化區，常為股價噴出開始，

配合MACD指標之DIF線零軸上、OSC柱狀體紅兵區（上漲噴出區），亦為 KD 指標多方轉折買進訊號。若能配合量價關鍵、K 線轉折或其他指標轉折者，更具有效性。

④KD 指標中的 K 值及 D 值呈 80 以上連續高檔鈍化者，為海撈段中重要的多方主噴段。

⑤短線股價噴出末端，當 KD 指標中的 K 值跌破 80 高檔鈍化結束，或是 KD 指標剛出現死亡交叉時，為多方短線重要出場訊號。

⑥股價創新高，但 KD 指標中的 K 值未出現高檔鈍化，或是 K 值未創新高，為 KD 指標高檔背離，常為多方短線重要賣出訊號。

2. 現撈段（MACD 指標之 DIF 線非持久性在零軸以上）

多頭趨勢現撈段意指在大黃綠紅多頭排列趨勢下，MACD 指標之 DIF 線非持久性在零軸以上，即 12 日 EMA 與 26 日 EMA 呈黃金交叉與死亡交叉交替出現的不穩定特性。

在多頭趨勢現撈段中，因股價呈較大區間震盪特性下，除 KD 指標呈高檔鈍化與低檔鈍化等不穩定的情況以外，同時 K 線轉折及其他乖

離指標亦呈不穩定狀態。

　　多頭趨勢現撈段因股價波動不穩定，非為重要多方選股邏輯，唯其安全的做多進場訊號為 KD 指標低檔鈍化結束，或是低檔區（50 以下）出現黃金交叉，為現撈段相對低檔，亦為多方重要買進訊號；而 KD 指標高檔鈍化結束，或是高檔區（50 以上）出現死亡交叉，為現撈段相對高檔，配合 K 線或其他乖離指標向下轉折，如寶塔線翻綠或 MACD 指標的 DIF 線跌破零軸，為多方重要出場訊號。

大黃綠紅空頭排列》KD指標的運用方式

　　大黃綠紅空頭排列趨勢下，又可分為「海撈段」和「現撈段」2 種情況，分別介紹如下：

1. 海撈段（MACD 指標之 DIF 線持久性在零軸以下）

　　空頭趨勢海撈段意指在大黃綠紅空頭排列趨勢下，MACD 指標之 DIF 線持久性在零軸以下，即 12 日 EMA 與 26 日 EMA 呈持久性（常為 3 個月～ 6 個月）死亡交叉運行穩定。此時因股價呈頻創新低特性下，K 值不易高檔鈍化，較容易因為股價創低而低檔鈍化，且 K 值常在 50 以下的股價相對弱勢區中運行。在此前提下，常見的 KD 指標有下列幾種情況：

①KD 指標呈穩定死亡交叉期間，配合 MACD 指標之 DIF 線零軸下、OSC 柱狀體綠兵區，常為股價下殺噴跌區；KD 指標呈穩定黃金交叉期間時，配合 MACD 指標之 DIF 線零軸下、OSC 柱狀體紅兵區，則常為反彈整理區。

②KD 指標中的 K 值死亡交叉 D 值，常為反彈整理結束末端，配合 MACD 指標之 DIF 線零軸下的 OSC 下跌段，常為 KD 指標空方轉折賣出訊號。若能配合量價關鍵、K 線轉折及其他指標轉折者，更具有效性。

③KD 指標中的 K 值跌破 20，進入低檔鈍化區，常為股價噴跌開始，配合 MACD 指標之 DIF 線零軸下、OSC 柱狀體綠兵區，亦為 KD 指標空方轉折賣出訊號。若能配合量價關鍵、K 線轉折及其他指標轉折者，更具有效性。

④KD 指標中的 K 值及 D 值呈 20 以下連續低檔鈍化者，為海撈段中重要的空方主跌段。

⑤短線股價噴跌末端，當 KD 指標中的 K 值突破 20 低檔鈍化結束，或是 KD 指標剛出現黃金交叉時，為空方短線重要出場訊號。

⑥股價創新低,但 KD 值中的 K 值未低檔鈍化者,或是 K 值未創新低者,為 KD 指標低檔背離,常為空方短線重要回補買進訊號。

2. 現撈段(MACD 指標之 DIF 線非持久性在零軸以下)

空頭趨勢現撈段意指在大黃綠紅空頭排列趨勢下,MACD 指標之 DIF 線非持久性在零軸下,即 12 日 EMA 與 26 日 EMA 呈黃金交叉與死亡交叉交替出現的不穩定特性。

在空頭趨勢現撈段中,因股價呈較大區間震盪特性下,除 KD 指標呈高檔鈍化與低檔鈍化不穩定的情況以外,同時 K 線轉折及其他乖離指標亦呈不穩定狀態。

空頭趨勢現撈段因股價波動不穩定,非為重要空方選股邏輯,唯其安全的做空進場訊號為 KD 指標高檔鈍化結束,或是高檔區(50 以上)出現死亡交叉,為現撈段相對高檔,亦為空方重要做空進場訊號;而 KD 指標低檔鈍化結束,或是低檔區(50 以下)出現黃金交叉,為現撈段相對低檔,配合 K 線或其他乖離指標向上轉折,如寶塔線翻紅或 MACD 指標的 DIF 線突破零軸,為空方重要回補買進訊號。

看完前面的介紹以後,下列將舉 2 個範例,分別說明多頭趨勢和空

頭趨勢下，MACD 與 KD 指標轉折之進出場訊號：

範例1》多頭趨勢：MACD與KD指標轉折的進出場訊號

以台積電（2330）為例，可觀察在大黃綠紅多頭排列趨勢下，配合修正整理與股價上漲噴出位階辨識後，形成乖離指標（MACD 與 KD指標）轉折之進出場訊號。

先來看 MACD 和 KD 指標的變化，主要可分為 2 階段：

階段①》MACD 指標多方海撈段（詳見圖 1- ❶）

多方趨勢的海撈段是指 MACD 指標之 DIF 線持久性在零軸上，此時12 日 EMA 與 26 日 EMA 呈持久性黃金交叉運行穩定。海撈段的開始常在 MACD 指標的 OSC 綠兵來時，未使 DIF 線跌破零軸。

於多方海撈段中，MACD 指標之 DIF 線零軸上的 OSC 綠兵轉紅兵及紅兵轉紅兵，為轉折向上買進訊號。此外，KD 指標於海撈段中，其K 值常在 50 以上（股價相對強勢區）運行。若 KD 指標於 50 附近出現黃金交叉，或是剛出現 80 以上高檔鈍化時，為轉折向上買進訊號。

多方海撈段出現一段時間後，若MACD指標之DIF線向下跌破零軸，

且KD指標跌破50或呈低檔鈍化，配合籌碼不安定、K線轉折向下（如寶塔箱向下跌破）及K線跌破黃線（60日EMA），則多頭趨勢之海撈段轉為現撈段，股價易進入中期震盪整理或趨勢向下反轉。

階段②》MACD 指標多方現撈段（詳見圖 1- ❷）

多方趨勢的現撈段是指 MACD 指標之 DIF 線非持久性在零軸以上，此時 12 日 EMA 與 26 日 EMA 常呈黃金交叉與死亡交叉交替出現，表示 2 條均線運行不穩定。KD 指標於現撈段中，常呈高檔鈍化與低檔鈍化不穩定狀態，若 KD 指標於 20 附近出現黃金交叉，或是 20 以下低檔鈍化剛剛結束時，為重要轉折向上買進訊號。

看完在大黃綠紅多頭排列趨勢下，利用 MACD 和 KD 指標區分出多方海撈段及多方現撈段後，可知現撈段由於股價呈大區間震盪，致使各項指標處於不穩定狀況，為一中期整理區間；而海撈段由於股價頻創新高且底部愈墊愈高，屬中期波段噴出行情，為多次短期噴出與修正整理的交替組合累積，是投資人應選擇的做多位階。針對多方海撈段下，搭配 K 線圖的修正整理區間與股價上漲噴出區間，可以確認 MACD 與 KD 指標的做多進出場訊號，如下列示：

◎多方海撈段下的修正整理區間（詳見圖 1- ❸）

圖1 台積電出現指標轉折向上，為重要買訊
——台積電（2330）還原日線圖

▲：小黃綠紅多頭排列　▲：小黃綠紅空頭排列　■：大黃綠紅多頭排列　■：多方主圖雙趨勢
—：60日EMA　　—：120日EMA　　—：240日EMA
●：大黃綠紅多頭排列趨勢下爆量紅K　　❽：大黃綠紅多頭排列趨勢下跳空紅K
⋯：主力做多成本線（20日）

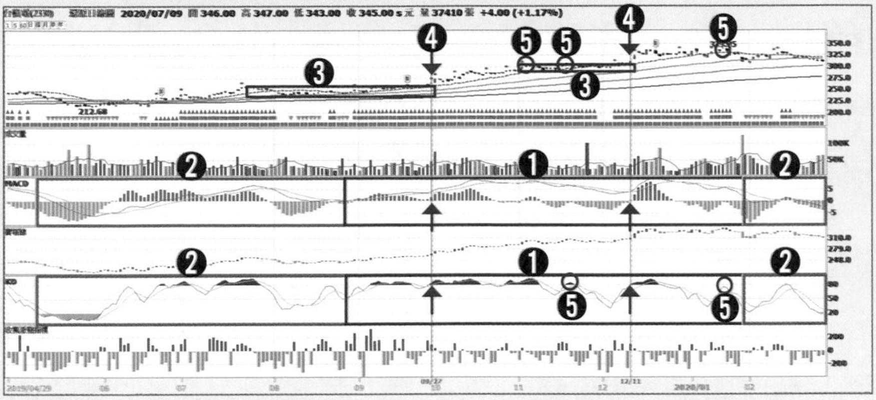

註：1. 資料統計時間為2019.04.29～2020.02.27；2. 寶塔線的參數為5日；3.MACD
參數為（12,26,9）、KD參數為（12,3,3）　　資料來源：XQ全球贏家

　　多頭趨勢下的修正整理區間，為股價來回測試短期均線支撐的過程，
MACD指標常為DIF線零軸上的OSC綠兵區，且KD指標呈死亡交
叉狀態。股價在修正整理區間的向上段常開始於「MACD指標之DIF
線零軸上OSC綠兵收斂第1根（即前日及昨日及今日的OSC皆<
0，且前日OSC＞昨日OSC、今日OSC＞昨日OSC），或是KD

指標出現黃金交叉」；下跌段常開始於「MACD 指標之 DIF 線零軸上 OSC 紅兵收斂第 1 根（即前日及昨日及今日的 OSC 皆＞0，且前日 OSC ＜昨日 OSC、今日 OSC ＜昨日 OSC），或是 KD 指標出現死亡交叉」。

修正整理末端，於整理區上緣處，當股價突破整理區間時，若出現乖離指標轉折向上，如 MACD 指標之 DIF 線零軸上且 OSC 由綠柱轉紅柱，或是 KD 指標出現黃金交叉或高檔鈍化；且配合量價關鍵訊號（量價俱揚）、籌碼安定（如收集派發指標呈連續紅柱、散戶連續賣超等）及 K 線轉折向上（如寶塔箱突破或長紅，或是第 1 次高過高、低不破低），為有效性修正整理結束與噴出的臨界點，是重要買進訊號（詳見圖 1-❹、黃色垂直線）。

◎多方海撈段下的股價上漲噴出區間

多方海撈段下的股價上漲噴出區的過程中，MACD 指標常呈 DIF 線零軸上的 OSC 紅兵區，且 KD 指標常呈高檔鈍化者，是多方持有訊號。

若多次的 MACD 指標 DIF 線零軸上的 OSC 紅兵收斂不轉為綠兵，而再度由紅兵收斂轉為紅兵上升段，致使 OSC 紅兵持續出現，且同時出現 KD 指標高檔鈍化持續者，該次噴出即為主噴段。

多方海撈段的每次短期股價噴出末端，若出現乖離指標高檔背離者，如股價創新高，MACD 指標之 DIF 線零軸上且 OSC 紅柱未創新高，或是 KD 指標之 K 值未創高或未高檔鈍化者（詳見圖 1-❺），配合量價背離，以及 K 線、指標轉折向下，常為該次股價噴出相對高檔，之後股價易進入回檔修正，為一重要賣出訊號。

範例2》空頭趨勢：MACD與KD指標轉折的進出場訊號

以鴻海（2317）為例，可觀察在大黃綠紅空頭排列趨勢下，配合反彈整理與噴跌位階辨識後，形成乖離指標（MACD 與 KD 指標）轉折之進出場訊號。

先來看 MACD 和 KD 指標的變化，主要可分為 2 階段：

階段①》MACD 指標空方海撈段（詳見圖 2-❶）

空方趨勢的海撈段是指 DIF 線持久性在零軸以下，此時 12 日 EMA 與 26 日 EMA 呈持久性死亡交叉運行穩定。海撈段的開始常在 OSC 紅兵來時未使 DIF 線突破零軸。

於空方海撈段中，MACD 指標之 DIF 線零軸下且 OSC 紅兵轉綠兵及綠兵收斂轉綠兵下跌，為重要轉折向下放空賣出訊號。此外，KD 指

標於海撈段中，常在 50 以下（股價相對弱勢區）運行。若 KD 指標於 50 附近出現死亡交叉，或是剛剛出現 20 以下低檔鈍化時，為重要轉折向下放空賣出訊號。

　　空方海撈段一段時間後，若 MACD 指標之 DIF 線向上突破零軸，且 KD 指標突破 50 或呈高檔鈍化，配合籌碼安定、K 線轉折向上（如寶塔箱向上突破），以及 K 線突破黃線，則空頭趨勢之海撈段轉為現撈段，股價易進入中期震盪整理或趨勢向上反轉。

階段②》MACD 指標空方現撈段（詳見圖 2-❷）

　　空方趨勢的現撈段是指 MACD 指標之 DIF 線非持久性在零軸以下，此時 12 日 EMA 與 26 日 EMA 常呈黃金交叉與死亡交叉交替出現，表示 2 條均線運行不穩定。KD 指標於現撈段中，常呈高檔鈍化與低檔鈍化不穩定狀態，若 KD 指標於 80 附近出現死亡交叉，或是 80 以上高檔鈍化剛剛結束時，為重要轉折向下放空賣出訊號。

　　看完在大黃綠紅空頭排列趨勢下，利用 MACD 和 KD 指標區分出空方海撈段及空方現撈段後，可知現撈段由於股價呈大區間震盪，致使各項指標處於不穩定狀況，為一中期整理區間；而海撈段由於股價頻創新低且反彈高點愈來愈低，屬中期波段噴跌行情，為多次短期噴跌

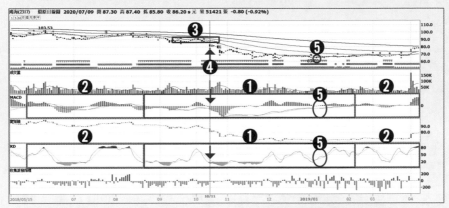

圖2 **鴻海出現指標轉折向下，為重要賣訊**
──鴻海（2317）還原日線圖

▲：小黃綠紅多頭排列　▲：小黃綠紅空頭排列　■：大黃綠紅空頭排列　■：空方主圖雙趨勢
─：60 日 EMA　　　　─：120 日 EMA　　　─：240 日 EMA
●：大黃綠紅空頭排列趨勢下爆量黑 K　　⑧：大黃綠紅空頭排列趨勢下跳空黑 K
┈：主力做多成本線（20 日）

註：1. 資料統計時間為 2018.05.15 ～ 2019.04.09；2. 寶塔線的參數為 5 日；3.MACD
　　參數為（12,26,9）；KD 參數為（12,3,3）　　資料來源：XQ 全球贏家

與反彈整理的交替組合累積，是投資人應選擇的做空位階。針對空方海撈段下，搭配 K 線圖的反彈整理區間與股價下殺噴跌區間，可以確認 MACD 與 KD 指標的做空進出場訊號，如下列示：

◎空方海撈段下的反彈整理區間（詳見圖 2-❸）

空頭趨勢下的反彈整理區間，股價來回測試短期均線壓力的過程，MACD 指標常為 DIF 線零軸下的 OSC 紅兵區，且 KD 指標呈黃金交叉狀態。

股價在反彈整理區的向上段常開始於「MACD 指標之 DIF 線零軸下 OSC 綠兵收斂第一根（即前日及昨日及今日的 OSC 皆 < 0，且前日 OSC ＞昨日 OSC、今日 OSC ＞昨日 OSC），或是 KD 指標出現黃金交叉」；下跌段常開始於「MACD 指標之 DIF 線零軸下 OSC 紅兵收斂第 1 根（即前日及昨日及今日的 OSC 皆 ＞ 0，且前日 OSC ＜昨日 OSC、今日 OSC ＜昨日 OSC），或是 KD 指標出現死亡交叉」。

反彈整理末端，於整理區下緣處，當股價跌破整理區間時，若出現乖離指標轉折向下，如 MACD 指標之 DIF 線零軸下且 OSC 由紅柱轉綠柱，或是 KD 指標出現死亡交叉或低檔鈍化；且配合量價關鍵訊號（量價俱跌）、籌碼不安定（如收集派發指標呈連續綠柱、散戶連續買超等），以及 K 線轉折向下（寶塔箱跌破或長黑，或是第 1 次高不過高、低破低），為有效性反彈整理結束與噴跌的臨界點，即為重要轉折向下放空賣出訊號（詳見圖 2-❹、黃色垂直線）。

◎空方海撈段下的股價下殺噴跌區間

空頭趨勢下的股價下殺噴跌區的過程中，MACD 指標常呈 DIF 線零軸下且 OSC 綠兵區，另 KD 指標則常呈低檔鈍化，是空方持有訊號。

若多次的 MACD 指標 DIF 線零軸下的 OSC 綠兵收斂不轉為紅兵，而再度綠兵收斂轉為綠兵下跌段，致使 OSC 綠兵持續出現，且同時出現 KD 指標低檔鈍化持續者，該次噴跌即為主跌段。

空方海撈段的每次短期股價噴跌末端，若出現乖離指標低檔背離者，如股價創新低，MACD 指標 DIF 線零軸下之 OSC 綠柱未創新低，或是 KD 指標之 K 值未創低或未低檔鈍化者（詳見圖 2-❺），配合量價背離，以及 K 線、指標轉折向上，常為該次股價噴跌相對低檔，之後股價易進入反彈修正，為一重要買進回補訊號。

【第 **5** 章】

整合各項資訊
把握布局良機

5-1 多（空）波段操作策略》賺取多次噴出（噴跌）利潤

　　前面 4 章分別介紹我認為讀者所需要的技術分析基本知識，現以多方操作為例，重新幫大家複習一下。

　　第 1 章主要說明股票的投資策略及分析模式，其中「黃綠紅海撈操作法」以籌碼決定量價，量價決定 K 線、指標，K 線、指標決定均線漲不停的力量，結合籌碼面及技術面為主，配合基本面及題材面為輔，是具有邏輯性及有效性的股票分析模式。

　　第 2 章分析說明均線的定義及特性、均線趨勢確立──主圖雙趨勢、均線的整理與噴出──葛蘭碧 8 大法則應用、均線助漲利器──敏感帶差額，以及均線運行穩定──黃金交叉，並將大黃綠紅多頭排列趨勢作為投資選股必要條件之一，且說明如何辨識整理與股價噴出，藉由避開整理，而得到股價噴出。

　　第 3 章詳細介紹主力籌碼，先由大方向的正面／負面表列型籌碼得出近期散戶與主力的買賣狀況，再透過海撈 4 主力（外資、融資、借券賣出及權證主力）進場著墨程度，以及主力籌碼有效性的統計分析方法，如各項主力買賣超類（張數排行、連續買賣超、同步買賣超、買賣超股本比（周轉率）及買賣超成交量比（集中度））、大戶與散戶持股趨勢，以及動態成本線，如主力做多成本線等，有效判斷主力確實進場，且藉以配合均線大黃綠紅多頭排列趨勢，形成重要 2 大選股必要條件。

　　第 4 章主要介紹量價關鍵、K 線轉折及指標轉折──進出場訊號，為選股後的進出場點探討。其中，進場的訊號應以量價關鍵、K 線轉折及指標轉折同時出現的共振關係，且突破修正整理區，才具備有效性買進訊號；反之亦然。

　　本章將結合前面各章節，進行整合性結論，主要探討多（空）波段與短線操作策略下的選股邏輯和進出場訊號，以及如何辨識短線噴出的主噴段及短線噴跌的主跌段訊號。

　　下列先來看波段操作策略，至於短線操作策略與如何辨識短線噴出的主噴段及短線噴跌的主跌段訊號，則留待 5-2、5-3 介紹。

波段操作策略是指一段期間內，賺取多次短線噴出或短線噴跌的操作方式。其投資期間以「月」為單位，常見為 3 個月～ 8 個月；投資策略則以技術面為主，基本面與籌碼面為輔，又可區分為多方波段操作策略和空方波段操作策略，分別說明如下：

多方波段操作策略》以多方海撈段為主要獲利依據

多方波段操作策略的選股邏輯是以多方海撈段（MACD 指標之 DIF線持久性在零軸以上）為主要獲利依據。技術面應為大黃綠紅多頭排列（60 日 > 120 日 > 240 日 EMA），籌碼面應確認主力籌碼有效性（籌碼安定性），亦即籌碼必須符合下列 4 點：

1. 符合各項主力淨買超資訊，例如淨買超張數排行、連續買超、同步買超、買賣超股本比（周轉率排行），以及買超成交量比（集中度排行）等。

2. 大戶與散戶持股趨勢明顯，即大戶持股趨勢向上，散戶持股趨勢向下。

3. 動態成本線：外資、融資均價線，以及整體身分的主力做多成本

線與控盤者成本線呈多頭排列（60 日＞ 120 日＞ 240 日）。

4. 多方波段操作應選擇投信有連續性買進之多方主流股為主。

大黃綠紅多頭排列初期》4種買訊

1. 剛剛形成多方主圖雙趨勢（5 日＞ 10 日＞ 20 日＞ 60 日＞ 120 日＞ 240 日 EMA）。

2. MACD 指標（參數定義為 12, 26, 9）之 DIF 線剛剛突破零軸。

3. 修正整理區中低接買進：黃線（60 日 EMA）以上箱型修正整理區間，或是黃線以下的下降趨勢線中，寶塔線（參數定義為 5 日）翻紅、平均 K 線翻紅 K、紅 K 吃黑 K、第 1 次高過高、低不破低，或是 KD 指標（參數定義為 12, 3, 3）剛剛出現黃金交叉，配合近期主力籌碼安定性，以及量價關鍵之價漲量增尤佳。

4. 修正整理區突破買進：黃線以上箱型修正整理區間，或黃線以下的下降趨勢線中，寶塔箱或平均 K 線箱剛剛向上突破，配合近期主力籌碼安定性、量價關鍵之價漲量增、K 線轉折向上，以及 MACD 或 KD 指標轉折向上訊號出現。

MACD指標多方海撈段持續一段時間後》3種賣訊

1. 股價跌破黃線或黃線反壓確立，為最後停損、停利機制。

2. MACD 指標之 DIF 線跌破零軸。

3. MACD 多方海撈段之主噴段末端的量價背離、指標高檔背離訊號出現、寶塔線翻綠，或是平均 K 線翻綠 K。其中主噴段訊號為：① MACD 指標中，DIF 線在零軸之上，且 OSC 柱體紅兵收斂段轉紅兵上升段 2 次以上的紅兵區；②紅寶塔持續一段時間；③ KD 指標高檔鈍化持續一段時間。

空方波段操作策略》以空方海撈段為主要獲利依據

空方波段操作策略的選股邏輯是以空方海撈段（MACD 指標之 DIF 線持久性在零軸以下）為主要獲利依據。技術面應為大黃綠紅空頭排列（60 日＜ 120 日＜ 240 日 EMA），籌碼面應確認主力籌碼有效性（籌碼不安定），亦即籌碼必須符合下列 4 點：

1. 符合各項主力淨賣超資訊，例如淨賣超張數排行、連續賣超、同步賣超、賣賣超股本比（周轉率排行），以及賣超成交量比（集中度

排行）等。

2. 大戶與散戶持股趨勢明顯，即大戶持股趨勢向下，散戶持股趨勢向上。

3. 動態成本線：外資、融資均價線，以及整體身分的主力做多成本線與控盤者成本線呈空頭排列（60 日＜ 120 日＜ 240 日）。

4. 空方波段操作應選擇投信有連續性賣出之空方主流股，或是散戶明顯利用融資買進標的為主。

大黃綠紅空頭排列初期》4種放空賣訊

1. 剛剛形成空方主圖雙趨勢（5 日＜ 10 日＜ 20 日＜ 60 日＜ 120 日＜ 240 日 EMA）。

2.MACD 指標之 DIF 線剛剛跌破零軸。

3. 反彈整理區高檔放空賣出：黃線以上的上升趨勢線，或是黃線以下的箱型反彈整理區間中，寶塔線翻黑、平均 K 線翻綠 K、黑 K 吃紅 K、第 1 次高不過高、低破低，或是 KD 剛剛出現死亡交叉，配合近期

主力籌碼不安定性，以及量價關鍵之價跌量增尤佳。

4. 反彈整理區向下跌破放空賣出：黃線以上的上升趨勢線，或是黃線以下的箱型反彈整理區間中，寶塔箱或平均 K 線箱剛剛向下跌破，配合近期主力籌碼不安定性、量價關鍵之價跌量增、K 線轉折向下，以及 MACD 或 KD 指標轉折向下訊號出現。

MACD指標空方海撈段持續一段時間後》3種回補買訊

1. 股價突破黃線或黃線支撐測試確立，為最後停損、停利機制。

2. MACD 指標之 DIF 線突破零軸。

3. MACD 指標空方海撈段之主跌段末端的量價背離、指標低檔背離訊號出現、寶塔線翻紅，或是平均 K 線翻紅 K。其中主跌段訊號為：① MACD 指標中，DIF 線在零軸之下，且 OSC 柱體綠兵收斂段轉綠兵下降段 2 次以上的綠兵區；②綠寶塔持續一段時間；③ KD 指標低檔鈍化持續一段時間。

以上就是多方波段操作策略和空方波段操作策略的詳細介紹。實務上，無論是採用何種波段操作策略，投資人皆可以自行設定報酬率進

行停利，常為 50% ～ 100% 不等。

需要注意的是，投資人進行做多波段操作策略時，必須先忍住數次短期修正整理的煎熬，才能賺取多次短期股價噴出的利潤；於做空波段操作策略時，必須先忍住數次短期反彈整理的煎熬，才能賺取多次短期股價噴跌的利潤。

多（空）短線操作策略》
5-2
避開整理區間才是獲利關鍵

看完波段操作策略後，接著來看短線操作策略。短線操作策略是指買進和賣出時間較短的交易策略，其投資期間是以「週」為單位，常見為 3 週～ 8 週，有時更短；投資策略則是以技術面與籌碼面為主、基本面與題材面為輔。

由於短線操作策略，在多方操作上，是以辨識短期主噴段為最高指導原則，因此，投資人要學會辨識「短期修正整理」與「短期上漲噴出」，唯有「避開修正整理得噴出」，才是獲利關鍵；反之，於空方操作上，以辨識短期主跌段為最高指導原則，因此，投資人要學會辨識「短期反彈整理」與「短期下殺噴跌」，唯有「避開反彈整理得噴跌」，才是獲利關鍵。

下列就多方短線操作策略和空方短線操作策略進行說明：

多方短線操作策略》以主噴段為最重要的獲利來源

多方短線操作策略的選股邏輯是以多方海撈段（MACD 指標之 DIF 線持久性在零軸以上）中的每次短線股價噴出，或是 2 次內短線股價噴出累積為主要獲利依據，其中以主噴段為最重要的獲利來源。技術面應為大黃綠紅多頭排列（60 日 > 120 日 > 240 日 EMA），籌碼面應確認主力籌碼有效性（籌碼安定性），亦即籌碼必須符合下列 4 點：

1. 符合各項主力淨買超資訊，例如淨買超張數排行、連續買超、同步買超、買賣超股本比（周轉率排行），以及買超成交量比（集中度排行）等。

2. 大戶與散戶持股趨勢明顯，即大戶持股趨勢向上，散戶持股趨勢向下。

3. 動態成本線：外資、融資均價線，以及整體身分的主力做多成本線與控盤者成本線呈多頭排列（60 日 > 120 日 > 240 日）。

4. 多方短線操作應選擇投信有連續性買超之多方主流股，或是自營商（自行操作）買超積極的多方主力股（投信沒有買進）為主。

大黃綠紅多頭排列且位於MACD海撈段下》4種買訊

1. 剛剛形成多方主圖雙趨勢（5日 > 10日 > 20日 > 60日 > 120日 > 240日 EMA）。

2. 剛剛突破主力做多成本線（參數20日）。

3. 修正整理區中低接買進：黃線（60日 EMA）以上箱型修正整理區間，或是黃線以下的下降趨勢線中，寶塔線翻紅、平均K線翻紅K、紅K吃黑K、第1次高過高、低不破低，或是KD指標剛剛出現黃金交叉，配合近期主力籌碼安定性，以及量價關鍵之價漲量增尤佳。

4. 修正整理區突破買進：黃線以上箱型修正整理區間，或是黃線以下的下降趨勢線中，股價修正整理區間、寶塔箱（寶塔線參數定義為5日），或是平均K線箱剛剛向上突破，配合近期主力籌碼具有安定性、量價關鍵之價漲量增、K線轉折向上，以及MACD指標（參數定義為12,26,9），或是KD指標（參數定義為12,3,3）轉折向上訊號出現。

MACD指標多方海撈段每次突破整理區後的噴出段》5種賣訊

1. 股價跌破黃線或黃線反壓確立，為最後停損、停利機制。

2. 股價噴出末端，量價背離訊號，以及 MACD 指標或 KD 指標出現高檔背離訊號。

3.K 線轉折出現向下訊號，如寶塔線翻綠、平均 K 線翻綠 K，或是第 1 次低破低、高不過高。

4.KD 指標出現高檔鈍化結束，或是剛剛出現死亡交叉。

5. 股價跌破 5 日 EMA 或主力做多成本線（參數 20 日）。

空方短線操作策略》以主跌段為最重要的獲利來源

看完多方的短線操作策略後，接著來看空方的短線操作策略。空方短線操作策略的選股邏輯是以空方海撈段（MACD 指標之 DIF 線持久性在零軸以下）中的每次短線股價噴跌，或是 2 次內的短線股價噴跌累積為主要獲利依據，其中以主跌段為最重要的獲利來源。技術面應為大黃綠紅空頭排列（60 日＜ 120 日＜ 240 日 EMA），籌碼面應確認主力籌碼有效性（籌碼不安定），亦即籌碼必須符合下列 4 點：

1. 符合各項主力淨賣超資訊，例如淨賣超張數排行、連續賣超、同

步賣超、賣賣超股本比（周轉率排行），以及賣超成交量比（集中度排行）等。

2. 大戶與散戶持股趨勢明顯，即大戶持股趨勢向下，散戶持股趨勢向上。

3. 動態成本線：外資、融資均價線，以及整體身分的主力做多成本線及控盤者成本線呈空頭排列（60日＜120日＜240日）。

4. 空方短線操作應選擇投信有連續性賣超之空方主流股、自營商（自行操作）賣超積極的空方主力股（投信沒有買進），或是散戶使用融資買進明顯標的為主。

大黃綠紅空頭排列且位於MACD海撈段下》4種放空賣訊

1. 剛剛形成空方主圖雙趨勢（5日＜10日＜20日＜60日＜120＜240日EMA）。

2. 剛剛向下跌破主力做多成本線（參數20日）。

3. 反彈整理區高檔放空賣出：黃線以上的上升趨勢線，或是黃線以

下的箱型反彈整理區間中，寶塔線翻黑、平均 K 線翻綠 K、黑 K 吃紅
K、第 1 次高不過高、低破低，或是 KD 指標剛剛出現死亡交叉，配合
近期主力籌碼不安定性，以及量價關鍵之價跌量增尤佳。

　　4. 反彈整理區向下跌破放空賣出：黃線以上的上升趨勢線，或是黃
線以下的箱型反彈整理區間中，股價整理區間、寶塔箱或平均 K 線箱
剛剛向下跌破，配合近期主力籌碼不安定性、量價關鍵之價跌量增、K
線轉折向下，以及 MACD 指標或 KD 指標轉折向下訊號出現。

MACD指標空方海撈段向下跌破整理區後的噴跌段》5種回補買訊

　　1. 股價向上突破黃線或黃線支撐測試確立，即為最後停損、停利機
制。

　　2. 股價噴跌末端，量價背離訊號，以及 MACD 指標或 KD 指標低
檔背離訊號出現。

　　3.K 線轉折出現向上訊號，如寶塔線翻紅、平均 K 線翻紅 K，或是
第 1 次低不破低、高過高。

　　4.KD 指標出現低檔鈍化結束，或是剛剛出現黃金交叉。

5. 股價突破 5 日 EMA 或主力做多成本線（參數 20 日）。

　　以上就是多方短線操作策略和空方短線操作策略的詳細介紹。實務上，無論是採用何種短期操作策略，投資人皆可自行設定報酬率，常為 15% ～ 50% 不等，作為短期操作目標報酬停利機制。

以「艾略特波浪理論」辨識主噴段與主跌段訊號

5-3

看完波段策略和短期操作策略後，接著來看如何辨識短期趨勢的「主噴段／主跌段」。以多方為例，主噴段是在多次短線噴出中，最強勁的那一次，其技術指標最為明確；反之亦然。而「艾略特波浪理論」中，「5升3降」之5升，則是細分噴出與整理的過程。

從圖1來看，5升是以1～5波為主，即股價頻創新高為基礎的上升波；3降則是以A、B、C波為主，即股價不創新高為特性的下降波調整。5個上升波和3個下降波構成了8個波的完整循環。

艾略特波浪理論之8波完整循環，於長期趨勢中尤為明顯。就多方而言，若配合黃綠紅海撈操作法，5個上升波即為大黃綠紅多方海撈段（MACD指標之DIF線持久性在零軸以上），3個下降波即為大黃綠紅多方現撈段（MACD指標之DIF線非持久性在零軸以上）。

在大黃綠紅多方海撈段（中期波段行情）中，配合艾略特波浪理論，於上升波中的 1、3、5 波是股價頻創新高的 3 次短期噴出，而上升波中的 2、4 波則是中期波段行情中的 2 次短期整理，可用黃線（60 日 EMA）以上的修正整理區間表示，且配合量價關鍵，以及 K 線、指標轉折確立後的突破，分別形成 1、3、5 波的短線噴出。而 A、B、C 波則是多方海撈段結束後的現撈段，為中期震盪整理。空方趨勢亦是如此，只須將圖檔倒過來看即可。

若為多方趨勢的波段操作者，主要獲利涵蓋 1、3、5 波的股價噴出，故須忍受 2、4 波的整理；若為短線操作者，主要獲利為 1、3、5 波中的任 1 波或任 2 波。若短線操作僅獲利其中任 1 噴出波，則當股價出現修正整理時，須獲利了結；若要獲利 2 波，則須經歷 1 次 2 或 4 波的修正整理。

在大黃綠紅多方海撈段中，上升波的 1、3、5 波是股價頻創新高的 3 次短期股價噴出行情，其中有 1 次股價噴出為主噴段，是短線股價噴出最主要的獲利。

至於該如何確認該次短線股價噴出為主噴段呢？可透過黃綠紅海撈操作法中的量價關鍵、K 線及指標向上轉折呈持續，去找到主噴段；

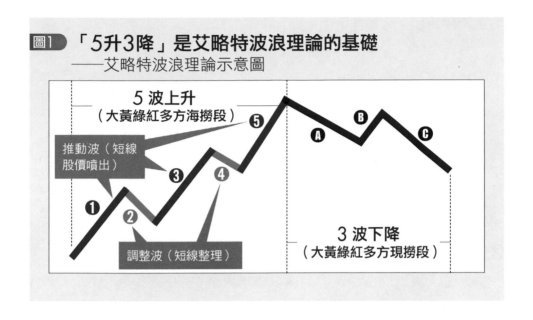

圖1 「5升3降」是艾略特波浪理論的基礎
──艾略特波浪理論示意圖

反之,可透過黃綠紅海撈操作法中的量價關鍵、K線及指標向下轉折呈持續,去找到主跌段。

現將多方主噴段與空方主跌段的各種訊號整理如下:

多方主噴段訊號》多方主圖雙趨勢確立

我們可從均線、主力籌碼、量價關鍵、K線轉折和指標轉折判斷多

方主噴段訊號,分述如下:

1.均線

①多方主圖雙趨勢(5 日 > 10 日 > 20 日 > 60 日 > 120 日 > 240 日 EMA)確立,且股價常沿 5 日或 10 日 EMA 向上運行。

②有時多方主噴段亦發生於趨勢向上反轉滯後性中。

2.主力籌碼

①外資、融資均價線、主力做多成本線或控盤者成本線大部分呈小黃綠紅多頭排列(5 日 > 10 日 > 20 日 EMA),且股價常沿 20 日主力做多成本線向上運行。

②大戶持股向上趨勢(以市值千萬左右換算約當級距或任 1 個級距)及散戶持股向下趨勢明確。

③主力、法人、控盤者或海撈 4 主力(外資、融資、借券賣出及權證主力)任一淨買超常呈連續狀態或前述主力籌碼出現同買現象,且散戶買賣超常呈連續淨賣超。其中海撈 4 主力常為外資與借券回補同步加碼做多,或是外資與融資同買。

④海撈 4 主力換手承接明顯，常為外資與融資主力換手承接。

⑤若為主流股，投信連續買超明顯；若為主力股，自營商（自行買賣）進出頻繁。

3.量價關鍵

①價漲量增及價跌量縮的多頭量價關係明顯。

②成交量常態性＞5 日均量，且成交量／股本的周轉率高，常出現於高周轉率股（成交量／股本換算流通在外張數排行前 100 大）。

③股價噴出過程常出現向上跳空缺口及長紅Ｋ（收盤價較開盤價上漲 5% 以上），股價易日日創新高。

④股價噴出末端常出現向上竭盡缺口（註 1），或是高檔量價背離。

註 1：缺口是指有一段價格區間沒有任何交易，又可分為普通缺口、突破缺口、逃逸缺口和竭盡缺口。普通缺口常出現在整理區間中，常被快速回補，屬無效缺口；突破缺口為突破／跌破整理區間時，所發生的缺口，配合爆量，為有效的缺口，不易在短期間內被回補，同時為多空重要進場訊號；逃逸缺口為漲／跌勢過程中所發生的缺口，常被回補；竭盡缺口是指在漲／跌趨勢末端，出現跳空缺口，但很快被回補，是一種反轉訊號。值得注意的是，實務上，上述所有缺口並不會在每檔股票中一一出現，有時只出現一種或多種缺口，有時甚至不會出現任何缺口。

4.K線轉折

①紅 K 數量大於黑 K，黑 K 隔日易出現紅 K，形成主力邊拉邊洗盤狀況，紅 K 出現時易為長紅（5% 以上）或產生向上跳空缺口，且不易出現第 1 次低破低、高不過高的 K 線向下轉折。

②寶塔線（參數定義為 5 日）於寶塔箱向上突破後皆幾乎呈紅寶塔持續。

③平均 K 線於平均 K 線箱向上突破後，皆呈紅 K 且上影線及實體幾乎天天創高。

5.指標轉折

① MACD 指標（參數定義為 12,26,9）呈 DIF 線在零軸上、OSC 在紅兵區，且紅兵收斂段轉紅兵上升段的次數發生 2 次以上的連續紅兵區，若有綠兵來時常馬上轉紅兵。

②KD 指標（參數定義為 12,3,3）高檔鈍化持續，若高檔鈍化結束，常馬上再度進入高檔鈍化。

③股價噴出末端常出現 MACD 指標及 KD 指標高檔背離。

空方主跌段訊號》空方主圖雙趨勢確立

我們可從均線、主力籌碼、量價關鍵、K線轉折和指標轉折判斷空方主跌段訊號，分述如下：

1.均線

①空方主圖雙趨勢（5日＜10日＜20日＜60日＜120日＜240日EMA）確立，且股價常沿5日或10日EMA向下運行。

②有時空方主跌段亦發生於趨勢向下反轉滯後性中。

2.主力籌碼

①外資、融資均價線、主力做多成本線或控盤者成本線大部分呈小黃綠紅空頭排列（5日＜10日＜20日EMA），且股價常沿20日主力做多成本線向下運行。

②大戶持股向下趨勢（以市值千萬左右換算約當級距或任1個級距）及散戶持股向上趨勢明確。

③主力、法人、控盤者或海撈4主力（外資、借券賣出、融券及權

證主力）任一淨賣超常呈連續賣超或前述主力籌碼出現同賣現象，其中常為外資與借券賣出，或外資與融券同步加碼賣出。另散戶買賣超常呈連續淨買超，且常伴隨融資連續增加之散戶攤平動作。

④若為主流股，投信連續賣超明顯；若為主力股，自營商（自行買賣）賣超明顯。

3.量價關鍵

①價跌量增及價漲量縮的空頭量價關係明顯。

②成交量常態性＞5 日均量，且成交量／股本的周轉率高，常出現於高周轉率股（成交量／股本換算流通在外張數排行前 100 大）。

③股價噴跌過程常出現向下跳空缺口及長黑 K（收盤價較開盤價下跌 5% 以上），股價易日日創新低。

④股價噴跌末端常出現向下竭盡缺口，或是低檔量價背離。

4.K線轉折

①黑 K 數量大於紅 K，紅 K 隔日易出現黑 K，形成主力邊殺邊誘多

狀況，黑 K 出現時易為長黑（5% 以上）或產生向下跳空缺口，且不易出現第 1 次低不破低、高過高的 K 線向上轉折。

②寶塔線（參數定義為 5 日）於寶塔箱向下跌破後皆幾乎呈綠寶塔持續。

③平均 K 線於平均 K 線箱向下跌破後，皆呈綠 K 且下影線及實體幾乎天天創低。

5.指標轉折

① MACD 指標（參數定義為 12,26,9）呈 DIF 線在零軸下、OSC 在綠兵區，且綠兵收斂段轉綠兵下降段的次數發生 2 次以上的連續綠兵區，若有紅兵來時常馬上轉綠兵。

② KD（參數定義為 12,3,3）低檔鈍化持續，若低檔鈍化結束，常馬上再度進入低檔鈍化。

③股價噴跌末端常出現 MACD 指標及 KD 指標低檔背離。

附　錄

圖解教學》
XQ腳本設定方式

附錄

2-6 有提到，K 線圖出現均線糾結時，查價判斷較困難。為此，作者編寫「主圖雙趨勢」和「主圖雙趨勢爆量與跳空」2 個腳本（編寫方式詳見文末），盼對讀者有幫助。下面就來介紹腳本的設定方式：

Step 1 登入付費看盤軟體「XQ 全球贏家」後，點選上方❶「策略（D）」，並於下拉選單中選擇❷「XScript 編輯器（E）…」。

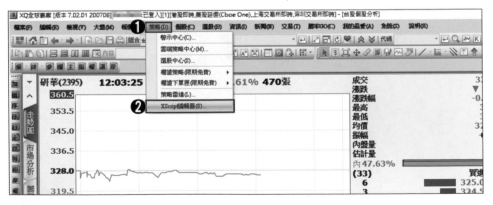

Step 2 在新跳出的 XScript 編輯器視窗中點選左上方❶「檔案（F）」，並於下拉選單中選擇❷「新增（N）」。接著，在新增腳本的視窗中點選腳本類型中的❸「指標」，再於名稱中輸入❹「主圖雙趨勢」，輸入完畢按❺「確認」。

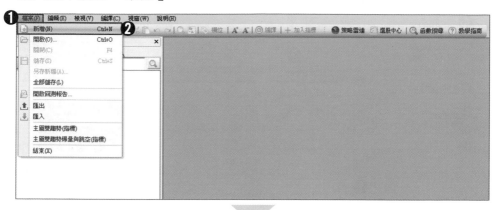

Step 3 頁面跳轉後，於右方空白處貼入❶寫好的腳本，此處以「指標腳本 1：主圖雙趨勢」為例（腳本詳見文末）。將腳本貼上以後點選上方❷「編譯」，待下方訊息處出現❸「主圖雙趨勢編譯開始、主圖雙趨勢編譯成功、全部物件編譯結束」等字樣時，即可關閉視窗，點選❹「✕」。

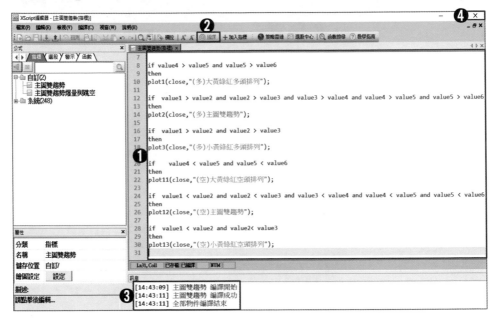

Step 4 回到 XQ 全球贏家的技術分析頁面以後，於空白處點選滑鼠右鍵，選擇❶「設定」。接著，於新跳出的視窗中選擇❷「主圖疊圖（○）」，並確認設定處是❸「還原日線圖」。之後，用滑鼠左鍵點

選 2 次自訂下方的❹「主圖雙趨勢」，此時疊圖指標下方會出現❺「（XS）主圖雙趨勢」的字樣。接著，選取❻「繪圖樣式」，可將各項指標❼調整成自己想要的樣子，調整完畢後點選❽「完成（K）」。之後，即可看到❾「主圖雙趨勢」的腳本已被放入主圖之中。

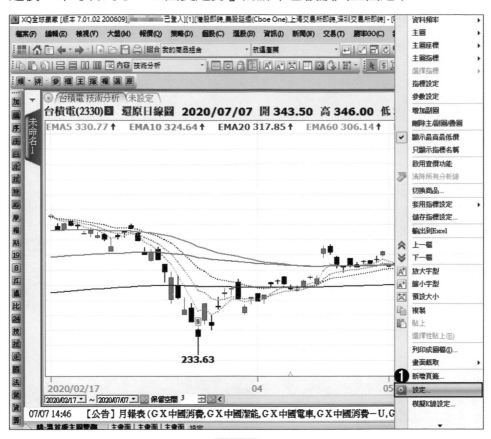

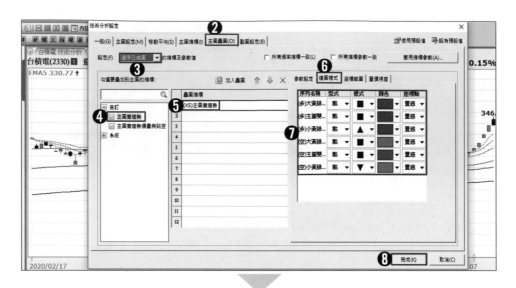

資料來源：XQ 全球贏家

◎指標腳本1：主圖雙趨勢

```
value1 = ema(close,5);
value2 = ema(close,10);
value3 = ema(close,20);
value4 = ema(close,60);
value5 = ema(close,120);
value6 = ema(close,240);

if value4 > value5 and value5 > value6
then
plot1(close,"( 多 ) 大黃綠紅多頭排列 ");

if  value1 > value2 and value2 > value3 and value3 > value4 and
value4 > value5 and value5 > value6
then
plot2(close,"( 多 ) 主圖雙趨勢 ");

if  value1 > value2 and value2 > value3
then
plot3(close,"( 多 ) 小黃綠紅多頭排列 ");

if   value4 < value5 and value5 < value6
then
plot11(close,"( 空 ) 大黃綠紅空頭排列 ");

if  value1 < value2 and value2 < value3 and value3 < value4 and
value4 < value5 and value5 < value6
then
plot12(close,"( 空 ) 主圖雙趨勢 ");

if  value1 < value2 and value2< value3
then
plot13(close,"( 空 ) 小黃綠紅空頭排列 ");
```

◎指標腳本2：主圖雙趨勢爆量與跳空

```
value1 = ema(close,5);
value2 = ema(close,10);
value3= ema(close,20);
value4= ema(close,60);
value5= ema(close,120);
value6= ema(close,240);

if  close > close[1]*1.034 and  high > high[1] and close > open and
close > value4 and value4 > value5 and value5 > value6 and
( volume > 2*volume[1] or volume crosses above average(volume,5))
then
plot4(close ,"( 多 ) 黃綠紅多頭排列趨勢下爆量紅 K");

if  close> value4 and low > value4 and close> open and low > high[1]
and
value4 > value5 and value5 > value6
then
plot5(close ,"( 多 ) 黃綠紅多頭排列趨勢下跳空紅 K");

if   close > close[1]*-1.034 and  low < low[1]  and  close < open and
close < value4 and value4 < value5 and value5 < value6 and
( volume > 2*volume[1] or volume crosses above average(volume,5))
then
plot14(close ,"( 空 ) 黃綠紅空頭排列趨勢下爆量黑 K");

if   close < value4 and high < value4 and close < open and   high <
low[1] and
 value4 < value5 and value5 < value6
then
plot15(close ,"( 空 ) 黃綠紅空頭排列趨勢下跳空黑 K");
```

國家圖書館出版品預行編目資料

温首盛獨創「黃綠紅海撈操作法」——揭開股價漲
不停的祕密 / 温首盛著. -- 一版. -- 臺北市：Smart
智富文化, 城邦文化, 2020.08
　面；　公分
ISBN 978-986-98797-6-7(平裝)

1.股票投資 2.投資技術 3.投資分析

563.53　　　　　　　　　　　　　　109011472

Smart 智富

温首盛獨創「黃綠紅海撈操作法」
揭開股價漲不停的祕密

作者　　　　温首盛
企畫　　　　周明欣

商周集團
榮譽發行人　金惟純
執行長　　　郭奕伶
總經理　　　朱紀中

Smart 智富
社長　　　　林正峰（兼總編輯）
副總監　　　楊巧鈴
編輯　　　　胡定豪、施茵曼、連宜玫、陳婕妤、陳婉庭、劉鈺雯
資深主任設計　張麗珍
版面構成　　林美玲、廖洲文、廖彥嘉

出版　　　　Smart 智富
地址　　　　104 台北市中山區民生東路二段 141 號 4 樓
網站　　　　smart.businessweekly.com.tw
客戶服務專線　（02）2510-8888
客戶服務傳真　（02）2503-5868
發行　　　　英屬蓋曼群島商家庭傳媒股份有限公司城邦分公司

製版印刷　　科樂印刷事業股份有限公司
初版一刷　　2020 年 8 月
ISBN　　　　978-986-98797-6-7

Smart智富 讀者服務卡

WBSI0096A1
《溫首盛獨創「黃綠紅海撈操作法」——揭開股價漲不停的祕密》

為了提供您更優質的服務，《Smart智富》會不定期提供您最新的出版訊息、優惠通知及活動消息。請您提起筆來，馬上填寫本回函！填寫完畢後，免貼郵票，請直接寄回本公司或傳真回覆。Smart傳真專線：（02）2500-1956

1. 您若同意 Smart 智富透過電子郵件，提供最新的活動訊息與出版品介紹，請留下
電子郵件信箱：＿＿＿＿＿＿＿＿＿＿＿＿＿＿＿＿＿＿＿＿＿＿＿＿＿＿

2. 您購買本書的地點為：□超商，例：7-11、全家
　　　　　　　　　　　□連鎖書店，例：金石堂、誠品
　　　　　　　　　　　□網路書店，例：博客來、金石堂網路書店
　　　　　　　　　　　□量販店，例：家樂福、大潤發、愛買
　　　　　　　　　　　□一般書店

3. 您最常閱讀 Smart 智富哪一種出版品？
□ Smart 智富月刊（每月 1 日出刊）　　□ Smart 叢書　　□ Smart DVD

4. 您有參加過 Smart 智富的實體活動課程嗎？　　□有參加　　□沒興趣　　□考慮中
或對課程活動有任何建議或需要改進事宜：＿＿＿＿＿＿＿＿＿＿＿＿＿＿

5. 您希望加強對何種投資理財工具做更深入的了解？
□現股交易　　□當沖　　□期貨　　□權證　　□選擇權　　□房地產
□海外基金　　□國內基金　　□其他：＿＿＿＿＿＿＿＿＿＿＿＿＿＿

6. 對本書內容、編排或其他產品、活動，有需要改善的事項，歡迎告訴我們，如希望 Smart
提供其他新的服務，也請讓我們知道：
＿＿＿＿＿＿＿＿＿＿＿＿＿＿＿＿＿＿＿＿＿＿＿＿＿＿＿＿＿＿＿＿
＿＿＿＿＿＿＿＿＿＿＿＿＿＿＿＿＿＿＿＿＿＿＿＿＿＿＿＿＿＿＿＿

您的基本資料：（請詳細填寫下列基本資料，本刊對個人資料均予保密，謝謝）

姓名：＿＿＿＿＿＿＿＿＿＿　　　性別：□男 □女

出生年份：＿＿＿＿＿＿＿＿　　聯絡電話：＿＿＿＿＿＿＿＿＿＿＿

通訊地址：＿＿＿＿＿＿＿＿＿＿＿＿＿＿＿＿＿＿＿＿＿＿＿＿＿＿

從事產業：□軍人　□公教　□農業　□傳產業　□科技業　□服務業　□自營商　□家管

您也可以掃描右方 QR Code、回傳電子表單，提供您寶貴的意見。

想知道 Smart 智富各項課程最新消息，快加入 Smart 課程好學 Line@。

填寫完畢後請沿著右側的虛線撕下。